가장 잘 정리된
그래서 머리속에 쏙쏙 들어오는

New
SMART
영어
회화
구동사
301

CHRIS SUH

MENTORS

가장 잘 정리된 그래서 머리속 쏙쏙 들어오는
New SMART 영어회화 구동사 301

2024년 12월 02일 인쇄
2024년 12월 10일 개정판 포함 4쇄 발행

지 은 이 Chris Suh
발 행 인 Chris Suh
발 행 처 **MENTORS**
　　　　 경기도 성남시 분당구 황새울로 335번길 10 598
　　　　 TEL 031-604-0025 FAX 031-696-5221
　　　　 mentors.co.kr
　　　　 blog.naver.com/mentorsbook
　　　　 * Play 스토어 및 App 스토어에서 '멘토스북' 검색해 어플다운받기!
등록일자 2005년 7월 27일
등록번호 제 2009-000027호
I S B N 979-11-94467-09-0 13740
가　　격 18,600원(MP3 무료다운로드)

알면서도 왜 안썼나 후회하는 동사구!

어느 분야도 마찬가지이지만 뭔가 잘하고 못하고의 차이는 기본이 갖추어져 있느냐의 여부에 의해 판가름난다고 할 수 있다. 영어회화의 경우에서도 같은 논리가 적용된다. 예를 들어 속담이나 어려운 관용어구 및 슬랭은 많이 알지만 네이티브와 만나서 영어로 인사 몇 마디 나누고서 할 말이 없어서, 아니 영어로 어떻게 말할 줄 몰라 꿀먹은 벙어리가 되는 경우가 허다하다. 더구나 다 아는 얘기이겠지만 네이티브들은 우리가 예상하는 것 이상으로 쉬운 말로, 특히 핵심 동사구로 대화를 나누기 때문에 그들이 자주 쓰는 표현을 모르면 "담배불을 끄다(put out)"를 "담배불을 진화하다 (extinguish)"를 쓰는 경우처럼 듣기 어색한 영어를 말할 수도 있게 된다.

네이티브는 어려운 단어를 잘 안써

영어도 언어의 하나이다. 언어는 어려운 것보다는 쉽고 편한 쪽으로 가려는 습성이 무척 강하다. 비단 외계어처럼 보이는 인터넷 언어는 차치하더라도 우리가 일상생활에서 얼마나 비문법적인 문장이나, 약어를 쓰려는지 생각해보면 쉽게 느낄 수 있다. 그런 의미에서 가장 기본적이긴 하지만 네이티브가 가장 많이 쓰는 기본, 핵심 동사구들을 완벽하게 자기 것으로 만드는 것은 자신의 값어치를 올리는 가장 최선의 선택일 것이다. 어려운 표현들, 어렵다고 푸념하지 말고, 스스로 안다고 생각했지만 막상 쓰지 못하는 기본표현들만 제대로 쓸 줄 알아도 영어회화의 큰 고비는 넘길 수 있을 것이다.

백날해도 영어가 안되는 이유~

물론 영어회화가 해도해도 안되는 이유는 몇 가지가 있다. 우리나라 사람들이 영어가 잘 안되는 가장 큰 이유는 상대방을 너무 의식해 완벽한 문장을 만들려는, 특히 일상생활에서는 잘 안쓰이는 고급단어의 사용 등을 포함 불필요한 완벽성과 그에 따른 좌절로 인해 진지하게 학습을 하기 보다는 불안감에 이책 저책 사기만 한다. 하지만 영어는 쉬운 단어로 해야 잘하는 영어가 되기 때문에 절대 기본이라고 쉽다고 무시하면 안된다. 그렇게 되면 10년 해도 안되고 백날해도 안되고 영어회화는 강건너에 있는 뜬구름일게다.

핵심 동사구 Best 301

〈알면서도 왜 안썼나 땅을 치고 후회하는 핵심 동사구 Best 301〉은 이런 관점에서 네이티브들이 시도때도 없이 쓰는 핵심동사구 301개를 수록하였다. 그중에서는 give out, turn out, put together처럼 기본 동사구도 있지만, put in, get around 등 조금은 낯설은 하지만 자주 쓰이는 동사구 등을 종합 정리하였다. 이런 쉬운 단어들로 구성된 동사구를 자유자재로 구사하게 되어 다양한 문장을 만들다보면 자신도 모르게 네이티브들처럼 쉬운 단어들로 영어회화를 하는 자신을 발견하게 될 것이다.

➡ 특징   NEW Dictionary of Phrasal Verbs

1. 실제 네이티브들이 쓰는 핵심 동사구 301개를 수록하였다.

2. 친절한 설명과 이 표현을 중심으로 사용되는 Useful Expressions가 간략히 요약되어 있다.

3. 다이알로그를 통해 동사구의 실제 쓰임을 감각적으로 느낄 수가 있다.

4. 학습한 동사구로 우리말을 영어로 만들어보는 Talking Practice를 해보며 자신감을 키운다.

5. 모든 영문은 네이티브의 녹음이 들어있어 실감나게 역동적으로 학습할 수 있다.

➡ 구성   NEW Dictionary of Phrasal Verbs

1. 수록표현
전체적으로 가장 많이 쓰이는 핵심 동사구 301개가 난이도별로 Level 1, 2, 3로 나눠져 있다.

2. Level 1, 2, 3
〈Level 1〉은 알면서도 쓰지 못하는 동사구 001–092를,
〈Level 2〉에서는 왜 안썼나 후회되는 동사구 093–201,
그리고 〈Level 3〉는 네이티브나 쓰는 걸로 겁먹었던 동사구 202–301로 구성되어 있다.

3. 이미지컷
각 동사구의 의미파악을 시각적으로 할 수 있도록 어울리는 혹은 연상되는 이미지컷을 넣어 이해와 암기를 도왔다.

4. Useful Expressions
해당 동사구를 포함해 실제 쓰이는 표현들을 수록하여 회화응용력을 강화하도록 하였다.

5. Talking Practice
동사구를 이용하여 실제 영어문장을 만들어보는 훈련을 하는 것으로 우리말을 먼저 읽고 영어문장을 읽으면 순간이라 할지라도 영어문장을 만들어보는 연습을 자신도 모르게 하게 돼 영어회화실력확장에 큰 도움이 될 것이다.

6. One Point Lesson
해당 동사구에서 못다한 이야기를 하는 것으로 추가적으로 알아 둘 필요가 있는 사항을 중점 서술하였다.

Level의 순서로
넘버링을 표시한다.

동사구를 이용한
대표 문장

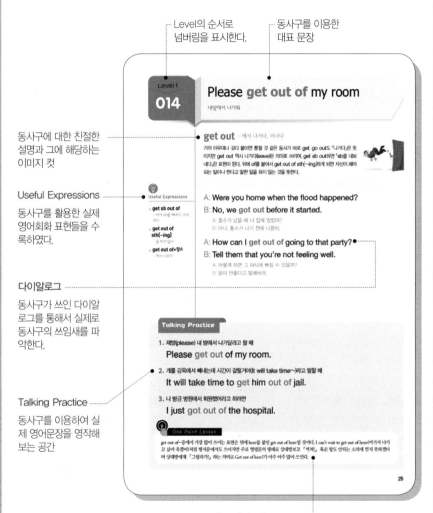

동사구에 대한 친절한
설명과 그에 해당하는
이미지 컷

Useful Expressions
동사구를 활용한 실제
영어회화 표현들을 수
록하였다.

다이알로그
동사구가 쓰인 다이알
로그를 통해서 실제로
동사구의 쓰임새를 파
악한다.

Talking Practice
동사구를 이용하여 실
제 영어문장을 영작해
보는 공간

Level 1
014

Please get out of my room

내방에서 나가줘

get out ~에서 나가다, 떠나다

거의 어디에나 갖다 붙이면 통할 것 같은 동사가 바로 get. go out도 '나가다'란 뜻
이지만 get out 역시 나가다(leave)란 의미로 쓰이며, get sb out하면 'sb를 내보
내다'란 표현이 된다. 위에 예를 붙여서 get out of sth(~ing)하게 되면 자신이 해야
되는 일이나 한다고 말한 일을 하지 않는 것을 뜻한다.

Useful Expressions

- **get sb out of**
  ~에서 sb를 빼내다, 내보
  내다
- **get out of**
  sth[~ing]
  ~을 하지 않다
- **get out of+장소**
  ~에서 나오다

A: Were you home when the flood happened?
B: No, we got out before it started.
  A: 홍수가 났을 때 너 집에 있었어?
  B: 아니, 홍수가 나기 전에 나왔어.

A: How can I get out of going to that party?
B: Tell them that you're not feeling well.
  A: 어떻게 하면 그 파티에 빠질 수 있을까?
  B: 몸이 안좋다고 말해버려.

Talking Practice

1. 제발(please) 내 방에서 나가달라고 할 때
   Please **get out** of my room.

2. 걔를 감옥에서 빼내는데 시간이 걸릴거야(It will take time~)라고 말할 때
   It will take time to **get** him **out** of jail.

3. 나 방금 병원에서 퇴원했어라고 하려면
   I just **got out** of the hospital.

One Point Lesson

get out of~중에서 가장 많이 쓰이는 표현은 뒤에 here를 붙인 get out of here일 것이다. I can't wait to get out of here(여기서 나가
고 싶어 죽겠어)처럼 명사문에서도 쓰이지만 주로 명령문의 형태로 상대방보고 「꺼져」, 혹은 믿을 안 믿는 소리에 믿지 못해했다
며 상대방에게 「그럴리가」, 라는 의미로 Get out of here!가 아주 아주 많이 쓰인다.

25

One Point Lesson
동사구에 대해 추가 정보로 영어회화를
하는데 도움이 되도록 꾸며져 있다.

Contents

02 >> 왜 안썼나 후회되는 동사구 093-201

Contents

03 >> 네이티브나 쓰는 걸로 겁먹었던 동사구 202-301

Contents

알면서도
쓰지 못하는
동사구

LEVEL

1

001-092

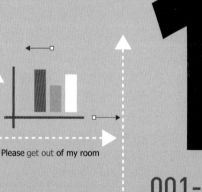

Please get out of my room

Let me clean it up

I had to break up with her

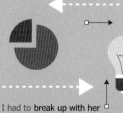

You have to stop smoking

001

I don't know what you're talking about 네가 무슨 말 하는지 모르겠어

talk about …에 대해 얘기하다

talk은 뒤에 전치사를 다양하게 붙여서 사용되는데, talk about sth하면 「…에 대해 대화하다」 talk to sb는 「…에게 말하다」 talk with sb는 「…와 이야기하다」라는 뜻 이 된다. 간단하고 기초적인 표현이지만 실제 대화시 능수능란하게 사용할 수 있도록 확실히 익혀둔다.

Useful Expressions

★ **Let's talk about~**
…에 대해 이야기해보자

★ **I'm here to talk about~**
난 …관해 얘기하러 여기 온 거야

★ **I need to talk about~**
…에 대해 얘기해야겠어

★ **talk about sth with sb**
…에게 …에 대해 얘기하다

A: John, I need to **talk to** you right now.

B: What's the matter?

A: 존, 지금 너와 얘기 좀 해야겠어.
B: 무슨 일인데?

A: Do you have time to **talk about** the meeting?

B: Not this morning, but I am free after lunch.

A: 회의에 관해 얘기할 시간이 있어?
B: 아침은 안되지만 점심 후에는 시간돼.

Talking Practice

1. 새로운 프로젝트에 관해 만나서 얘기하자고(meet to talk~) 할 때

Let's meet to **talk about** the new project.

2. 우리는 절대로 이것에 관해 얘기하지 않았어라고 현재완료 문장을 만들려면

We've never **talked about** this.

3. 마이크는 그녀와 함께 그 계약(the contract)건에 대해 얘기하고 싶어한다고 하려면

Mike wants to **talk about** the contract with her.

One Point Lesson

뭔가 얘기를 하는데 커피를 마시면서 혹은 점심이나 저녁을 먹으면서 얘기를 하다라고 하려면 over를 써서 talk about sth over coffee[lunch, dinner]라고 하면 된다. 그래서 상대방에게 점심먹으면서 그 얘기를 해보자라고 하려면 Let's talk about it over lunch 라고 하면 된다.

I **haven't heard from** you in a while 한동안 너한테서 소식을 못들었네

hear from …로부터 소식을 듣다

예전에 달달 외웠던 표현으로 hear from sb는 sb로부터 편지나 이멜, 전화 등으로 「직접 소식을 듣는」 것을 말하며 혹은 sb로부터 직접 얘기를 듣는(listen to) 것을 뜻한다. hear of[about]와는 달리 hear from 다음에는 주로 사람명사나 the head office처럼 단체명사가 오게 된다.

Useful Expressions

★ **I just heard from~**
방금 …에게서 이야기를 들었어

★ **I haven't heard from~**
…로부터 소식을 듣지 못했어

★ **Have you heard from~?**
…에게서 소식들었어?

A: It's good to **hear from** you again!
B: I'm glad to be back on the job.

A: 네 목소리를 다시 듣게 되다니!
B: 다시 일할 수 있게 돼서 나도 기뻐.

A: **Have** you **heard from** Anne lately?
B: No, she doesn't stay in contact.

A: 최근에 앤에게서 소식들은 적 있어?
B: 아니, 걔하고 연락이 끊겼어.

Talking Practice

1. 난 걔한테서 적어도(at least) 일주일에 한번(once a week) 소식을 듣는다고 할 때

I **hear from** her at least once a week.

2. 한동안(in a while) 너한테서 소식을 못들었네라고 할 때

I **haven't heard from** you in a while.

3. 안녕, 론. 너로부터 소식을 들어 정말 좋아라고 하려면

Ron, hello. How nice to **hear from** you.

One Point Lesson

종종 눈에 띄는 hear sb out은 sb가 얘기하는데 중간에 방해없이 끝까지 듣는다라는 말이다. 걔 말 좀 끝까지 들어봐는 Please hear him out이라고 하면 된다. 또한 something을 써서 hear sth through하게 되면 처음부터 끝까지 자초지종을 듣는다라는 의미의 표현이 된다.

We don't have to **get up** early tomorrow 우린 내일 일찍 일어날 필요가 없어

get up 일어나다

잠에서 깨어 일어나다(get out of the bed after sleeping)라는 말. 아침에 「일어 나다」는 get up in the morning, 「늦잠자다」는 get up late라 한다. get과 up사 이에 사람을 넣어서 get sb up하면 sb를 「일어나게 하다」 즉 「깨우다」라는 말. 또한 구어체에서는 stand up처럼 그냥 자리에서 일어난다고 할 때도 쓴다.

Useful Expressions

★ get up early
일찍 일어나다

★ get up late
늦잠자다

★ get sb up
…을 깨우다

A: Do you need to **get up** early tomorrow morning?
B: Yeah. Please set the alarm at 5 a.m.

A: 내일 아침 일찍 일어나야 돼?
B: 어. 5시로 알람 좀 해줘.

A: Why do you **get up** so early these days?
B: I exercise before going to work.

A: 요즘 왜 그렇게 일찍 일어나니?
B: 출근하기 전에 운동을 하거든.

Talking Practice

1. 일찍 일어나서 뉴욕행 비행기를 타야(catch that plane) 된다고 할 때

I have to **get up** early and catch that plane for New York.

2. 상대방을 너무 일찍(so early) 깨워서 미안하다고 할 때

I'm sorry to **get** you **up** so early.

3. 우리는 내일 일찍 일어날 필요가 없어(don't have to)는

We don't have to **get up** early tomorrow.

One Point Lesson

get up과 같은 의미로 get out of bed(잠자리에서 일어나다)가 있다. 그리고 이의 반대표현은 go to bed라고 하면 된다. 그래서 get out of bed를 go out of bed라고 착각하지 말아야 한다. 상대방이 내게 무척 피곤해보인다고 할 때 아침에 일어나는게 힘들었어라고 하려면 It was tough to get out of bed라고 하면 된다. 참고로 「…을 재우다」 라고 하려면 put sb to bed라고 한다.

Tony **gave up** smoking at last

토니는 마침내 금연했어

give up 포기하다

참 유혹적인 표현이지만 절대 해서는 안되는 표현. give up은 뭔가 하다가 그만둔다는 것으로 「포기하다」 「그만두다」라는 의미이다. give up하려는 사람에게 할 수 있는 말은 Never give up!(절대 포기하지마!)이다. 목적어없이 단독으로 많이 쓰이며 목적어로는 명사 혹은 ~ing가 올 수 있다.

Useful Expressions

★ **I gave up~**
난 …을 포기했어

★ **Don't give up**
포기하지마

★ **I don't want you give up~**
네가 …을 포기하지 않기를 바래

A: Maybe I shouldn't study acting.

B: Come on, don't **give up** your dreams.

　　A: 난 연기공부를 하지 말아야 될 것 같아.
　　B: 그러지마, 네 꿈을 포기하지마.

A: I'm afraid that nothing I've tried has solved the problem.

B: Don't **give up.** There has to be a solution to it.

　　A: 하느라고 했는데 도대체 그 문제를 해결할 수 없는 것 같아.
　　B: 포기하지마. 분명 답이 있을거야.

Talking Practice

1. 난 네가 너의 커리어를 포기하지 않기를 원한다(don't want sb to~)고 하려면

I don't want you to **give up** your career.

2. 그냥 포기하면 안돼. 좀 더 열심히 해보라고 격려할 때는

You can't just **give up.** Try a little harder.

3. 토니는 마침내 담배피는걸 포기했어라고 하려면

Tony **gave up** smoking at last.

One Point Lesson

give up on sb의 형태가 종종 쓰이는데 이는 sb의 발전 가능성이 없을 때 혹은 실종되었는데 찾을 수 없을 때처럼 그래서 포기한다고 할 때 쓰면 된다. 그래서 그럼 넌 그냥 그렇게 우리를 포기할거야?는 So you're just going to give up on us, just like that?라고 하면 된다. 또한 열번 찍어도 안넘어가는 여성을 아직도 잊지 못하는 친구에게는 You should just give up on her라고 충고해줄 수 있다.

Are you **looking for** anything in particular? 뭐 특별히 찾는거 있어요?

look for …을 찾다, 구하다

look for는 뭔가 필요한 사람이나 사물을 구하거나(search for), 원하는 것을 찾는 (try to find) 것을 뜻한다. 주로 진행형(be looking for)으로 많이 쓰이며 또한 for 다음에는 사람이나 사물이 온다는 사실을 기억해둔다.

Useful Expressions

★ I'm looking for~
…를 찾고 있어

★ Are you looking for~?
너는 …을 찾고 있어?

A: Excuse me, I **am looking for** a wedding present.

B: **Are** you **looking for** anything in particular?

A: 저, 결혼선물을 살까 하는데요.
B: 특별히 찾고 있는 물건은 있으신가요?

A: I cannot meet my friend without arguing with him.

B: Maybe you should **look for** new friends.

A: 난 걔랑 만나면 꼭 다툰단 말야.
B: 새로운 친구들을 찾아봐.

Talking Practice

1. 크리스는 새로운 직업(a new job)을 찾아봐야 한다고 할 때

Chris needs to go **look for** a new job.

2. 손님 등에게 뭔가 특별한 거(anything in particular)를 찾고 있냐고 물어볼 때

Are you **looking for** anything in particular?

3. 우리가 찾아가고 있는 거리명(the name of the street) 좀 알려달라고 물어볼 때

Can you tell me the name of the street we're **looking for**?

One Point Lesson

look for 사이에 out를 넣어서 look out for하게 되면 look for보다 좀 더 세밀하게 자세히 찾아보거나 혹은 어떤 사람을 잘 보살피는 (take a good care of) 것을 뜻한다. 그래서 알다시피, 내 일은 민디를 돌보는거야라고 할 때는 As you know, it's my job to look out for Mindy라고 하면 된다.

I **had to** break up with her

난 걔랑 헤어져야 했어

have to …해야만 한다

have to와 must는 「…하는게 좋겠다」라는 약한 의무의 뉘앙스를 띄는 should, ought to 보다는 의무의 무게가 무겁다. 특히 must는 상대적으로 formal해 have to가 많이 쓰이고 이는 have got to라고 써도 된다.

Useful Expressions

★ **I have to~**
나는 …해야 돼

★ **We had to~**
우리는 …해야 했어

★ **I'll have to~**
난 …을 해야 할거야

★ **You have to~**
넌 …을 해야 돼

A: You **have to** stay late tonight.

B: You can't be serious. I want to go home.

A: 넌 오늘 밤 야근해야 돼.
B: 이럴 수가. 나 집에 가고 싶어.

A: I heard you had some trouble with your girlfriend.

B: I **had to** break up with her. We were fighting a lot.

A: 너 여친하고 좀 문제가 있다며.
B: 헤어져야 했어. 너무 많이 싸웠어.

Talking Practice

1. 내일 예정된 회의를 취소(cancel) 해야 되는 상황에서

I **have to** cancel tomorrow's meeting.

2. 상대방에게 30분간 뛰어야 될거라 말할 때

You will **have to** run for 30 minutes.

3. 난 다 끝날 때까지 남아있어야 했었어라고 말하려면

I **had to** stay until everything was finished.

One Point Lesson

have got은 구어에서 많이 쓰는 표현으로 have와 별반 다를 것 없이 쓰인다. have+명사가 「…을 갖고 있다」라는 뜻이 되듯 have got+명사는 「갖고 있다」는 의미이고, 또한 have to+동사가 「…해야 한다」는 뜻이니 have got to+동사도 「…해야 한다」는 의미가 되는 것이다. 그냥 '아~ have 대신에 have got을 쓸 수도 있구나'하는 정도로만 알아둬도 된다. 그래서 나 가야돼라고 하려면 I have got to go, 줄여서 I got to go 혹은 아예 발음나는대로 I gotta go라고 쓰기도 한다.

I don't **like** do**ing** the washing

난 설거지 하는걸 싫어해

like to …하는 것을 좋아하다

지금 당장 뭔가를 원하거나 하고 싶다는 말이 아니라 자기의 성향을 말하는 표현의 일종으로 난 일반적으로 「…을 좋아하거나」, 「…하는 것을 좋아한다」고 자기 소개를 하는 표현이다. I would like to~와 헷갈리지 말도록. like 다음에는 명사, 동사, ~ing 형이 온다.

Useful Expressions

★ **I like her**
난 걔가 좋아

★ **I like to do[~ing]~**
난 …하는 것을 좋아해

★ **I don't like to~**
…하는 것을 싫어해

★ **Do you like to~ ?**
…하는 것을 좋아해?

A: Do you **like to** buy Apple products?

B: Sure, they are as good as any other products.

　　A: 애플 제품을 사는 걸 좋아해?
　　B: 그럼, 다른 어떤 제품보다 처지지 않잖아.

A: How's your new boss?

B: I **like** our new boss, she is such a joker!

　　A: 새로운 사장 어때?
　　B: 새 사장이 좋아. 정말 재밌는 사람이야!

Talking Practice

1. 그 여자가 해산물 먹는(eat seafood) 것을 좋아하냐고 물어보려면

Does she like to eat seafood?

2. 상대방에게 소식들(things)을 직접 듣는 것을 좋아한다고 하려면

I like to hear things from you.

3. 설거지 하는 것을 싫어한다고 할 때는

I don't like doing the washing.

One Point Lesson

I don't like~는 「…을 싫어한다」 이지만 I don't like sb to[~ing]하게 되면 「sb가 …하는 것을 싫어하다」 라는 의미가 된다. 그래서 난 네가 여기 혼자 있는게 싫어라고 말하려면 I don't like you being here alone이라고 하면 된다.

I would like to try it

나 한번 해보고 싶어

would like to ...하고 싶어

평소의 기호가 아니라 지금 당장 갖고 싶거나 하고 싶은 것을 나타낼 때 사용하는 표현. 앞서의 like의 경우 like to[~ing]가 가능했지만 would like to 다음에는 동사가 와야 한다. 물론 I would like+N가 이어지는 것은 마찬가지.

Useful Expressions

★ I would like to~
...하고 싶어

★ I would like you to ~
네가 ...해주라

★ Would you like to~?
...할래?

★ Would you like me to~?
내가 ...할까?

A: **I would like to** apply for the position in advertising.

B: What is your area of expertise?

A: 광고에 난 자리에 지원하고 싶은데요.
B: 전문분야가 뭐죠?

A: **Would you like** some cake?

B: No, thank you. I don't feel like it.

A: 케익 좀 먹을래?
B: 아니, 됐어. 먹고싶지 않아.

Talking Practice

1. 재미있어 보여서(look fun) 한번 해보고 싶다(try it)고 할 때

It looks fun. I would like to try it.

2. 내가 아니라 상대방이 내 파티에 오기를(come to my party) 바란다고 할 때

I would like you to come to my party.

3. 나랑 점심 먹으러 나갈래?라고 상대방의 의사를 물어볼 때

Would you like to go out to lunch with me?

One Point Lesson

would like to~와 같은 의미로 좀 더 편하게 말하고 싶을 때는 I want to+V(...하고 싶어), I want you to+V(네가 ...해줘)라고 쓰면 된다. 나한테 선물을 사줘라고 말하려면 I want you to get me a present라고 하면 된다. 또한 I would like to~는 I would love to~와 의미 차이없이 대체사용할 수 있다.

Let me **take a look at** it

내가 한번 볼게

take a look at …을 (쳐다)보다, 살펴보다

take a look at은 look at과 같은 의미. 스마트시대에 역행하는 것 같지만 영어의 특성은 동사의 명사형을 목적어로 받아 긴 동사구로 사용하는 경향이 있는데, 이 경우가 그런 예이다. take a risk, take a nap 등이 그런 예이다.

Useful Expressions

★ **take a look (at~)**
(…을) 쳐다보다, 보다

★ **take a close look at**
…을 자세히 보다

★ **Let's take a look at~**
…을 살펴보자

★ **Mind if I take a look?**
한번 둘러봐도 돼?

A: Is the price on this computer correct?

B: Let me **take a look at** it. Yes, it's right.

A: 이 컴퓨터에 붙어 있는게 맞는 가격인가요?
B: 한번 보죠. 네, 맞습니다.

A: I **took a look at** their annual report last night.

B: What did you think?

A: 어제밤에 그 회사 연례보고서를 봤는데 말야.
B: 어때 보여?

Talking Practice

1. 여기(around here) 좀 둘러봐도 괜찮을까요?라고 허락을 구할 때

Do you mind if I **take a look** around here?

2. 내가 고칠(fix) 수 있을 것 같아. 내가 한번 볼게라고 할 때

I think I can fix it. Let me **take a look.**

3. 새로 온 비서 봤어?라고 물어볼 때

Did you **take a look at** the new secretary?

One Point Lesson

look at~은 특히 감탄과 놀람의 표현으로 명령문 형태로 쓰이기도 한다. 저기 거리에 벌거벗은 미친놈 봐봐!는 Look at that crazy naked man on the street!, 이 다이아몬드 큰 것 좀 봐는 Look at how big that diamond is라고 한다. 또한 상대방과 만나는데 상대방이 평소와 다를 경우 Look at you!(얘 좀 봐라!), 그리고 놀라운 것이 사물일 경우에는 Look at this[that]!라고 하면 된다.

My wife is **waiting for** me

아내가 날 기다리고 있어

wait for ...을 기다리다

「...을 기다리다」라는 뜻으로 for 다음에는 사람이나 사물이 올 수 있다. 혹은 wait for a week처럼 기다리는 기간을 나타내는 단어가 오기도 한다. 또한 ...가 ...하기를 기다린다고 할 때는 wait for sb[sth] to~ 라고 하면 된다. 그리고 ...할 때까지 기다리다라고 말하려면 wait until[til] S+V의 형태로 쓰면 된다.

Useful Expressions

★ wait for a week
  일주일 기다리다

★ Wait for me.
  기다려봐.

★ Can you wait
  for~?
  ...를 기다려줄래?

★ I'll wait for you
  to~
  네가 ...하기를 기다릴게

A: Could you **wait for** me in my office?

B: Sure. I'll go and make myself comfortable.

   A: 사무실에 가서 날 기다려주겠니?
   B: 알았어. 내가 가서 편안하게 있을게.

A: Should I call Judy?

B: No, **wait for** her to call you.

   A: 주디에게 전화해야 될까?
   B: 아니, 걔가 너한테 전화하기를 기다려.

Talking Practice

1. 너무 오래동안 기다리게 해서(keep sb waiting for~) 미안하다고 할 때

   I'm sorry to have kept you **waiting for** so long.

2. 거실(the living room)에서 기다릴게 라고 말하려면

   I'll be **waiting for** you in the living room.

3. 네가 돌아오는거 기다렸다가 시작할게라고 하려면

   We'll **wait for** you **to** get back before we start.

One Point Lesson

wait와 잘 어울리는 단어로는 for외에도 on이 있다. 그래서 wait on sb하게 되면 식당 등에서 손님들 시중을 들다라는 의미가 된다. 단 wait on sth처럼 wait on 다음에 사물이 오면 「...의 결과 등을 기다리다」 라는 뜻으로 쓰이므로 잘 구분해둬야 한다.

Calm down, it's going to be okay

진정해, 다 괜찮아질거야

calm down 진정하다

calm down은 기쁨이나 슬픔, 분노 등 고조된 감정을 「가라앉히다」, 「진정하다」라는 의미로 주로 명령문의 형태로 많이 쓰인다. 또한 calm sb down처럼 쓰이면 흥분한 sb를 진정시키다라는 뜻이 된다.

Useful Expressions

★ **Calm down and+V**
진정하고 …해

★ **calm sb down**
…을 진정시키다

A: I need you to pay attention. Do you hear me?

B: Yes! **Calm down.** I hear you.

　A: 주목해줘. 내말 듣고 있니?
　B: 응! 진정해. 듣고 있어.

A: Okay, let's…let's all just **calm down** here.

B: All right…I'll be in the waiting room.

　A: 좋아. 다들 진정하자고.
　B: 그래. 난 대기실에 있을게.

Talking Practice

1. 난 걜 진정시킬 수가 없었어라고 말하려면

I couldn't get him to **calm down.**

2. 자기야, 진정해, 괜찮을거야라고 상대방을 위로할 때

Sweetie, **calm down,** it's going to be okay.

3. 모두를 진정시키기 위해 어떻게 해야 할까?라고 말할 때

What can I do to **calm** everyone **down?**

One Point Lesson

사람만 calm down하는 것은 아니다. 어떤 상황 등이 진정되고 안정을 찾았을 때도 이 calm down를 쓸 수 있다. 대신 주어 자리에는 사물명사가 와야 한다. 그래서 상황이 진정될지 지켜봐야 돼라고 하려면 You should wait and see if things calm down이라고 하면 된다.

Let me **take care of** it for you

너 대신 내가 처리할게

take care of ···를 돌보다, ···을 처리하다

take care of sb는 sb를 「돌보다」는 초보자도 알고, 중급자는 take care of sth
이 「일이나 사무를 처리하다」(deal with)라는 뜻으로 쓰인다는 것도 알 것이다. 또한
take care of (the bill)하게 되면 상대방에게 이번 계산은 내가 할게라는 의미로 It's
on me와 같은 의미가 된다.

Useful Expressions

★ **Take care!**
잘 가!

★ **Let me take care
of it.**
나한테 맡겨.

★ **take care of the
bill**
계산하다

★ **take care of
oneself**
자기 자신을 돌보다

A: I can't find the time to make a dentist appointment.

B: Let me **take care of** it for you. You're too busy.

 A: 치과에 예약할 짬이 안나.
 B: 나한테 맡겨. 넌 너무 바쁘잖아.

A: Who's going to **take care of** your kids while you're away?

B: My sister is going to **take care of** them.

 A: 너 없는 동안 누가 너희 아이들을 돌봐 주게 되니?
 B: 우리 누나가 돌봐줄거야.

Talking Practice

1. 상대방보고 외출할 때(while you're out) 딸을 돌봐주겠다고 할 때

I'll **take care of** your daughter while you're out.

2. 크리스가 그것을 기꺼이(be willing to) 처리하겠다고 말했다고 할 때

Chris said he'd be willing to **take care of** that.

3. 네가 내일 집에 머물면서 걔를 돌보는게 최선인 것 같아라고 하려면

I think it's best that you stay home tomorrow and **take care
of** him.

 One Point Lesson

우리도 조폭들의 세계에서 내가 걔를 처리할게라는 말은 「없애다」, 「죽이다」라는 의미가 되듯이 영어에서도 이 take care of sb
가 범죄세계에서 쓰이면 「죽이다」, 「제거하다」라는 의미가 된다. 그래서 경찰이 하는 말을 얼핏 들었는데 그들은 그 킬러를 없
애버릴거라고 하려면 I overheard the cop say that they'll take care of the killer라고 하면 된다.

I'm **planning to** buy a new car

새 차를 사려고 해

plan to …할 계획이다 **plan on~ing[sth]** …할 생각이야

plan to는 「…할 계획이다」라는 뜻이지만 진행형을 사용하게 되면 거창한 계획이라기 보다는 아주 가까운 시점에 「…할 생각이다」, 「…할거야」라는 뜻으로 쓰이는 경우가 많다. 결국 be going to와 유사하지만 좀 더 능동적이고 적극적인 표현이다. 또한 plan on 다음에는 ~ing나 사물명사가 온다.

Useful Expressions

★ I'm planning
to+V[on~ing]
…할 생각이야

★ Are you planning
to+V[on ~ing]?
…할 생각이야?

★ plan on sth
…할 생각이야

A: **I'm planning to** buy a new car.

B: What kind are you thinking of?

　　A: 새 차를 사려고 해.

　　B: 어떤 종류를 생각하고 있는데?

A: What're you **planning to** do at the end of the day?

B: **I was planning on** resting but I might change my mind.

　　A: 일과 후에 뭐할 생각이야?

　　B: 쉴 생각이었지만 바뀔 수도 있고.

Talking Practice

1. 오늘 저녁에 영화보러(go to a movie) 갈 생각이야라고 할 때

I'm **planning to** go to a movie this evening.

2. 결혼 후에 자녀를 혹 낳을(have any children) 생각이 있어?라고 물어볼 때

Are you **planning to** have any children after you get married?

3. 우리는 함께 잤어. 계획에 없던거야. 그럴 생각이 아니었어라고 말하려면

We slept together. I didn't **plan on** it. I didn't mean to.

　　One Point Lesson

plan to+V나 plan on~이 진행형으로 많이 쓰이나 위의 예문처럼 비진행형으로도 많이 쓰인다. 예를 들어 이번 토요일에 바쁘지 않으면 래프팅 터러 가는 데 같이가자라고 하려면 If you're not busy this Saturday, plan on coming on our rafting trip이라고 하면 되고, 여기서 어떻게 빠져나갈 생각이야라고 하려면 How do you plan on getting out of here?라고 하면 된다. 또한 어제 우리 사장이 나더러 직장을 옮길 생각이냐고 묻더라!라고 하려면 Yesterday my boss asked me if I planned to change jobs!라고 과거형을 써주면 된다.

Please get out of my room

내방에서 나가줘

get out …에서 나가다, 떠나다

거의 아무데나 갖다 붙이면 통할 것 같은 동사가 바로 get. go out도 「나가다」란 뜻이지만 get out 역시 나가다(leave)란 의미로 쓰이며, get sb out하면 「sb를 내보내다」란 표현이 된다. 뒤에 of를 붙여서 get out of sth[~ing]하게 되면 자신이 해야되는 일이나 한다고 말한 일을 하지 않는 것을 뜻한다.

Useful Expressions

★ get sb out of
   …에서 sb를 빼내다, 내보내다

★ get out of
   sth[~ing]
   …을 하지 않다

★ get out of+장소
   …에서 나오다

A: Were you home when the flood happened?

B: No, we **got out** before it started.

　　A: 홍수가 났을 때 너 집에 있었어?
　　B: 아니, 홍수가 나기 전에 나왔어.

A: How can I **get out of** going to that party?

B: Tell them that you're not feeling well.

　　A: 어떻게 하면 그 파티에 빠질 수 있을까?
　　B: 몸이 안좋다고 말해버려.

Talking Practice

1. 제발(please) 내 방에서 나가달라고 할 때

Please **get out** of my room.

2. 걔를 감옥에서 빼내는데 시간이 걸릴거야(It will take time~)라고 말할 때

It will take time to **get** him **out of** jail.

3. 나 방금 병원에서 퇴원했어라고 하려면

I just **got out of** the hospital.

One Point Lesson

get out of~중에서 가장 많이 쓰이는 표현은 뒤에 here를 붙인 get out of here일 것이다. I can't wait to get out of here(여기서 나가고 싶어 죽겠어)처럼 평서문에서도 쓰이지만 주로 명령문의 형태로 상대방보고 「꺼져!」 혹은 말도 안되는 소리에 믿지 못하겠다며 상대방에게 「그럴리가!」라는 의미로 Get out of here!가 아주 아주 많이 쓰인다.

Let me **think about** that

내가 그거 생각 좀 해볼게

think about[of] …에 대해 생각하다

think를 하되 뭔가 결정을 하기 전에 뭔가 행동을 하기 전에 생각하고 있는 것을 표현할 때 혹은 단순히 …을 생각한다고 할 때 사용하는 기본표현. think about[of] 다음에 생각하고 있는 것을 말하면 된다.

Useful Expressions

★ Let me think about~
…에 대해 생각을 해볼게

★ What do you think about[of]~?
…에 대해 어떻게 생각해?

★ Have you (ever) thought about+N/~ing?
…을 생각해본 적 있어?

A: I want to invite the investors to see our operation.

B: Let me **think about** that and I'll get back to you.

　A: 투자자들을 불러서 우리 회사를 둘러보게 하는 게 좋겠어.
　B: 생각 좀 해보고 얘기해 줄게.

A: **Have** you **thought of** taking out a loan?

B: I looked into it but was turned down by the bank.

　A: 대출 받아볼 생각을 해본거야?
　B: 알아봤는데 은행에서 거절당했어.

Talking Practice

1. 난 그거에 대해 생각할 시간이 많지 않았었어(haven't had much time to)라고 할 때

I haven't had much time to **think about** it.

2. 대부분의 남자들은 섹스에 대해 너무 많이 생각하는 것 같아(It seems like)는

It seems like most men **think about** sex way too much.

3. 애들을 가져보는 걸 생각해본 적 있냐고 상대방에게 물어볼 때

Have you ever **thought about** having children?

One Point Lesson

진행형으로 해서 I'm thinking about[of]~이라고 하면 「…해볼까 생각중이야」라는 의미가 된다. 즉 생각은 하고 있지만 아직 그렇게 하기로 결정을 내리지 못한 경우에 쓰면 된다. 예로 걔는 새차를 뽑을까 생각중이야는 He's thinking of buying a new car, 그리고 난 걔한테 데이트 신청을 해볼까 생각중이야는 I'm thinking about asking her out on a date라고 하면 된다.

I'm going to take a bath

나 목욕할거야

take a bath 목욕하다

따뜻하게 푹 담그고 하는 목욕을 bath라고 하고 「목욕을 하다」라고 하려면 take[have] a bath라고 하면 된다. 「샤워하다」는 take[have] a shower, 「세수하다」는 wash one's face, 「양치질하다」는 brush one's teeth, 그리고 「머리감다」는 wash one's hair라 한다.

Useful Expressions

★ **I'm going to take a both**
나 목욕할거야

★ **take a long hot bath**
따뜻하게 목욕을 오래하다

★ **have[take] a shower**
샤워하다

A: What do you do to relax?

B: I like to **take a long hot bath.**

A: 어떻게 긴장을 풀어?
B: 목욕을 오래 하는 걸 좋아해.

A: I'm sweaty because I exercised.

B: Well, go **take a shower.**

A: 운동을 했더니 땀이 범벅이야.
B: 저기, 가서 샤워해라.

A: Excuse me while I **take a quick shower.**

B: Sure, I'll wait here for you.

A: 간단히 샤워할 동안 실례.
B: 그래, 여기서 기다릴게.

Talking Practice

1. 난 가서(go+V) 목욕을 할거야는

I'm going to go take a bath.

2. 내가 집에 왔을 때(got home) 태미는 목욕할 준비를 하고 있었어는

Tammy was preparing to take a bath when I got home.

3. 내가 샤워한 지가 8일이 지났어라고 좀 냄새나게 말하려면

It's been eight days since I took a shower.

One Point Lesson

목욕을 하기 위해 「욕조에 물을 받다」라고 할 때는 run a bath라고 한다. 즉 fill a bath with water라는 뜻으로, 나 곧 집에 들어가니 욕조에 물 좀 받아줄테야?라고 상대방에게 부탁하려면 Can you run a bath for me? I'll be home in a minute라고 하면 된다.

Hold on, I'll go find him

잠깐, 내가 가서 찾아볼게

hold on 꽉잡다, 기다리다

hold on은 기본적으로 뭔가를 「손으로 꽉잡다」라는 뜻이며 일상회화에서는 「기다리다」(wait)라는 의미로 많이 쓰인다. 특히 전화가 왔을 때 상대방 보고 기다리라고 할 때 이 표현을 쓰면 된다. 그렇다고 전화상에서만 쓰이는 것은 아니다. 따라서 잠깐 기다리라는 의미로는 Wait a minute, Just a minute, Hold on a minute, 그리고 Hang on a minute이 있는데 모두 「잠깐만 기다려」 혹은 (상대의 말과 행동을 멈추게 하며)「그만」이라는 뜻이다. minute자리에는 second나 moment를 써도 된다.

Useful Expressions

★ **hold on a moment**
잠시 기다리다

★ **hold on a
second[minute]**
잠시 기다리다

★ **Hang on(a minute)**
잠깐만 기다려

A: There's a telephone call for Bill.

B: **Hold on,** I'll go find him.

  A: 빌에게 전화왔는데.
  B: 잠깐, 내가 가서 찾아볼게.

A: I need to talk with you.

B: **Hang on,** let me finish here.

  A: 나 너하고 얘기해야 돼.
  B: 잠깐만, 여기 일 좀 끝내고.

Talking Practice

1. 잠시만 기다려 줄래? 다른 전화(another call)가 왔다고 할 때

Can you **hold on** a moment? I have another call.

2. 잠깐만, 내가 가서 크리스를 데려올게(go get sb)라고 할 때

Hold on, let me go get Chris.

3. 걔가 여기 있는지 알아볼게. 기다리라고 할 때는

Let me see if he's here. **Hold on.**

One Point Lesson

hold on은 주로 전화에서 많이 쓰이는 것으로 알려져 있어서 혹 전화상에서만 쓰이는 것으로 착각할 수도 있다. 전화영어가 아닌 상황하에서 「잠깐」(Wait)이라고 쓰이기도 하고 또한 문맥에 따라서는 상대방의 행동이나 말에 화가 나서 「잠깐」, 「그만」 이라고 상대방의 언행을 중단시킬 때도 사용된다.

Who do you **work for?**

어디서 일하세요?

work for …에서 일하다

우리식으로는 「…에서 일한다」고 할 때 work at[in]이 더 적절할거라 생각되지만 영어에서는 work for+사람[회사]의 형태를 즐겨 쓴다. work at[in]도 쓰이는 것은 물론이다. 그래서 우리는 보통 「어디에서 일하냐?」고 해서 Where를 떠올리기 십상이지만, 영어에서는 Where 대신 Who를 이용해 「누구를 위해서 일해?」라고 말한다. work for는 「…에서 일하다」라는 의미로 for 다음에는 사장 혹은 회사명을 말하면 된다.

Useful Expressions

★ **Who do you work for?**
어디서 일해?

★ **work for the government**
공무원이다

A: I wish I could **work for** the government.

B: It's a stable job but not very exciting.

A: 공무원이면 좋겠어.
B: 안정적이기는 하지만 신나지는 않잖아.

A: Excuse me, who do you **work for?**

B: I'm a trainer here at the gym.

A: 실례합니다만, 어디서 일하세요?
B: 이 체육관에서 트레이너로 일하는데요.

Talking Practice

1. 나는 조그만 회사(small company)에 다닌다고 할 때

I **work for** a small company.

2. 어떤 부장(manager) 밑에서 일하는 거야라고 물을 때

Which manager do you **work for?**

3. 깐깐한(uptight) 상사 모시기가 힘들다라고 하려면

It's difficult to **work for** uptight bosses.

One Point Lesson

위에서 언급했듯이 「…에서 일하다」 는 work for 뿐만 아니라 work at[in]도 쓰인다. 그래서 집에서 일하다, 즉 재택근무하다는 work at home, 그리고 형편없는 공장에서 일하다라고 하려면 work in a sweatshop, 마케팅 부서에서 일하다는 work in marketing 이라고 하면 된다.

give out 나눠주다

give sth out 혹은 give out sth의 형태로 쓰이면 주어인 사람이 sth을 여러 사람에게 「나누어주다」「배포하다」(distribute something: to pass something out)라는 뜻이 된다. 선생님이 시험지를 나눠주다(give the test papers out)를 떠올리면 이해가 쉽다.

Useful Expressions

★ **give the test papers out**
시험지를 나눠주다

★ **give out homework**
숙제를 나눠주다

A: Did anyone **give out** the schedule?

B: No, I don't think so.

A: 누가 일정표를 나눠줬어?
B: 아니, 아닐거야.

A: How did you get the concert tickets?

B: My boss **gave** them **out** to us.

A: 콘서트 티켓을 어떻게 구했어?
B: 사장이 우리에게 나눠줬어.

Talking Practice

1. 선생님이 숙제를 나눠주는 걸 본 적이 없어라고 하려면

I've never known the teacher to **give out** homework.

2. 선생님은 우리가 볼 시험지를 나눠주셨다라고 하려면

The teacher **gave out** our exams.

3. 넌 팜플렛을 나눠줄거냐라고 물어볼 때

Are you going to **give out** the pamphlets?

One Point Lesson

주어가 사람일 경우에는 뭔가를 사람들에게 나눠주다라는 뜻이 되지만 만약에 사물이 주어로 와서 Sth gives out~하게 되면 기계나 신체의 일부 기능의 작동이 멈춰지거나(stop working), 물품이 주어일 때는 다 소진되었다(have been used)라는 의미를 갖는다.

We'd better **look over** the study guide
우리는 학습지침서를 검토해봐야 돼

look over 검토하다, 살펴보다

「검토하다」라는 말로 한 단어로 하면 examine과 같은 의미이다. sb나 sth을 좀 빠르게 살펴보거나 혹은 문맥에 따라 주의깊게 검토하는 것을 뜻하며, 뒤에 장소가 오면, 그 장소가 어딘지 훑어보는 것을 말한다. go over, check over와 같은 맥락의 표현이다.

Useful Expressions

★ **look over** sth
(**look** sth **over**)
검토하다, 살펴보다

★ **look over** the
contract
계약서를 살펴보다

★ **look over**+장소명사
...에 가보다, ...를 살펴보다

A: Do you want to **look over** the menu?

B: No, I know what I want to eat.

A: 메뉴판을 볼래?

B: 아니, 뭘 먹고 싶은지 아는데.

A: Those girls keep **looking over** at us.

B: Let's try to meet them.

A: 저 여자애들이 계속 우리 쪽을 쳐다보고 있어.

B: 걔네들을 만나보도록 하자.

Talking Practice

1. 경찰(the police)은 범죄현장을 살펴봤다고 할 때

The police **looked over** the crime scene.

2. 우리는 학습지침서(study guide)를 검토해봐야 된다고 할 때

We'd better **look over** the study guide.

3. 마음편히 네 변호사에게 그거 검토해보라고 하라고 할 때.

Feel free to have your lawyer **look it over**.

One Point Lesson

look over one's shoulder하게 되면 다른 사람의 어깨너머로 쳐다보다라는 의미가 된다. 그래서 사람들이 내 어깨너머로 날 볼 때 긴장해라고 하려면 I get nervous when people look over my shoulder, 걔 사장은 항상 걔 어깨 너머로 쳐다봐라고 하려면 His boss is always looking over his shoulder라고 하면 된다.

Hurry up and make up your mind

어서 마음을 빨리 정해

hurry up 서두르다

잘 알려진 표현으로 뭔가를 「서두르다」라는 의미. 특히 상대방보고 늦을지 모르니 행동을 서두르라고 재촉할 때 사용된다. 비슷한 의미의 표현으로는 be in a hurry[rush] 등이 있다.

Useful Expressions

★ Hurry up!
서둘러!

★ hurry up and do~
서둘러 …하다

★ hurry up with sth
…을 서둘러하다

A: If you don't **hurry up** we'll be late.

B: Okay, okay, I'm coming.

　　A: 네가 서두르지 않으면, 우리는 늦을거야.
　　B: 알았어, 간다고.

A: **Hurry up!** We're going to miss the bus!

B: Relax. The bus is not scheduled to leave for another 45 minutes.

　　A: 서둘러! 버스 놓치겠어!
　　B: 침착해. 버스는 45분 후에 출발하기로 되어 있어.

Talking Practice

1. 서둘러, 그 프로그램이 시작한다고 말할 때

Hurry up, the program is starting!

2. 서둘러라, 너 너무 운전을 늦게 한다고 짜증낼 때

Hurry up, you drive too slow!

3. 어서 마음을 결정하라고 재촉할 때

Hurry up and make up your mind.

One Point Lesson

hurry의 명사형을 사용해서 말하려면 be in a hurry(서두르다)라고 하면 된다. 특히 be in such a hurry의 형태로 많이 쓰인다. 그래서 막 서두르고 있는 사람을 보고 쟤 왜 그리 급한거야?라고 물어보려면 Why is he in such a hurry?라고 하면 된다. 물론 hurry 대신에 rush를 써서 be in a rush라고 해도 된다. 내가 좀 서둘러야 된다라고 하려면 I'm in a bit of a rush라고 한다.

I **tried to** kiss her

걔한테 키스를 하려고 했어

try to …해보려 하다

try는 다음에 주로 명사, to+동사, 혹은 ~ing가 목적어로 와서 (아직 해보지 않은 것) 「…을 해보다」「시도하다」라는 뜻이 된다. 물론 try 다음에 to+V가 올 때와 ~ing가 올 때 의미차이가 있다고 문법시간에 배웠으나 실제 영어를 말할 때는 굳이 구분하지 않아도 의사소통하는데 전혀 문제가 없다. 실패했다고 굴하지 않고 다시 시도해본다고 할 때는 try again이라고 하면 된다.

Useful Expressions

★ try to+V
   …하려고 하다

★ try to~ ing
   …하려고 하다

★ try and+V
   …하려고 하다

★ Have you tried
   to+V?
   …을 시도해본적 있어?

A: What happened with Susan last night?

B: I **tried to** kiss her, but failed.

   A: 지난 밤에 수잔과 어떻게 됐어?
   B: 키스를 하려고 했는데 실패했어.

A: I'm filing a lawsuit against my boss for sexual harassment.

B: Let me get this straight… he **tried to** rape you?

   A: 성희롱으로 나의 상사에게 소송을 걸었어.
   B: 말하자면, 널 강간하려 했단 말야?

Talking Practice

1. 난 항상 네 생일을 기억하려고 하고 있어는

   I always **try to** remember your birthday.

2. 난 사업을 시작해볼까 해라고 말하려면

   I'm going to **try** starting up my own business.

3. 제인이 날 좋아하는지 안좋아하는지 알아보고(figure out if~) 있어는

   I'm **trying to** figure out if Jane likes me or not.

One Point Lesson

try의 목적어로 명사가 올 경우에는 I'll try my best(최선을 다할 거야)처럼 「시도하다」라는 의미이지만 "Try kalbi"처럼 음식이 올 경우에는 「먹어보다」라는 의미가 된다. 또한 try 다음에 옷이나 구두 등이 올 경우에는 try it on처럼 'on'을 붙여야 한다는 것을 기억해둔다. 그래서 의류매장에서 손님에게 한번 입어보시겠어요?라고 하려면 Would you like try it on?이라고 하면 된다.

I **took a walk** on the beach

해변가에서 산책했어

go for a walk 산책나가다

단순한 표현으로 산책하러가다는 go for a walk로 out를 넣어서 go out for a walk로 해도 된다. 또한 go for 대신 go on을 써서 go on a walk라 써도 된다. 간단히 쓰려면 talk a walk라고 하면 된다. 「…까지 걸어서 가다」혹은 「산책하다」라고 하려면 take a walk (down) to+장소, 그리고 「…와 산책하다」는 take a walk with sb로 하면 된다. 그리고 「산책을 오래하다」라고 하려면 그냥 long를 붙여 talk long walks라 하면 된다.

Useful Expressions

★ go (out) for a walk
산책하다

★ go on a walk
산책하다

★ Let's take a walk down to~
…까지 산책하자

★ I took a walk around~
…주변을 산책했어

A: It's like it's snowing outside.

B: I don't want to **go for a walk** in the snow.

A: 밖에 눈이 오는 것 같아.
B: 눈맞으며 산책하고 싶지 않아.

A: Where were you last night?

B: After work, I **took a walk** on the beach.

A: 지난 밤에 어디 있었어?
B: 퇴근 후에, 해변가에서 산책했어.

Talking Practice

1. 산책하고 싶은데, 괜찮겠어?라고 상대방의 의사를 물어볼 때

I'd like to **go for a walk**. Do you mind?

2. 상대방에게 산책하고 싶냐(Do you want to~?)고 물어볼 때

Do you want to **take a walk**?

3. 할아버지는 오후마다(each afternoon) 산책을 하신다고 말할 때

Grandpa **takes a walk** each afternoon.

One Point Lesson

자기 혼자 산보하는게 아니라 다른 사람이나 혹은 동물을 산책시키다라고 말할려면 take ~ for walk라고 하면 된다. 그래서 크리스를 밖으로 데리고 나가 산책시키자라고 하려면 Let's take Chris for a walk outside라고 하면 된다.

Sit down and I'll find him for you

앉아계시면 제가 찾아볼게요

sit down 자리에 앉다

가장 기본적인 표현으로 sit down하면 「자리에 앉다」라는 의미로 잠시 앉는다는 sit down for a while, 자리에 앉아서 편하게 있다는 sit down and make yourself comfortable이라고 하면 된다. 또한 상대방에게 자리에 앉으라고 할 때 많이 사용되는 표현으로 take a seat가 있는데 이는 주로 명령문 문장으로 쓰인다. take 대신 동사를 바꿔 have a seat이라고 해도 된다.

Useful Expressions

★ sit down and+V
  앉아서 …하다

★ Please, take a seat.
  자리에 앉아요.

★ Everybody, take a seat.
  다들, 자리에 앉아요

A: I'd like to see Mr. Franks.
B: **Sit down** and I'll find him for you.

  A: 프랭크 씨를 만나고 싶어요.
  B: 앉아계시면 제가 찾아볼게요.

A: God, I'm so tired right now.
B: **Take a seat** for a few minutes.

  A: 맙소사, 나 지금 너무 피곤해.
  B: 잠시 자리에 앉아.

Talking Practice

1. 배고파 미칠 지경이야. 앉아서 점심 먹고 싶어 죽겠어(can't wait to~)라고 할 때

I'm starving and I can't wait to **sit down** and eat lunch.

2. 자리에 앉아요. 의사선생님이 곧 진찰하실(see sb) 겁니다는

Take a seat. The doctor will see you soon.

3. 긴장 좀 풀고(relax and~) 자리에 앉으라고 할 때

Just relax and **take a seat**.

One Point Lesson

현재는 빈자리지만 누가 앉기로 되어 있는지, 즉 빈자리에 앉을 수 있는지 여부를 물을 때 전형적으로 쓰는 표현은 Is this seat taken?이라고 한다. 상대방이 이렇게 물어보면 당황하지 말고 죄송하지만 제 친구자리인데요(I'm sorry, but my friend is sitting there)라고 하면 된다. 참고로 sit back하게 되면 뒤를 쭉 빼고 편안히 앉았다라는 뜻이다.

You're really good at it

너 그거 정말 잘한다

be good at …을 잘하다

참 쉬운 말인데 막상 영어로 하려면 do well만 머리 속에 떠오르며 안절부절 하는 경우가 많을 것이다. 피아노를 잘 친다던지 토론을 잘한다던지 등 뭔가에 유능하다고 할 때는 be good at~을 쓰면 된다. 반대로 영 엉망이다, 젬병이다라고 할 때는 be not good at 혹은 be poor at~을 쓴다. at 다음에는 명사나 ~ing를 이어쓰면 된다. good을 강조하고 싶으면 good 대신 great를 써도 된다.

Useful Expressions

★ I'm not good at this
난 이거 잘 못해.

★ I'm not good at using computers.
난 컴퓨터를 잘 사용하지 못해.

★ You're really good at it.
너 그거 정말 잘한다.

★ be great at
…을 아주 잘한다

A: Your brother is a great baseball player.

B: He's **good at** most sports.

A: 네 형은 정말 훌륭한 야구선수야.
B: 형은 모든 운동을 잘해.

A: What do I do now?

B: You do what you're **great at**.

A: 나 이제 어떻게 하지?
B: 네가 잘하는 것을 해봐.

Talking Practice

1. 케인은 돈을 버는데(make money) 아주 유능하다고 할 때

Kane is good at making money.

2. 미안, 난 과학을 가르치는데(teach science) 유능하지 않다고 말할 때

Sorry. I am not good at teaching science.

3. 실은 난 컴맹에 가깝다고 말하려면

Actually, I'm not good at using computers.

One Point Lesson

be good at의 반대표현은 우선 부정으로 해서 be not good at~이라고 하면 되지만 good이란 단어를 아예 반대어로 바꿔서 be poor at~이라고 하면 된다. 못하는 정도가 심할 때는 poor보다 강력한 단어인 terrible를 써서 be terrible at~이라고 하면 된다. 그래서 난 뭔가 고르는데는 젬병이야라고 하려면 I'm terrible at making choices라 한다.

He's very **busy** right now

걔 지금 무척 바빠

be busy with ...으로 바쁘다

busy만 알아서는 회화문장을 만들기에 부족하다. 「바쁘다」라는 be busy의 형태로 알아두어야 되며, 한 단계 더 나아가 바쁜 이유를 말할 때는 be busy with~나 be busy ~ing로 표현한다는 것까지 알아두어야 제대로 된 영어문장을 만들 수 있게 되는 것이다.

Useful Expressions

★ **be busy with~**
   ...로 바쁘다

★ **be busy (with) ~ing**
   ...하느라 바쁘다

★ **I have been pretty busy.**
   무척 바빴어.

★ **be busy at the moment**
   지금 바쁘다

★ **be busy at work**
   사무실에서 바쁘다

A: What is our plan for tonight?

B: We'll **be busy.** We have a lot of work to do.

  A: 오늘 밤 우리 뭐 해?
  B: 바쁠거야. 할 일이 무척 많아.

A: Can I speak to your boss?

B: I'm afraid not. He's very **busy** right now.

  A: 윗분과 얘기할 수 있을까요?
  B: 죄송하지만 그럴 수 없겠네요. 지금 굉장히 바쁘세요.

Talking Practice

1. 난 아이들 돌보는데(keep an eye on) 너무 바빴어라고 하려면

I was too busy keeping an eye on the kids.

2. 그들이 업무얘기하느라(talk business) 바쁜 동안 내가 널 가게로 데려갈게(take sb to)라 할 때

While they're busy talking business, I'll take you to the store.

3. 간호사가 지금 환자(a patient)를 보느라 바쁘지만 곧 얘기나누실(be available) 수 있다고 할 때

The nurse's busy with a patient now, but will be available soon.

One Point Lesson

...에 묶여 있을 정도로, 즉 꼼짝달싹 못할 정도로 그래픽하게 바쁘다고 표현하는 것으로는 be tied up이 있다. tie가 묶다라는 걸 떠올리면 된다. 그래서 상대방이 도와달라고 할 때, 미안하지만 나 지금 엄청 바빠라고 하려면 Sorry, I'm tied up right now라 하면 되고, 사무실에서 하루 종일 꼼짝달싹 못했다라고 하루의 일과를 말하려면 I've been tied up all day in the office라고 하면 된다.

I'm well **aware of** that

그거 잘 알고 있어

be aware of ···을 알고 있다

어떤 상황이나 사실에 대해서 「···을 알고 있다」, 「···을 깨닫고 있다」라는 의미. be aware of 다음에는 명사, 또는 that 절(be aware of that S+V) 그리고 의문사 절 (be aware of what/how~)이 올 수가 있다.

A: Were you invited to join the science club?

B: Sure. I'm **aware of** where they will meet.

　　A: 과학클럽에 들어오라는 초대를 받았어?
　　B: 그래. 걔네들이 어디서 만날지 알고 있어.

A: I **was** not **aware of** her crimes.

B: She's been arrested many times.

　　A: 난 걔가 저지른 죄를 모르고 있었어.
　　B: 걔 여러 번 체포된 적이 있어.

Talking Practice

1. 그거 잘 알고 있어. 하지만 내가 할 수 있는 게 아무 것도 없어(there is nothing~)라 할 때

I'm well **aware of** that. But there's nothing I can do.

2. 네 아내가 뭘 하고 있는지(what sb be doing) 알고 있냐고 물어볼 때

Are you **aware of** what your wife is doing?

3. 네 문제를 우린 잘 알고 있다라고 하려면

We're well **aware of** your problem.

One Point Lesson

Not that I know of는 내가 아는 범위내에서는 모른다는 유명한 의미. Not that~다음에는 know of만 오는 것은 아니라, 위의 aware of를 써서 Not that I'm aware of라고 해도 "내가 아는 한 몰라"라는 의미가 된다.

I **put on** too much make-up

화장을 너무 많이 했나봐

put on 옷을 입다

put on은 다양한 의미로 쓰이는 동사구이기는 하나 여기서는 「옷을 입(히)다」 (시계 등을) 「착용하다」 화장을 하는 것처럼 얼굴이나 머리 등에 「…을 바르다」 등 몸에 없던 것을 추가할 때 사용하는 뜻에 국한되어 알아보기로 한다. 한가지 더 의미를 알아두어야 한다면 음악을 틀다라고 할 때 put some music on이라고 하면 된다. 참고로 옷을 입고 있는 상태는 have on이라고 하고 앞서 언급했지만 옷이 맞는지 어울리는지 한번 입어보는 것은 try on을 쓰면 된다. 따라서 put on은 기본적으로 기존의 거에 뭔가 더하는 개념으로 put on some weight하게 되면 「살이 찌다」라는 뜻이 된다.

Makeup

Useful Expressions

★ **put on** a sweater
스웨터를 입다

★ **put on** too much make-up
화장을 너무 많이 하다

★ **put** some music on
음악을 좀 틀다

A: You should **put on** a sweater. It's cold outside.

B: I thought it was colder than normal.

A: 스웨터를 입는게 좋을거야. 밖에 날씨가 쌀쌀해.
B: 평소보다 더 춥다는 생각이 들었어.

A: I **put on** too much make-up. I look like a clown.

B: No, you don't. But I would remove that eyeliner.

A: 화장을 너무 많이 했나봐. 광대처럼 보여.
B: 아니야, 그렇지 않아. 정 그러면 내가 눈썹 화장을 지워줄게.

Talking Practice

1. 넌 립스틱을 좀 발라야 돼라고 상대방에게 말해줄 때

You got to **put on** some lipstick.

2. 화장을 할 장소가 있을까?라고 물어볼 때

Is there gonna be a place to **put on** make up?

3. 핫도그에 뭘 발라드릴까요?라고 상대방에게 물어볼 때

What would you like me to **put on** your hotdog?

One Point Lesson

여자가 남자에게 콘돔을 가져왔냐고 물어볼 때는 Did you bring a rubber?라 하고 준비성 바른 남자가 어, 내 지갑에 있어라고 하려면 Yeah, it's in my wallet이라고 한다. 그리고 이제 반역사적이긴 하지만 남자에게 콘돔을 끼라고 할 때는 바로 이 put on를 쓰면 된다. I think you should put it on이라고 말이다.

029

I'm so **proud of** your recent promotion
최근에 네가 승진해 네가 자랑스러워

be proud of ···을 자랑스러워하다

be proud of = take pride in = pride oneself on이라고 공식처럼 외웠던 필수 표현. be proud of 다음에 자신이 자랑스럽게 생각하는 대상을 말하면 된다.

Useful Expressions

★ **I'm so proud of you.**
네가 정말 자랑스러워.

★ **We take pride in ~**
우리는 ···에 자부심을 느낀다

A: Linda was accepted into Harvard.

B: Her parents must **be proud of** her.

A: 린다는 하바드에 합격했어.
B: 부모님들이 자랑스러워 하시겠다.

A: I got the highest score in the class!

B: Way to go! I'm so **proud of** you.

A: 내가 우리 반에서 제일 좋은 점수를 받았어!
B: 잘했구나! 네가 정말 자랑스러워.

Talking Practice

1. 상대방이 최근에 승진(recent promotion)한 것을 자랑스럽다고 말할 때

I'm so **proud of** your recent promotion.

2. 멋진 플레이를 하기(play nicely) 때문에 우리는 우리 국가대표팀에 자부심을 느낀다는

We can take pride in our national team because they play nicely.

3. 네 엄마가 너를 자랑스럽게 생각하겠구나(I bet S+V)라고 말하려면

I bet your mom is really **proud of** you.

One Point Lesson

이처럼 상대방을 자랑스러워하게 되면 자연 축하한다는 표현이 함께 나온다. 축하한다고 할 때는 Congratulations!라고 항상 복수형으로 쓰며, 「···에 대해 축하한다」고 할 때는 Congratulations on~이라고 하면 된다. 그래서 네 결혼 축하하려고 하려면 Congratulations on your wedding이라고 하면 된다. 요즘 세상에 비추어보면 좀 단어가 길다. 그래서 줄여서 Congrats라고 하기도 한다.

My dad **was** always **hard on** me

아빠는 항상 내게 모질게 대했어

be hard on ···을 모질게 대하다, 못되게 굴다

on 다음에는 sb가 오며, 주어가 sb를 모질게, 험하게 혹은 「못살게 굴다」라는 표현 이다. 반대로 살살 다루다라고 하려면 go easy on이라고 하면 된다. 또한 be hard on oneself하면 스스로를 힘들게 하다, 즉 「자책하다」라는 표현이 된다.

Useful Expressions

★ **be hard on oneself**
자책하다(blame oneself)

★ **work hard on the project**
프로젝트 일을 열심히 하다

A: Please try not to **be hard on** him, it's his first real job.

B: I understand that, but he's got to learn to take it seriously!

　　A: 걔 너무 힘들게 하지마, 실제 직장일은 처음이야.
　　B: 이해해, 하지만 진지하게 일하는 법을 배워야 돼.

A: Do you have to **be** so **hard on** Jeff?

B: I'm afraid he will make another big mistake.

　　A: 넌 제프에게 그렇게 모질게 대해야 돼?
　　B: 걔가 또 큰 실수를 할까 봐서 그래.

Talking Practice

1. 아빠는 항상 나한테 힘들게 대하셨다고 할 때

My dad **was** always **hard on** me.

2. 너무 자책하지마. 집이 불타버린(burn down) 것은 네 잘못이 아니라고 할 때

Don't **be** so **hard on** yourself. It's not your fault the house burned down.

3. 그게 아이들을 힘들게 할 것 같아라고 말하려면

I think it will **be** very **hard on** your kids.

One Point Lesson

참고로 give (sb) a hard time 또한 「···을 힘들게 하다」라는 뜻이 된다. 신입사원이 첫 출근하는데 힘들게 하지 않겠다고 할 때는 I won't give her a hard time이라고 한다. 비슷한 표현으로 be mean to sb가 있는데 이는 「···에게 야비하게 못되게 굴다」라는 뜻이 된다. 그래서 잭은 정말 그녀에게 못되게 굴어라고 하려면 Jack is really mean to her라고 하면 된다.

I **am in trouble** for being late

지각해서 혼났어

be in trouble 곤경에 처하다

사람얼굴이나 살아가는 삶이나 '트러블'이 없어야 하는데…. be in trouble은 주어가 「곤경에 처하다」라는 의미. be 대신에 get을 써서 get in trouble이라고 해도 된다.

Useful Expressions

★ **You'll be in trouble if~**
…하면 곤경에 처할거야

★ **You're in trouble.**
너 큰일났다.

★ **get in trouble**
곤경에 처하다

A: Why do you look so gloomy?

B: I **am in trouble** for being late.

A: 왜 그렇게 꿀꿀하게 보여?
B: 지각해서 혼났어.

A: Why are you so upset?

B: I **got in trouble** for skipping class.

A: 왜 그렇게 화가 났어?
B: 수업 빼먹어서 혼났어.

Talking Practice

1. 닐은 자기 아내와 문제가 생겼다고 할 때

Neil is in trouble with his wife.

2. 너 또 문제 생긴거냐고 할 때

Are you in trouble again?

3. 도와줘. 난처한 일이 생겼어라고 하려면

Give me a hand. I'm in trouble.

One Point Lesson

반대로 주어가 「sb를 곤경에 처하게 하다」고 할 때는 get sb in trouble이라고 하면 된다. 그래서 넌 날 곤란하게 만들려고 하는구나라고 하려면 You're going to get me in trouble이라고 하면 된다. 또한 널 힘들게 하려고 여기에 온게 아냐라고 하려면 I'm not here to get you in trouble이라고 하면 된다.

We'll **arrive at** the airport before long 우리는 곧 공항에 도착할거야

arrive at 도착하다

「…에 도착하다」라는 기본 동사구로 제 시간에 도착한다는 arrive on time, 예정보다 일찍 도착한다는 arrive ahead of schedule, 조금 일찍 도착한다는 arrive a little bit early라고 하면 된다. 도착하다라고 하기 보다는 「가다」「오다」라고 할 때는 만능 동사 get을 써서 get there, get here를 많이 쓴다.

Useful Expressions

★ **arrive on time**
제 시간에 도착하다

★ **arrive ahead of schedule**
예정보다 일찍 도착하다

★ **get there from~**
…로부터 거기에 가다

★ **get here**
여기에 오다, 도착하다

★ **How do I get there?**
거기 어떻게 가지?

A: When is Tom scheduled to **arrive at** the office?

B: He's supposed to arrive tomorrow after 3 o'clock.

   A: 탐이 언제 사무실에 도착할 예정이니?
   B: 내일 3시 후에 도착하게 되어 있어.

A: As far as I know they sent it yesterday.

B: Then it should **arrive** later today.

   A: 내가 아는 바로는 그 사람들이 어제 그걸 보냈다던데.
   B: 그럼 오늘 늦게는 도착하겠군.

Talking Practice

1. 우리는 곧 공항에 도착할거야라고 하려면

We'll **arrive at** the airport before long.

2. 여기서(from here) 거기 가는데 15분 정도 걸린다고 할 때

It takes about 15 minutes to get there from here.

3. 걔가 언제 여기에 도착할 것 같냐고(when do you think~) 물어볼 때

When do you think he's going to get here?

One Point Lesson

위에서 보듯이 arrive 다음에는 부사구가 오거나 전치사 at이나 in이 온다. 절대로 arrive to+장소명사로 써서는 안된다. 그리고 in을 쓸 때는 도착하는 장소가 도시나 국가일 경우에 쓰면 된다. 그래서 일본에 도착하다는 arrive in Japan라고 한다. 마지막으로 한가지 더! 「집에 도착하다」는 arrive at home이 아니라 arrive home이라고 하면 된다.

Can you help me **get dressed?**

옷 입는 거 좀 도와줄래?

get dressed 옷을 입다

put on, have on, try on하면 해결될 줄 알았던 「옷을 입다」라는 표현에 새롭게 등 장한 다크호스, dress의 동사용법과 get의 쓰임에 살짝 감탄하면서 「옷을 입다」는 get dressed, 반대로 「옷을 벗다」는 get undressed임을 기억해둔다.

Useful Expressions

★ **Get dressed!**
옷입어!

★ **get undressed**
옷을 벗다

★ **be dressed formally**
정식으로 옷을 차려입고 있다

A: When can you be ready?

B: I need a few minutes to **get dressed.**

A: 언제 준비 돼?
B: 옷입는데 몇분이면 돼.

A: Keep going, I have to **get dressed,** all right?

B: Is it possible to be addicted to a person?

A: 계속 얘기해. 난 옷 갈아입어야 되니까, 알았어?
B: 한 사람에게 중독되는게 가능한 일일까?

Talking Practice

1. 옷입어, 우리 저녁외식할거야라는 반가운 말을 할 때

Get dressed, we're going out to dinner.

2. 걔는 침대에 들어가기(slip into bed) 전에 옷을 벗었다고 할 때

She got undressed before slipping into bed.

3. 오늘 왜 그렇게 정식으로 차려입었어?라고 물어보려면

Why are you dressed so formally tonight?

One Point Lesson

get in trouble과 get sb in trouble에서 봤듯이 get dressed의 사이에 사람을 넣어 get sb dressed하면 「…의 옷을 입히다」, get sb undressed하면 「…의 옷을 벗기다」라는 뜻이 된다. 그래서 상대방보고 애들 옷을 입혀라라고 말하려면 You should get the children dressed라고 하면 된다.

I'm on my way now

지금 가고 있는 중이야

be on one's way …가 가(오)는 중이다

「…가 가고 있는 중(on)이다」라는 의미로 one's 대신에 the를 쓰기도 한다. 또한 어디로 가는지를 말하려면 ~way to+장소명사로 사용한다. 다만 집으로 가는 중이라면 be on my way home처럼 사용한다는 점을 알아둔다. 한편 상대방과 대화시 가는 장소가 서로 언급된 이후라면 I'm on my way라고 많이 하는데 이는 "지금 가는 중이야"라는 표현이 된다.

Useful Expressions

★ be on my way home
집에 가고 있는 중이다

★ be on my way
지금 가는 중이다

★ be on one's way to+V
…하러 가는 중이다

★ on the way here
여기 오는 도중에

A: We are almost finished now.

B: Great, it's time for me to **be on my way.**

    A: 우리는 이제 거의 끝냈어.
    B: 좋아, 이제 가야 할 시간이구만.

A: Mr. Smith, is this a convenient time to talk right now?

B: Not really, I'm just **on my way out to** meet a client.

    A: 스미스 씨, 지금 얘기 나눌 시간 좀 있으세요?
    B: 좀 그런데요. 고객과 만나러 막 나가려는 참 이거든요.

Talking Practice

1. 난 호텔로 가는 도중에 택시에 여권을 놓고(leave~ in the taxi) 내렸어는

I left my passport in the taxi **on the way to** the hotel.

2. 너 병원 가는 길에 나 좀 태워달래(pick sb up)고 할 때

Pick me up **on your way to** the doctor's office.

3. 집에 오는 길에 저녁을 사올(pick up dinner) 시간이 없어라고 말하려면

I don't have time to pick up dinner **on my way home.**

One Point Lesson

be on one's way를 이용하여 출퇴근 하는 중이다라고 표현할 수가 있다. 먼저 「출근중이다」는 be on one's way to work로, 내가 출근할 때 전화해라고 하려면 Call me when I'm on my way to work라고 하면 된다. 그리고 「퇴근중이다」라고 하려면 be on one's way home from work로, 걔는 지금 퇴근해서 집으로 오는 중이다라고 하려면 She's on her way home from work라고 하면 된다.

I found it on the Internet

이거 인터넷에서 찾았어

log on to the Internet 인터넷에 접속하다

Internet 세상이니 인터넷에 관한 표현 몇 가지를 알아본다. 「인터넷에 접속하다」는 connect to the Internet, 혹은 get connected to the Internet 아니면 get online이라고 하면 된다. 인터넷에서 사람을 만나거나 사이트를 찾거나 뭔가 찾는다고 할 때는 ~ on the Internet이라고 하면 된다.

Useful Expressions

★ get on the Internet
인터넷에 접속하다

★ get online
온라인 접속하다

★ meet sb on the Internet
…을 인터넷에서 만나다

★ look at a site on the Internet
인터넷에서 사이트를 보다

★ find sth on the Internet
인터넷에서 …찾다

★ shut off the computer
컴퓨터를 끄다

★ use the Internet
인터넷을 이용하다

A: Are you done with the Internet?

B: Yeah, you can **shut off the computer**.

A: 인터넷 다 썼어?
B: 어, 컴퓨터 꺼도 돼.

A: Why are porn sites so popular **on the Internet**?

B: Maybe because people are into voyeurism.

A: 왜 인터넷에서 포르노사이트가 인기있는거야?
B: 그건 사람들이 관음증에 열중하기 때문일거야.

Talking Practice

1. 너 이것 좀 봐야 돼(have got to~). 나 이거 인터넷에서 찾은거야라고 할 때

You got to see this. I found it **on the Internet**.

2. 인터넷에서 만난 사람들을 믿어서는(trust) 안된다고 조언할 때

You can't trust people you meet **on the Internet**.

3. 자기방에서 인터넷 채팅하고 있다라고 말하려면

She's chatting **on the Internet** in her room.

One Point Lesson

인터넷을 검색하다라고 하려면 browse the Internet, surf the Internet 혹은 search the Internet, do search on the Internet이라고 하면 된다. 그래서 난 인터넷을 검색하고 있었어라고 말하려면 I was just browsing the Internet, 그리고 상대방에게 인터넷에서 검색해봐라고 하려면 Why not search the Internet?이라고 하면 된다.

Level 1
036

Do you want to **come over** to my place tonight?
오늘 저녁 우리집에 들릴래?

come over 들르다

「들르다」「방문하다」특히 집으로 가는 것을 뜻하는 기본 동사구. 쓰이는 형태는 주로 come over to one's place가 가장 많이 쓰이며 저녁먹으러라는 등 목적을 말하려면 come over for dinner, come over and+V의 형태로 쓰면 된다.

Useful Expressions

★ **come over to one's place**
...의 집에 들르다

★ **come over and+V**
들러 ...하다

★ **come over for+N**
...하러 들르다

A: Do you want to **come over to** my place tonight?
B: Sure, what time is good for you?

A: 오늘밤 우리 집에 올래?
B: 그래, 몇시가 좋아?

A: I need you to **come over** here at 5 p.m. tomorrow.
B: I'm sorry, I didn't catch that.

A: 내일 오후 5시에 여기로 와주셨으면 해요.
B: 죄송하지만, 못 알아들었어요.

Talking Practice

1. 내가 가서 너와 함께 TV를 봐도 괜찮겠니?라고 상대방의 의견을 물어보려면

Do you mind if I **come over** and watch TV with you?

2. 이리 와서(come over here) 잠시 나와 이야기하자고 할 때

Why don't you **come over** here and talk to me for a second?

3. 여기 오는데 교통이 어땠어?라고 물어볼 때는

How was the traffic **coming over** here?

One Point Lesson

come over는 「들르다」라는 뜻으로 시간과 함께 말하는 경우가 많은데 come over here at~, come over tonight[now] 등이 많이 쓰인다. 6시반 이후에 들르라고 할 때는 Come over after six thirty. 그리고 괜찮다면 7시에 여기에 올게라고 하면 I'll come over here at 7 if that's okay라고 하면 된다. 참고로 앞서 배운 stop by로 바로 이어서 가는 장소가 오지만(stop by the office), come over에는 to를 붙여서 come over to my place라고 써야 한다는 점을 비교해 기억해둔다.

47

In the end, she **failed to** come

결국 걔는 오지 않았어

fail to 실패하다, …하지 못하다

좀 거창하게 말하면 fail to+V는 …하는 걸 실패하다라고 번역되곤 하지만 일반적인 경우는 그냥 가볍게 「…하지 못하다」 「…을 해내지 못하다」라고 생각하면 쉽게 접근할 수 있다. fail in+N라고 해도 된다.

Useful Expressions

★ **fail to+V**
…해내지 못하다, …를 실패하다

★ **never fail to+V**
반드시 …하다

★ **I fail to see [understand]~**
…가 이해가 안돼

★ **fail in (one's duty)**
(…의 의무를) 게을리하다, …을 하지 못하다

A: Were the people rescued from the house fire?
B: No, the firemen **failed to** get to them.

A: 그 불난 집에서 사람들은 구조됐어?
B: 아니, 소방관들이 구하지 못했어.

A: Why did the building collapse?
B: The construction company **failed to** make it safe.

A: 왜 그 건물이 무너진거야?
B: 건설회사가 안전하게 짓지를 못했어.

Talking Practice

1. 결국(in the end), 걔는 오지 못했다라고 할 때

In the end, she **failed to** come.

2. 그 차는 신호등(traffic light)에 서지를 못했어라고 하려면

The car **failed to** stop at the traffic light.

3. 걘 우리 데이트하는데 나타나지(show up) 않았어라고 하려면

He **failed to** show up for our date.

One Point Lesson

fail이 직접 명사를 목적어로 받을 경우에는 주로 시험이나 자격 등에 떨어지다라는 뜻으로 쓰인다. 그래서 상대방이 입학시험에 떨어졌다는 소식을 듣고서 너 시험에 떨어졌다며라고 하려면 I heard that you failed the entrance exam이라고 하면 된다. 시험에 떨어지다는 fail the test, 과목낙제하다는 fail the class라고 하면 된다. 또한 사물주어+fail의 형태로 쓰이면 사물주어가 「고장나다」, 「작동이 안된다」 라는 뜻이다. 컴퓨터 시스템이 고장났다라고 하려면 The computer system failed라고 하면 된다.

You had to **care for** your family

넌 가족을 돌봐야했어

care for …을 좋아하다, 돌보다

care for는 긍정 평서문에서는 「돌보다」 「좋아하다」라는 의미로 쓰이며 부정문이나 의문문에서는 「좋아하다」 「원하다」라는 뜻으로 쓰인다. 특히 Would you care for~?의 형태로 상대방에게 「…을 원하냐」고 물어볼 때 많이 쓰인다. care to는 부정문, 즉 not care to+V의 형태로 「…하고 싶지 않다」 그리고 의문문으로 Would you care to~?하게 되면 「…하겠냐」고 상대방의 의사를 물어보는 표현이 된다.

Useful Expressions

★ **care for**
돌보다, (정신적으로) 좋아하다

★ **Would you care for~ ?**
…할래요?

★ **not care to+V**
…하고 싶지 않다

★ **Would you care to~ ?**
…할래요?

A: Willie and Sheila spend a lot of time together.

B: I think they **care for** each other.

A: 윌리와 쉴라는 함께 시간을 많이 보내.
B: 서로 좋아하는 것 같아.

A: Would you **care to** watch a movie with me?

B: Sure, let's make plans to do it this week.

A: 나와 함께 영화볼래?
B: 물론, 이번주에 보도록 계획을 짜자.

Talking Practice

1. 넌 네 가족을 돌봐야했어라고 말할 때는

You had to **care for** your family.

2. 다른 누군가를 좋아한다는게 뭔지 너는 몰라라고 상대에게 말할 때는

You have no idea what it's like to **care for** somebody.

3. 식사 전에 애피타이저나 음료수 한잔 할래요?라고 물어보려면

Would you **care for** an appetizer or drink before dinner?

One Point Lesson

care를 이용한 중요한 동사구로 care about이 있는데 이는 about 이하에 관심을 갖거나 중요하다고 생각해 신경을 쓰다라는 의미가 된다. 그래서 아무도 걔 감정에 대해서는 신경쓰지도 않는 것 같았어라고 하려면 No one seemed to care about her feelings라고 하면 된다. 한 문장 더. 난 사람들이 나에 대해서 하는 말에 마음을 쓴다라고 하려면 I care about what people think of me라고 하면 된다.

Please **put** it **on** my desk

내 책상 위에 올려놔요

put on …을 놓다

동사구라 말하기 좀 민망한 표현. …의 위에(on) …을 내려놓다(put)라는 아주 기초적인 표현이다. 하지만 막상 …을 어디에 놓으라고 하려면 생각도 나지 않는 표현 중의 하나이다.

Useful Expressions

★ put on sth
…을 올려놓다

★ put it on
그걸 …위에 올려놓다

A: What did you do with my history book?

B: I **put** it **on** the shelf above the desk.

A: 내 역사책 어떻게 했어?
B: 책상 위 책장에 올려놨어.

A: How many hot dogs do you want me to **put on** the barbecue?

B: Ten will probably be enough.

A: 바비큐틀에 핫도그를 몇 개나 얹어놓을까요?
B: 10개면 충분할 것 같아요.

Talking Practice

1. 제 책상에 두세요, 지금 바빠서요라고 하려면

Please **put** it **on** my desk, I'm busy right now.

2. 이건 스토브 위에 올려놓지 말았어야 했는데라고 하려면

This shouldn't have been **put on** the stove.

3. 내일 아침까지 이 보고서를 끝내서 내 책상위에 가져다 놓았으면 하네요라고 할 때

I'd like this report to be finished and **put on** my desk by tomorrow morning.

One Point Lesson

참고로 I'd like to put it on my American Express card라고 했을 때의 put on의 의미는 뭘까? 내 아메리칸 엑스프레스 카드로 계산해달라는 말이다. 상대방이 돈이 없어 휴가를 못갈 것 같다고 할 때 신용카드로 지불할 생각은 해봤어?라고 하려면 Have you thought about putting it on credit?이라고 하면 된다.

Level 1

040

I'll **call back** later in the afternoon

오후에 전화 다시 할게

call back 다시 통화하다, 답신 전화를 하다

call back은 단순히 전화를 다시 하다 혹은 전화가 왔는데 못받았을 때 전화를 거는, 즉 전화로 상대방에게 회답하다라는 의미로 쓰인다. 전화를 다시 걸 때는 call again. 상대방 전화에 회답한다는 의미일 때는 return one's call로 바꿔 쓸 수 있다.

Useful Expressions

★ call sb back
from one's home
phone
집전화로 다시 전화하다

★ call sb back
다시 전화하다, 답신전화를
하다, 다시 부르다

A: Any messages for me?

B: Your lawyer called and he wants you to **call back.**

A: 나한테 온 메시지있어?
B: 변호사한테 전화왔었는데 전화해달래.

A: I'm sorry, he's out of the office at the moment. Would you like to leave him a message?

B: No, that's okay. I'll **call back** later in the afternoon.

A: 죄송합니다만, 지금 사무실에 안계신데요. 메모를 남기시겠어요?
B: 아뇨, 괜찮아요. 오후에 제가 다시 전화드리죠.

Talking Practice

1. 점심 후에 걔보고 전화해달라고 부탁할 때

Please tell him to **call back** after lunch?

2. 걔가 들어오는(get in) 대로 너에게 전화하라고 할게라고 말할 때

I'll have her **call** you **back** as soon as she gets in.

3. 그들이 진실을 알아내기만 한다면(once S+V) 널 다시 부를거라고 위로할 때

I'm sure once they find out the truth, they'll **call** you **back.**

One Point Lesson

전화영어가 나왔으니 두가지 표현을 덤으로 배우고 가자. 먼저 Are you still there?는 상대방에게 듣고 있는거니?라는 말. 문자 그대로 하자면 「아직도 거기 있니?」지만, 이 표현은 전화 통화 시 쓰는 말로 Are you still on the line?과 같은 의미, 자랑할 만한 일이 있어서 친구에게 전화를 했는데 한참동안 떠들다보니 언제부터인가 상대방이 아무런 반응을 보이지 않는다. 이때 「야, 너 듣고 있는거냐?」 라며 불평을 늘어 놓을 때 쓸 수 있다. 또한 통화를 하다가 갑자기 연결 상태가 좋지 않을 때 상대방에게 잘 들리는지 확인하기 위해서도 사용한다. 또한 I gotta go라는 말을 전화영어에서 많이 듣게 되는데 이는 나 가야 돼가 아니라 「나 전화끊어야 돼」라는 의미이다.

I need to **ask for** your help again

네게 다시 도움을 청해야겠어

ask for 요청하다, 요구하다, 물어보다

ask for = demand로 공식화되어 「요청하다」 「요구하다」라고 굳어진 동사구이지만 단순히 글자그대로 「…을 묻다」 「물어보다」라는 의미로도 쓰인다는 점을 기억해둔다.

Useful Expressions

★ **ask for a raise**
급여인상을 요구하다

★ **ask for help**
도움을 청하다

A: I need to **ask for** some help here.

B: You name it. What can I do for you?

A: 이것 좀 도와줘야겠는데.
B: 말해 봐. 뭘 도와줘야 하지?

A: Ooh la la! I'd like to get a piece of that!

B: Why don't you **ask for** her number?

A: 와우! 나 저 여자랑 좀 하고 싶어!
B: 전화번호를 물어보는게 어때?

Talking Practice

1. 영수증 발급을 요청했냐고 물어볼 때

Did you **ask for** a receipt?

2. 어떤 일에 대해서 조언(advice about)을 구하고 싶다고 말할 때

I would like to **ask for** your advice about something.

3. 또 다시 너한테 도움을 청해야겠다라고 말할 때

I need to **ask for** your help again.

One Point Lesson

You asked for it!은 네가 자초한 일이잖아!(You're getting what you requested), 나아가 「그런 일을 당해도 싸다」 (You deserve the punishment)란 의미로 발전되기도 하는데, 뭔가 어려운 상황에 처한 사람의 속을 벅벅 긁어대는 표현이다. 여기서 ask for는 「… (좋지 않은 일)이 일어나도록 행동하다」 (behave in a way that is likely to bring a bad result)란 의미.

There's no need to **beg for** extra help 추가 도움을 청할 필요는 없어

beg for 간청하다. 애원하다

beg는 매우 간절하게 도움이나 기회를 달라고 간청하는 것을 뜻한다. beg (sb) for sth은 「(…에게) …을 간청하다」 beg sb (not) to+V는 「…에게 …해달라고(하지 말아 달라고) 간청하다」 그리고 목적어 없이 beg to+V하게 되면 「…하기를 간청하다」라는 의미가 된다.

Useful Expressions

★ **beg (sb) for sth**
(…에게) …을 간청하다

★ **beg sb (not) to+V**
…에게 …해달라고(하지 말
아달라고) 간청하다

★ **beg to+V**
…하기를 간청하다

A: What did Ted do after he was fired?

B: He **begged for** his old job back.

　　A: 테드는 해고된 후에 어떻게 했어?
　　B: 걘 일을 계속하게 해달라고 간청했어.

A: I heard the prisoner will be in jail for years.

B: Yes, but he **begged for** a new trial.

　　A: 그 죄수는 오랫동안 수감될거라 들었어.
　　B: 응, 하지만 그는 재심을 간청했어.

Talking Practice

1. 돈을 빌려달라고 해서 창피하다(be ashamed about)고 할 때

I'm ashamed about **begging for** money.

2. 일부 학생들은 성적을 좀 더 올려달라(higher grades)고 애원하고 있어라고 하려면

Some students **beg for** higher grades.

3. 추가 도움(extra help)을 청할 필요가 없다고 할 때는

There's no need to **beg for** extra help.

One Point Lesson

beg가 들어가는 관용어구로는 제발 부탁이야라는 뜻의 I'm begging you, 사과할 때 다시 한번 말해달라고 하는 그래서 Excuse me 와 같은 의미로 사용되는 I beg your pardon 등이 있다.

Where do you **come from?**

어디 출신이야?

come from …의 출신이다, …에서 나오다

come from을 소시 적에 배웠던 것처럼 고향이나 출신을 물을 때만 사용하는 것으로만 생각하면 안된다. 글자 그대로 「…에서 나오다」 「…출신이다」 「원산지가 …이다」라는 뜻으로 쓰인다. 따라서 장소를 뜻하는 의문사 where과 자주 쓰인다. 상대방을 호구조사할 때 꼭 쓰게 되는 Where do you come from? 정도는 야무지게 외워둔다.

Useful Expressions

★ come from
…의 출신이다, …에서 나오다, 원인이 …이다

A: My God! She's an angel!

B: Where did she **come from?** Have you seen her before?

　　A: 야! 저 여자 죽여준다!
　　B: 어디서 온 여잘까? 전에 본 적 있니?

A: Where did this cake **come from?**

B: I bought it at the new bakery on the corner.

　　A: 이 케익 어디서 났어?
　　B: 길 모퉁이에 새로 생긴 빵집에서 사왔어.

Talking Practice

1. 넌 내가 내 출신을 부끄러워한다(be ashamed of)고 생각하는 것 같으라고 말할 때

You think I'm ashamed of where I **come from?**

2. 그게 어디에서 났다고 생각하냐고 물어볼 때

Where do you think it **came from?**

3. 아이에 대한 그 얘기는 분명 슬퍼서 하는 소리일거야라고 말할 때

That talk about children **was** obviously **coming from** his grief.

 One Point Lesson

Where과 come from이 비유적으로 쓰이는 경우이다. 네이티브에게는 쉬운 표현이지만 우리에게는 어렵게 느껴지는 표현이다. 상대방이나 제 3자가 이해할 수 없는 말이나 행동을 할 때 이런 언행을 하는 이유가 뭐냐고 물어볼 때 쓰면 된다. 그래서 Where does all this come from?은 어떻게 하다 다 이렇게 된거야?, Where's this coming from?은 이게 무슨 얘기야?라는 뜻이 된다. come from을 추상적으로 생각해서 「…의 원인이 되다」 라고 생각할 수 있으면 쉽게 이해할 수 있을 것이다.

What did she **die from?**

걔가 어떻게 죽은거야?

die of[from] …로 죽다

die는 상당히 직설적인 표현으로 일반적으로는 pass away나 I'm sorry for your loss 등으로 대체하여 많이 쓰인다. 어떻게 죽었는지 원인을 말하려면 die 다음에 of 나 from을 붙여서 쓰면 된다.

Useful Expressions

★ die of[from]
 cancer
 암으로 죽다

★ pass away
 돌아가시다

A: My grandmother **died** suddenly last month.

B: I didn't know that. I'm so sorry for your loss.

A: 할머니가 지난 달에 갑자기 돌아가셨어요.
B: 몰랐네요. 얼마나 상심이 크세요.

A: What did your grandfather **die from?**

B: The doctors say he had a heart attack.

A: 네 할아버지는 어떻게 돌아가셨어?
B: 의사가 그러는데 심장마비로 돌아가셨대.

Talking Practice

1. 경찰에 의하면 그는 칼에 찔려(stab wound) 죽었다고 해라고 하려면

The cops say he **died from** a stab wound.

2. 매년(every year) 암으로 얼마나 많은 사람이 죽냐고 물어보려면

How many people **die from** cancer every year?

3. 난 끔찍한 병(terrible disease)으로 죽지 않기를 바래라고 하려면

I hope I don't **die from** a terrible disease.

One Point Lesson

우리도 뭔가 몹시 하고 싶을 때 「…하고 싶어 죽겠다」라고 한다. 영어도 마찬가지여서 be dying to+V[for+N]하게 되면 「몹시 … 하고 싶다」라는 뜻이 된다. 걘 그 프로젝트를 몹시 끝내고 싶어해라고 하려면 He is dying to finish that project라고 하면 된다. 또 한 담배피고 싶어 미치겠어는 I'm dying for a cigarette이라고 하면 된다.

I don't **know about** that

그거에 대해 아는게 없어

know about …에 대해서 알고 있다

글자그대로 know about~은 …에 대해서 (들어) 알고 있다라는 의미. 비슷한 표현으로 know of~가 있는데 이는 들어서 알지만 자세히 알지는 못할 때 쓰면 된다. 참고로 know sb[sth]하게 되면 만나서 혹은 가봐서 알고 있다는 의미가 된다.

Useful Expressions

★ **know about**
…에 대해서 알고 있다

★ **know of sb[sth]**
…을 알고 있다

★ **I don't know about you, but~**
너희들은 어떤지 모르겠지만

A: Do you **know of** any cool places to hang out?

B: I **know of** two or three.

　　A: 가서 놀만한 곳 어디 근사한 데 알아?
　　B: 두 세 곳 알지.

A: Could you give me some advice about real estate?

B: Sorry. I don't **know about** that.

　　A: 부동산에 관해서 조언 좀 해줄래?
　　B: 미안해. 부동산에 대해서는 아는 게 없어.

Talking Practice

1. 새 계획에 대해서는 모른다고 말할 때

I don't **know about** the new plans.

2. 너희들은 어떤지 모르겠지만 난 가서 확인해볼거야(go check this out)라고 할 때

I don't **know about** you guys, but I'm gonna go check this out.

3. 안젤라에 대해 뭘 알고 싶냐고 물어볼 때

What do you want to **know about** Angela?

One Point Lesson

know of를 쓴 유명한 표현으로 Not that I know of가 있는데 이는 완곡한 부정으로 내가 아는 범위 내에서는 그렇지 않다라는 의미이다. 그래서 갠 여기에 오지 않았어, 내가 알기로는 말이야라고 하려면 He didn't come here. Not that I know of, 그리고 신입사원이 옆 직원에게 사장비서가 사귀는 남자가 있냐고 물어봤을 때 온지 얼마 안돼서 자기도 모른다고 할 때는 Not that I know of but I haven't been working here that long이라고 말하면 된다.

Can you **help** me get undressed?

옷벗는거 도와줄테야?

help out 도와주다

help (sb) out (with)은 바쁘거나 곤경한 처지에 빠진 사람을 도와주기 위해 특정한 일을 도와주거나 돈을 주는 것을 말한다. with~다음에는 도와주는 대상을 말하면 된다. 숙제를 도와주면 ~with the homework, 기금모금을 도와주면 ~with the fundraising이라고 하면 된다. 그밖에 기본적으로 help~+V(…가 …하는 것을 돕다), help A with B(A가 B하는 것을 돕다)라는 형식도 알아둔다.

Useful Expressions

★ **help (sb) out**
…을 도와주다

★ **help (sb) out with**
…을 도와주다

★ **help A+V**
A가 …하는 것을 돕다

★ **help A with B**
A가 B하는 것을 돕다

A: Do you teach for a living?

B: No, I only volunteer to **help out** others.

A: 가르치는 게 직업인가요?

B: 아니요, 자원봉사로 다른 사람들을 돕는 것뿐이예요.

A: Is there something we can **help with?**

B: No, just sit back and relax.

A: 우리가 뭐 도와줄게 있어?

B: 아니, 그냥 앉아서 쉬어.

Talking Practice

1. 짐 드는 것 도와줄게요라고 도움을 준다고 할 때

Let me **help** you **with** your baggage.

2. 옷벗는거 도와줄래?라고 상대방에게 부탁할 때

Can you **help** me get undressed?

3. 커버레터를 잘 쓰면 면접받을 수 있어라고 충고해줄 때

A good cover letter will **help** you get an interview.

One Point Lesson

help 다음에 목적어 없이 바로 동사원형이 오는 경우가 있어 가끔 당황하는 때가 있다. 이는 「…하는데 도움이 되다」 라는 의미로, 그게 교통문제를 해결하는데 도움이 될거야라고 하려면 It will help solve the traffic problems라고 하면 된다. 또한 Help yourself to~라는 형태가 많이 쓰이는데 이는 「…을 맘대로, 편하게 갖다 먹으라」 는 의미이다. 냉장고에 있는거 맘대로 갖다 먹어라고 하려면 Help yourself to anything in the fridge라고 하면 된다.

I hope that doesn't **happen to** us!

우리에게 그런 일이 일어나지 않기를 바래!

happen to …에게 일어나다, 마침 …하다

happed to sb하면 어떤 사건이나 일이 「일어나다」라는 의미이고 happen to+V의 형태가 되면 「우연히 …하다」 「마침 …하다」라는 의미가 된다.

Useful Expressions

★ **happen to sb**
…에게 일이 일어나다

★ **happen to+V**
마침 …하다

★ **Do you happen to+V?**
혹 …해?

A: Good heavens! What **happened to** you?

B: I got attacked while coming home from school.

A: 어머, 이를 어째! 무슨 일이니?
B: 하교길에 얻어 맞았어요.

A: Can you recommend a good therapist to me?

B: Yes, I **happen to** know a very good psychiatrist.

A: 좋은 심리 치료사 좀 추천해 주실 수 있으세요?
B: 예, 마침 아주 훌륭한 정신과 의사를 알고 있어요.

Talking Practice

1. 여기 오는 도중에(on the way here) 아주 웃기는 일이 벌어졌어라고 하려면

The funniest thing **happened to** me on the way here.

2. 우리에게는 그런 일이 안 생겼으면 해라는 희망을 말할 때

I hope that doesn't **happen to** us!

3. 혹시 내가 안경을 어디에 두었는지 아냐고 상대방에게 물어볼 때

Do you **happen to** know where I put my glasses?

One Point Lesson

상대방이나 어떤 사물에 평소와 다른 변화된 모습이 눈에 띌 경우 무슨 일이야?라고 물어볼 수 있는데 이때 쓰는 표현이 What happened?이다. 좀 더 구체적으로 말하려면 What happened to sb[sth]?라고 하면 된다. 평소 지각이라는걸 모르던 크리스가 지각을 했을 때, What happened to Chris? He's late라고 할 수 있으며, 또한 심하게 부서진 차를 보고서는 What happened to your car? Did you wreck it?이라고 할 수 있다.

I'd like you to **stay with** me tonight 오늘 밤 안 갔으면 좋겠어

stay with …와 함께 머물다, …의 집에 묵다

stay with sb하게 되면 「…와 함께 머물다」 자기 집이 아닌 남의 집에 머물다라는 뜻으로 쓰이며 stay with sth하게 되면 「어렵거나 원치 않는 일이지만 계속한다」는 의미로 쓰인다.

Useful Expressions

★ **stay with sb**
   …와 함께 머물다, …의 집에 묵다

★ **stay with sth**
   …을 계속하다

A: I'd like you to **stay with** me tonight.

B: I can be a little longer but I have to go home.

   A: 오늘 밤 안 갔으면 좋겠어.
   B: 더 있을 수 있지만 집에 가야 돼.

A: Can you tell me where you're going to stay?

B: I'll be **staying with** my cousin.

   A: 어디 머물건지 알려줄래요?
   B: 사촌 집에 머물겁니다.

Talking Practice

1. 오늘밤 너와 함께 있어도 괜찮냐고 물어볼 때

Is it okay if we still **stay with** you tonight?

2. 걘 시카고에서 엄마와 함께 머무르고 있다고 말할 때

She has been **staying with** her mom in Chicago.

3. 걔가 우리랑 밤 샌다면 어떨까?라고 의견을 제시할 때

What would you say if he **stayed with** us all night?

One Point Lesson

머무는 장소를 말하려면 stay at[in]을 쓰는데 체크아웃하는 고객에게 저희 호텔에서 즐겁게 묵으셨나요?라고 하려면 Did you enjoy your stay at our hotel?, 그리고 난 출장 중엔 스위트룸에 숙박하는 걸 더 좋아해라고 말하려면, I prefer to stay in a suite during business travel이라고 하면 된다. 또한 밤을 자기 집이 아닌 다른 곳에 지내다라고 할 때는 stay overnight at+장소명사의 형태로 쓴다. 그래서 걘 우리 집에서 하룻밤 지냈어라고 하려면 She stayed overnight at my place라고 하면 된다.

Let's **invite** them **over for** coffee

커피마시자고 초대하자

invite sb over …을 초대하다

sb를 자기 집으로 초대하다. 쉽게 말하면 주로 술한잔 혹은 식사를 하게 집에 오라고 하다라는 뜻이 된다. 따라서 그 목적을 함께 말하려면 invite sb over for~라고 쓰면 된다. 참고로 집이 아니라 밖에 나가서 영화를 보던지 식당을 가던지 하려면 invite sb out for~라고 하면 된다. 기본적으로 「…을 …에 초대하다」는 invite sb to[for]+행사라고 하면 된다.

Useful Expressions

★ invite sb over
  초대하다

★ invite sb over
  for~
  …하자고 …을 초대하다

★ invite sb out (for)
  함께 나가자고 하다

★ invite sb to[for]+
  행사
  …을 …에 초대하다

★ invite sb to lunch
  [the wedding]
  점심[결혼식]에 초대하다

A: William **invited** us **to** his party tonight.

B: That sounds like a lot of fun.

  A: 윌리엄이 오늘 밤 자기가 여는 파티에 우릴 초대했어.
  B: 진짜 재미있겠는걸.

A: Did you meet our new neighbors?

B: No. Let's **invite** them **over for** coffee.

  A: 새로운 우리 이웃들 만났어?
  B: 아니. 커피마시자고 초대하자.

Talking Practice

1. 난 굉장히 피곤하다구. 그들을 오늘 밤에 초대하지 않았더라면 좋았을텐데라고 아쉬움을 표현할 때

I'm just really tired. I wish you hadn't **invited** them **over** tonight.

2. 다음번에는 걔를 파티에 초대하지 말라고 할 때

Next time, don't **invite** her **to** the party.

3. 디콘은 그 사람들 전부(the whole group)를 자기 집에 초대했다고 할 때

Deacon **invited** the whole group **over** to his house.

One Point Lesson

invite sb to~ 다음에 동사원형이 오는 경우가 있다. 이때는 …하라고 …을 초대하다라는 의미이다. 투자자들을 불러서 우리 회사를 둘러보게 하고 싶다라고 하려면 I want to invite the investors to see our operation라 하면 되고, 우리와 함께 하자고 걔네들을 초대하다는 invite them to join us라고 하면 된다.

I don't think it's **worth** it

그건 그럴 가치가 없다고 생각해

be worth …할 가치가 있다

be worth 다음에는 명사나 ~ing 형태가 온다. be worth it, be worth much, be worth considering 등을 보면서 익혀두기로 한다. worth의 형용사형인 worthy를 쓰면 be worthy of~라 하면 된다.

Useful Expressions

★ **be worth the risk**
위험을 감수할 가치가 있다

★ **be worth mentioning**
언급할 가치가 있다

★ **be worth a try**
해볼 가치가 있다

A: I'm not so sure that's a good idea.

B: It may **be worth** a try.

    A: 그건 좋은 생각이라는 확신이 안서는데.
    B: 그래도 해봄직 할거야.

A: That is the biggest diamond I've ever seen.

B: I'm sure it **is worth** a million dollars.

    A: 이렇게 큰 다이아몬드는 평생 처음 봐.
    B: 백만 달러는 할거야.

Talking Practice

1. 그건 그럴 가치가 없다고 생각해(I don't think~)라고 할 때

I don't think **it's worth** it.

2. 대학교는 지불한 만큼 가치가 없다는 말이야?(Are you saying~?)라고 물을 때

Are you saying college **isn't worth** the expense?

3. 그것의 가치가 돈으로 엄청나다고 들었어라고 할 때

I'm told it **was worth** quite a lot of money.

 One Point Lesson

특히 be worth와 a try가 결합되어 be worth a try하게 되면 한 번 해볼 가치가 있다라는 어구로 자주 사용된다. 해볼가치가 있을 것 같아는 I guess it's worth a try, 한번 해봄직 할거야는 It may be worth a try라고 하면 된다.

Feel free to give me a call

언제든 내게 전화해

feel free to 맘대로 …해

상대방에게 어려워 말고, 부담없이 「맘대로 …하라」고 친절하게 말할 때 사용하는 표현. 「주저하지 말고 …해라」는 의미의 Don't hesitate to do와 같은 맥락의 표현.

Useful Expressions

★ **I want you to feel free to~**
네가 맘편히 …하도록 해

★ **You can feel free to~**
마음편히 …해

A: **Feel free to** give me a call if you have any questions.

B: Thanks, I probably will.

　A: 궁금한 점이 있으면 조금도 주저하지 마시고 전화주세요.
　B: 고마워요, 그렇게 할게요.

A: **Feel free to** stay here as long as you like.

B: It's very kind of you to say so.

　A: 계시고 싶을 때까지 마음놓고 머무세요.
　B: 그렇게 말씀해주셔서 고맙습니다.

Talking Practice

1. 무슨 궁금한 게 있으면(have any questions) 언제든 물어봐라고 하면

Feel free to ask if you have any questions.

2. 네가 원하는 만큼(as long as~) 부담없이 여기에 머무르라고 할 때

Feel free to stay here as long as you like.

3. 어려워 말고 집에 들러(come over)라고 할 때는

Feel free to come over to my place.

One Point Lesson

비슷한 표현으로는 유명한 don't hesitate to~가 있는데 이 역시 상대방에게 「주저하지 말고 …해라」라고 친절을 베풀 때 사용하면 된다. 숙제를 도와줘서 고맙다(Thank you for your help with my homework)고 하니, 어깨를 좀 으쓱하면서 뭐 필요한 거 있으면 주저말고 말해라고 하려면 If there's anything you need, don't hesitate to ask라고 하면 된다.

My grades **have gone up** this year

올해 내 성적이 올랐어

go up 오르다, 올라가다

아주 기초적인 동사구로 go up하면 「올라가다」 반대로 go down하면 「내려가다」라는 뜻이다. 물리적으로 건물의 층을 올라가거나 내려갈 수도 있고 가격이나 주식 등의 수치가 올라가다, 내려가다라고 할 때 사용하면 된다.

Useful Expressions

★ **go up**
오르다, 올라가다

★ **go down**
내려가다

★ **Go up the stairs**
이 계단을 올라가세요

A: Do you want them to **go up** or down?

B: It would be better if they went down.

A: 그게 오르기를 바라는 거야, 아님 내리기를 바라는 거야?
B: 내렸으면 좋겠어.

A: May I help you?

B: Yes, I'm looking for running shoes.

A: You need to **go up** one more floor.

A: 도와드릴까요?
B: 네, 운동화를 찾고 있는데요.
A: 한 층 더 올라가셔야 해요.

Talking Practice

1. 성적이 금년에 올랐어라고 하려면

My grades **have gone up** this year.

2. 그게 지난 6개월 동안 100퍼센트가 넘게 올랐지 뭐야라고 하려면

It **has gone up** over a hundred percent in the last six months.

3. 모든 것의 가격이 곧 인상될거야라고 말하려면

Prices of everything will **go up** soon.

One Point Lesson

go up과 go down을 이용해서 엘리베이터를 사용할 때 써먹을 수 있다. 엘리베이터가 섰을 때 이거 올라가는거에요?라고 물어보려면 Going up?이라고 하면 되고, 아니면 올라가나요 내려가나요라고 물어보려면 (Is this elevator) Going up or down?이라고 해도 된다. 아니면 더 간단히 Up or down?이라고 하기도 한다.

He **went to** the gas station

걘 주유소에 갔어

go to …에 가다, …하러 가다

이 표현을 모를 사람이 몇이나 되랴마는 네이티브와 얘기하면서 이 표현을 쓸 수 있는 사람은 과연 몇이나 될까…. 너무 쉽지만 실제로 사용하기는 쉽지 않다. go to+장소로 「…에 가다」 그리고 go to+V하면 「…하러 가다」가 된다. 특히 "내가 …에 갔었어." 혹은 "누가 …에 갔어"라고 말할 때는 go to~라 하지 말고 went to~라고 써야 된다는 점을 꼭 기억해두자. 참고로 go to+V의 경우는 to를 생략하고 go+V의 형태로 많이 쓰인다.

Useful Expressions

★ Let's go to~
…에 가자, …하러 가자

★ She went to~
걘 …에 갔어, 걘 …하러 갔어

★ I went to~
나 …에 갔었어, 나 …하러 갔었어

A: Hey, where's Dad?

B: He **went to** pick up Aunt Linda.

A: 야, 아빠 어딨어?
B: 린다 숙모 태우러 가셨어.

A: Let's **go to** the coffee shop around the corner.

B: That's a good idea.

A: 모퉁이에 있는 커피숍으로 가자.
B: 좋은 생각이야.

Talking Practice

1. 고급(fancy) 레스토랑에 가자고 하고 자기가 낸다고 할 때

Let's **go to** a fancy restaurant. It's my treat.

2. 걘(She)가 어디 갔냐고 물어볼 때, 주유소(gas station)에 갔을 경우

She **went to** the gas station.

3. 걘 일주일에(a week) 적어도 세 번은 영화보러 간다고 할 때

She **goes to** the movies at least three times a week.

One Point Lesson

가긴 갔는데 다시 돌아가다라고 하려면 back을 넣어 go back to~로 하면 된다. 또한 마찬가지로 to+장소, 혹은 to+V의 형태가 이어질 수 있다. 당연히 과거는 went back to~를 쓰면 된다. 상대가 어디 갔었어?(Where have you been?)이라고 물을 때 공원으로 다시 돌아갔다고 할 때는 I went back to the park라고 하면 된다.

I have never **heard of** such a thing
그런 일 들어본 적이 없어

hear of[about] …의 소식을 듣다

hear of[about]~는 「…에 대한 소식을 간접적으로 듣다」, 「…에 관한 소식을 들어 알게 되다」라는 뜻이 된다. hear of[about]~ 다음에는 사람이나 사물명사가 오게 된다.

Useful Expressions

★ Have you heard of~?
…의 얘기 들어봤어?

★ Did you hear about~?
…에 대한 얘기 들어 알고 있어?

★ I've heard so much about~
…관해 얘기를 많이 들어 알고 있어

A: Have you **heard of** the movie "SAW?"

B: No, but it sounds like a horror movie.

A: 너 〈쏘우〉라는 영화얘기 들어봤어?
B: 아니, 하지만 공포영화같은데.

A: Did you **hear about** the office party?

B: No. What happened?

A: 사무실 회식에 관한 얘기들었어?
B: 아니, 어떻게 됐는데?

Talking Practice

1. 그런 일(such a thing)이 있다는 것을 들어본 적이 없어라는 문장은

I have never heard of such a thing.

2. 요전날(the other day) 크리스에게 무슨 일이 있었는지 알고 있어?라고 하려면

Have you heard about what happened the other day to Chris?

3. 난 너에 대해 많은 얘기를 들었다라고 인사를 하려면

I've heard so much about you.

One Point Lesson

hear of는 소식을 간접적으로 듣다, hear about은 …에 관한 소식을 들어 알다라고 구분하려는 사람들이 있지만 실제 구어체에서는 거의 차이없이 동일한 의미로 쓰인다는 점을 알아둔다.

I really hated to **wake up** early

일찍 일어나기가 정말 싫었어

wake sb (up) 깨우다(wake up은 일어나다)

get up과 동일한 의미이지만 get up보다는 더 확장된 의미로 쓰이는 표현이다. 뭔가 중요한 일이니 관심과 주의를 더 기울이다 혹은 기울이게 하다라는 뜻으로 쓰인다. 그래서 wake up to sth하게 되면 「…을 깨닫기 시작하다」라는 의미가 된다.

Useful Expressions

★ **wake up late**
늦잠자다

★ **wake sb up**
깨우다, 정신차리게 하다

A: I **wake up** at 5 every morning.

B: I don't get up as early as you do.

    A: 난 매일 아침 5시에 일어나.
    B: 난 너만큼 일찍 일어나지는 않아.

A: It's time to go to work.

B: Okay. **Wake** my brother **up.**

    A: 출근할 시간이야.
    B: 그래. 내 형 깨워.

Talking Practice

1. 일찍 일어나기가 정말 싫었어라고 말하려면

I really hated to **wake up** early.

2. 비록 짐이 늦잠을 잤지만, 탈 버스를 제 시각에 탔다(catch one's bus)고 할 때

Even though Jim **woke up** late, he caught his bus on time.

3. 아침 잠을 깨운 게 아니었으면 싶은데라고 하려면

I hope I didn't **wake you up** this morning.

One Point Lesson

여행중 호텔에서 많이 쓰이는 표현으로 아침에 깨워달라는 서비스를 우리말로는 모닝콜이라고 한다. 여기에 해당되는 영어표현은 wake up call이라고 하면 된다. 여기서 wake up은 동사구의 명사[형용사]형으로 쓰인 경우로 원래는 wake-up이라고 하지만 최근에는 '-' 없이 쓰는 추세이다. 비유적으로는 뭔가 주의를 환기시켜주는 일을 뜻하며, 나의 낙제점수는 공부를 더 열심히 하게 하는 경종이 되었다라고 하려면 My failing grade was a wakeup call to study harder라고 하면 된다.

We're going to **have** some **fun** today 오늘 재미있게 좀 놀거야

have fun 재미있게 놀다, 즐겁게 시간을 보내다

have fun은 글자 그대로 「재미를 본다」라는 의미로 「즐겁게, 재미있게 놀다」라는 뜻이다. 강조하려면 have a lot of fun, have much fun이라고 쓰면 된다. 또한 파티 간다고 하는 룸메이트에게 "잘 놀아"라는 의미로 Have (much) fun!이라는 인사성 표현으로도 사용된다.

Useful Expressions

★ have much fun
~ing
즐겁게 …을 하다

★ Have fun!
재미있게 보내!

★ be a lot of fun
~ing
…하는 게 즐거웠다

A: Did you **have fun** at the beach?

B: Yeah, we had a great time.

A: 해변에서 재미있게 놀았어?
B: 어, 아주 멋진 시간을 보냈어.

A: Your parties **are always a lot of fun.**

B: It's good to hear that. Enjoy yourself.

A: 네 파티는 언제나 정말 재미있어.
B: 그렇게 말해줘 고마워. 재밌게 놀아.

Talking Practice

1. 오늘 좀 재미있게 놀거래(have some fun)고 말할 때

We're going to **have** some **fun** today.

2. 상대방에게 같이 일해서 즐거웠다(be a lot of fun ~ing)고 말할 때

It was a lot of **fun** working with you.

3. 동창회(school reunion) 가서 정말 재미있었어라고 말하려면

It was really **fun** attending the school reunion.

One Point Lesson

fun과 관련된 표현으로는 먼저 for fun하게 되면 「재미삼아」, make fun of~하면 「…을 놀리다」, 그리고 형용사 funny가 있다. 이 funny는 기본적으로 「재미있는」이라는 의미로 쓰이지만 특이하게도 「이상한」(strange, unusal)이라는 의미로도 실제로 많이 쓰인다. 그래서 뭔가 이상한 일이 벌어지고 있다고 할 때는 There's something funny going on이라고 하면 된다.

Where did you **learn to** do that?

그거 하는 법을 어디서 배운거야?

learn to …하는 것을 배우다

learn은 배우다라는 뜻으로 뒤에 to+V를 받아서 「…하는 것을 배우다」라는 표현으로 자주 쓰인다. 「…하는 법을 배우다」, 「습득하다」라고 할 때는 learn how to+동사라 해주면 된다. 반대로 「…에게 …하는 법을 가르쳐주다」는 teach sb how to~라고 하면 된다.

Useful Expressions

★ You never learned to~?
…하는 것 배워본 적 없지?

★ Where did you learn to~?
어디서 …하는 것을 배웠어?

A: Where did you **learn to** do that?

B: My mom taught me how to do it.

A: 그거 하는 법을 어디서 배운거야?
B: 엄마가 그 방법을 알려주셨어.

A: Can you help me with my homework?

B: Not on your life. You have to **learn how to** do things on your own.

A: 내 숙제 좀 도와줄래?
B: 그럴 순 없지. 넌 스스로 해나가는 법을 익혀야 해.

Talking Practice

1. 어디서 영어회화(speak English)를 배웠냐고 물어보려면

Where did you **learn to** speak English?

2. 너 수영배운 적이 전혀 없지(You never learned~?)라고 확인할 때

You never **learned to** swim?

3. 시간 있을(get a free minute) 때 자전거 타는 법을 배워둬야지라고 하려면

I'm going to **learn to** ride when I get a free minute.

One Point Lesson

익숙한 learn sth by heart는 「암기하다」, 그리고 learn about은 「새로운 정보를 알게 되다」, 「배우다」라는 의미가 된다. 그래서 넌 이 규칙들을 암기해야 돼라고 말하려면 You need to learn the rules by heart라고 하면 된다. 또한 learn a[one's] lesson은 「안좋은 경험들을 통해 교훈을 얻다」, teach sb a lesson은 「…을 따끔하게 혼내다」라는 의미가 된다.

Would you like to **have lunch with** me? 나와 점심 먹을래?

have lunch with …와 점심을 하다

have가 일반동사로 「…을 먹다」라는 의미로 쓰인 경우. 점심이나 저녁을 먹다라고 할 때 관사없이 바로 연결하여 have lunch[dinner]라고 하면 된다. 같이 식사를 하는 사람을 말할 때는 with sb를 붙이면 된다.

Useful Expressions

★ have lunch [dinner]
점심[저녁]을 먹다

★ have dinner with
…와 저녁을 먹다

★ have lunch together
함께 식사를 하다

★ I had dinner with~
난 …와 저녁을 했어

A: Do you have time to **have dinner?**

B: Not really, I think I must be going now.

    A: 저녁 먹을 시간 있어요?
    B: 실은 안 돼요. 지금 가봐야 될 것 같아요.

A: Who did you **have lunch with?**

B: Mr. Suh, one of our biggest clients.

    A: 점심 누구랑 같이 먹은 거야?
    B: 서 선생님이라고, 중요한 고객이야.

Talking Practice

1. 아내와 저녁을 먹으러 가야 된다(have to go have~)고 말하려면

I have to go **have dinner with** my wife.

2. 상대방에게 나와 점심먹자고 물어볼(Would you like to~?) 때

Would you like to **have lunch with** me?

3. 시간있으면, 금요일날 점심을 같이 하자라고 할 때

If you have some time, let's **have lunch** on Friday.

One Point Lesson

앞서 언급했듯이 have가 갖고 있다라는 소유의 의미일 때는 have got~으로 바꿔써도 가능하지만 그 외의 의미로 쓰이는 have는 have got~으로 대체불가하다. 바로 have lunch[dinner]가 그 예로 여기서 have는 「먹다」라는 의미이다. 따라서 have got lunch라 고는 쓸 수 없다는 점을 알아둔다.

She **came back to** help me

갠 날 도와주러 돌아왔어

come to …에 오다, …하러 오다

다른 곳에서 여기로 오다라고 하려면 come to+장소 혹은 온 목적을 얘기하려면 come to+V로 쓰면 된다. 「다시 돌아오다」라고 하려면 역시 back를 넣어서 come back to~라 하면 되고 또한 「…하러 여기 왔다」라고 하려면 I came here to+V라고 한다. come의 경우도 마찬가지로 come to+V의 경우는 come+V의 형태로 많이 쓰인다.

Useful Expressions

★ **Come back to~**
…로 다시 돌아와

★ **She didn't come back to~**
갠 …하러[에] 돌아오지 않았어

A: Oh, Jack. What are you doing here?

B: I **came to** support you.

　　A: 오, 잭. 여기 어쩐 일이야?
　　B: 너 도와주러 왔어.

A: Is Fred in the office now?

B: Yeah, he **came back to** get his glasses.

　　A: 프레드 지금 사무실에 있어?
　　B: 어, 안경가지러 다시 돌아왔어.

Talking Practice

1. 갠가 나를 도와주러(help) 돌아왔다고 말하려면

She **came back to** help me.

2. 갠가 지난밤(last night)에 내 방에 돌아오지 않았다면

He didn't **come back to** my room last night.

3. 실례합니다만 존스 씨를 찾아왔는데요라고 하려면

Excuse me, but I **came here** looking for Mr. Jones.

 One Point Lesson

come close to+sb[sth]하게 되면 「…에 가까이 가다」라는 뜻으로 난 그것을 만지지는 않았지만 그것에 가까이 갔어는 I didn't touch it, but I came close to it라고 하면 된다. 단 come close to ~ing처럼 동사형이 오면 단순히 「거의 …에 근접하다」 혹은 「…할 뻔하다」(to nearly do something)라는 뜻이 된다. 누구 그 공식의 완성에 가까이 근접한 사람있어?라고 하면 현재완료형을 써서 Has anyone ever come close to perfecting the formula?라고 하면 된다.

I'm about ready to go home

나 집에 갈 준비됐어

go home 집에 가다

기본적인 표현으로 go home은 「집에 가다」, went home은 「집에 갔다」가 된다. 함께 알아두어야 할 표현으로는 get home은 집에 오대[도착하다], come home은 집에 오다. 그리고 집에 있다는 be at home이라고 한다.

Useful Expressions

⭐ **go home at~**
…시에 집에 가다

⭐ **go home to bed**
집에 가서 자다

⭐ **get home**
집에 도착하다

⭐ **came home and~**
집에 와서 …했다

⭐ **won't be at home on~**
…요일에는 집에 없을거야

A: How are you doing Chris?

B: I don't feel good today. I want to **go home.**

　A: 크리스, 어떻게 지내?
　B: 오늘 상태가 안좋아서 집에 가고 싶어.

A: I want to get this report done before I **go home.**

B: Is there anything that I can do to help you?

　A: 집에 가기 전에 이 리포트를 다 써야 해.
　B: 내가 도와줄만한 게 있을까?

Talking Practice

1. 가능하다면 너 오늘 밤 집에 가지 않으면 좋겠어(I want you to~)라고 할 때

I want you to not **go home** tonight if you can.

2. 단지 네가 집에 무사히 왔는지 확인하고(make sure) 싶었어라고 하려면

I just wanted to make sure you **got home** safe.

3. 몰리는 집에 오자 바로 침대로 갔어.

Molly came **home** and went straight to bed.

One Point Lesson

위에서 언급했듯이 be at home은 「집에 있다」라는 의미이고, at home을 이용하여 stay at home하게 되면 「외출하지 않고 집에 머물다」라는 뜻이 된다. 그래서 크리스는 집에 있기보다는 운동하는 것을 좋아해라고 하려면 Chris prefers exercising rather than staying at home이라고 하면 된다. 물론 at home은 단독으로 「집에서」라는 뜻으로 쓰여 have a party at home하게 되면 「집에서 파티가 있다」라는 뜻이 된다.

Just **take it easy** and try to relax

걱정말고 긴장을 풀어봐

take it easy 진정해

그것을 쉽게 하라는 말로 좀 흥분되고 들뜬 상대방을 진정시키기 위해 하는 말로, 진정하고, 좀 쉽게 그리고 천천히 일을 할 생각을 해보라는 뉘앙스를 갖고 있다. 또한 헤어질 때 Take it easy!하면 "잘지내!"라는 인사말이 된다.

Useful Expressions

★ Take it easy and do~
진정하고 …해

★ Take it easy!
잘 지내!

★ take it easy on sb
…를 살살 다루다(go easy on~)

A: I'm looking forward to getting to know you.

B: **Take it easy.** We have a lot of time.

A: 널 빨리 알게 되고 싶어.
B: 진정하라고. 우리 시간이 많잖아.

A: I'm worried it's late for us to be there on time.

B: **Take it easy.** They're not going to leave without us.

A: 우리가 제 시간에 도착 못할 것 같아 걱정야.
B: 걱정마. 우리 없이 떠나지는 않을거야.

Talking Practice

1. 진정해, 너무 화내지(get upset) 말라고 달랠 때

Take it easy, don't get so upset.

2. 진정하라구. 걔네들은 우리없이 떠나지 않을거야(be not going to leave)라고 하려면

Take it easy. They're not going to leave without us.

3. 걱정하지 말고 긴장을 풀어보라고 말할 때는

Just take it easy and try to relax.

One Point Lesson

비슷한 표현으로는 Easy does it(조심히 천천히 해)이 있다. 상대방이 뭔가 서둘러 끝낸다고 할 때 천천히 해, 우리 곧 끝날거야라고 하려면 Easy does it, we'll be done soon이라고 하면 된다. 또한 이들 표현과 자주 어울려 설명되는 표현으로 Easy, easy가 있는데 이는 특히 물건을 나를 때 깨지지 않도록 조심하라고 할 때 사용하는 것으로 함부로 짐을 나르는 이삿짐 직원에게 살살해요, 깨겠어요!라고 하려면 Easy, easy! You're going to break it!라고 하면 된다.

I need to **leave for** New York in the morning 오늘 아침에 뉴욕으로 출발해야 돼

leave for …로 출발하다

leave의 다양한 의미 중 가장 기본적인 것으로 leave for 다음에 장소나 파티 등의 행사명이 나오면 「…을 향해, …하러 출발하다」라는 뜻이 된다. for를 빼고 leave Boston하면 전혀 반대로 보스턴을 떠난다는 뜻이 된다. 특히 leave+장소의 형태가 많이 쓰이는데 leave the room은 방에서 나가다, leave the office는 퇴근하다라는 의미의 표현이 된다.

Useful Expressions

★ leave for home
집으로 출발하다

★ leave for the party
파티에 가다

★ leave from ~
…에서 출발하다, 떠나다

A: Why are you packing suitcases?

B: I need to **leave for** Tokyo in the morning.

　A: 왜 짐가방을 싸고 있어?
　B: 오늘 아침에 도쿄로 출발해야 돼.

A: I thought that you already **left** the office.

B: No. I was finishing up the report.

　A: 난 네가 벌써 퇴근한 줄 알았는데.
　B: 아냐. 보고서를 마무리하고 있었어.

Talking Practice

1. 제인은 네가 맘을 바꾸기(change one's mind) 전에 뉴욕으로 출발하기를 원해는

Jane wants to **leave for** New York before you change your mind.

2. 걔네들은 결혼식장에 갈 준비를 하고(prepare to) 있다고 하려면

They are preparing to **leave for** the wedding.

3. 우리가 나갈까?라고 상대방의 의사를 물을 때

Do you want us to **leave** the room?

One Point Lesson

leave는 (나)가다라는 의미로 퇴근하는 것처럼 일시적으로 가는 것을 뜻할 뿐만 아니라 회사를 그만두고 나갈 때처럼 완전히 떠날 때도 쓰인다. 난 걔가 회사를 그만둘 것 같아라고 하려면 I think he's going to leave this company라고 하면 된다. 마찬가지로 leave school하면 「학교를 그만두다」, leave home은 「집을 나가다」 (가출하다) 그리고 leave sb하게 되면 「완전히 헤어진다」는 의미를 갖게 된다. 한가지 예로 퇴근 무렵 일하고 있는 사람에게 Are you leaving?하게 되면 퇴근할거야? 혹은 회사 그만둘거야?라는 두 가지 의미로 문맥에 따라 쓰일 수 있다.

No one was laughing at you

아무도 널보고 웃지 않았어

laugh at 놀리다, 비웃다

가장 잘 알려진 그리고 가장 기본적인 「비웃다」라는 의미의 동사구. joke를 써서 joke about, make jokes about이라고 해도 된다. 또한 make 동사를 활용한 make fun of~이나 make a fool of~이라고 해도 된다. 참고로 본인이 없는데서 뒷담화를 하는 것은 laugh at sb behind their back이라고 한다.

Useful Expressions

★ laugh at sb behind their back
뒷담화하다

★ Don't make fun of me!
날 놀리지마!

★ Are you making fun of me?
너 지금 나 놀리는거야?

★ I'm not making fun of you.
나 너 놀리는거 아냐.

A: I was embarrassed when I fell.

B: No one **was laughing at** you.

A: 난 넘어졌을 때 당황했어.
B: 아무도 널보고 웃지 않았어.

A: Dan's wife was cheating on him.

B: Yeah, she really **made a fool of** him.

A: 댄의 부인은 바람을 폈어.
B: 그래, 댄을 정말 바보로 만들었어.

Talking Practice

1. 영어를 잘 못하는(not speak English very well) 사람을 놀리면 안된다고 할 때

You should not make fun of someone who doesn't speak English very well.

2. 내 영어억양(English accent)을 비웃지 말라고 할 때

Don't make fun of my English accent!

3. 아이들 몇몇이 걔를 놀려댔대라고 할 때는

Some kids were making fun of her.

One Point Lesson

make a fool of sb는 바보같은 짓을 하는 다른 사람을 「비웃다」, 「조롱하다」라는 뜻이지만, of의 목적어로 자신이 와서 make a fool of yourself는 스스로 웃음거리가 되다, 즉 「바보같은 짓을 하다」라는 의미가 된다.

Go ahead and open the e-mail

어서 이메일을 열어봐

go ahead 먼저 가다, 시작하다

글자 그대로 「앞서 가다」라는 뜻으로 물리적으로 다른 사람보다 앞서 간다고 할 때는 go ahead of sb라고 한다. 또한 뭔가 시작해서 「계속한다」는 뜻으로도 쓰이는데 이 때는 go ahead with의 형태로 많이 쓰인다.

Useful Expressions

★ Go ahead.
　어서 해봐.

★ go ahead with~
　…을 계속하다

★ go ahead and do~
　어서 …을 시작하다

A: Can I ask you something?

B: Sure. **Go ahead.**

　A: 뭐 좀 물어봐도 돼?
　B: 그래. 해봐.

A: Please let me explain why I did that.

B: I'm listening. **Go ahead,** but make it short.

　A: 내가 왜 그랬는지 설명할게요.
　B: 어서 말해. 어서 말하는데 짧게 해.

Talking Practice

1. 제인, 나 없이 파티를 시작해(start the party). 나 야근해야돼라고 할 때

Go ahead and start the party without me, Jane. I have to work late.

2. 어서 이메일을 열어보라(open)고 할 때

Go ahead and open the e-mail.

3. 어서 편히 들어. 뭐든 다 갖다 먹으라고 권유할 때

Go ahead, help yourself. Take whatever you want.

One Point Lesson

get ahead는 「남보다 앞서가다」, 「성공하다」 라는 의미로 Level 3에서 학습하게 된다. 그래서 성공하는데 가장 좋은 방법은 열 심히 일하는거야라고 하려면 The best way to get ahead is through hard work라고 하면 된다. 또한 get ahead of~ 다음에 주어가 목 적어로 와서 get ahead of ourselves하면 「너무 앞서가다」 라는 뜻이 된다.

Watch out! You almost hit the car! 조심해! 차 칠뻔했잖아!

watch out 조심하다

가장 기초적인 동사구로 watch out하게 되면 나쁜 일이 생길지 모르니 조심하다(to be careful)라는 뜻이 되며 조심할 대상까지 함께 말하려면 watch out for sb[sth] 의 형태로 쓰면 된다. 하지만 문맥에 따라서 watch out for sb는 sb에게 나쁜 일이 생기지 않도록 확실히 하다라는 뜻으로도 사용된다.

Useful Expressions

★ Watch out!
조심해!

★ watch out for
주의하다, 조심하다

A: **Watch out!** You almost hit the car!

B: Relax, I'm good driver.

A: 조심해! 차 칠뻔했잖아!
B: 진정하라고, 나 운전잘해.

A: I'm going to take a taxi.

B: **Watch out for** dishonest taxi drivers.

A: 나 택시탈거야.
B: 속여먹는 기사들 조심해.

Talking Practice

1. 바닥(floor)이 미끄러우니(slippery) 조심하라고 할 때

Watch out for the slippery floor.

2. 잡범들(petty criminals)을 조심하라고 할 때

Watch out for the petty criminals.

3. 정직하지 못한(be dishonest) 사람들을 조심하라고 할 때

Watch out for people who are dishonest.

 One Point Lesson

발을 헛디딘 사람에게 조심하라는 의미의 Watch your step!, 말 조심하라는 Watch your tongue!, 뒤를 조심하라고 할 때는 Watch your back! 등의 표현도 회화에서 자주 쓰이는 숙어와 함께 기억해둔다. 그녀가 널 싫어하니 뒤를 조심하라고 할 때는 She hates you, so watch your back!, 너 문제를 많이 일으켰는데 조심하라고 할 때는 You have been causing problems. Watch your step!라고 하면 된다.

I hope I don't **run into** Jennifer

난 제니퍼와 마주치지 않기를 바래

run into …와 우연히 마주치다

전혀 예상하지 못한 사람과 우연히(by chance) 마주쳤을 때 쓰는 전형적인 표현. 문맥에 따라 들이박다. 치다라는 뜻으로도 쓰이는데 이러면 생각나는 표현은 차로 사람을 치다라는 뜻의 run over가 있다. 물론 글자 그대로 …의 안으로 뛰어 들어가다라는 의미도 된다.

Useful Expressions

★ **I ran into sb this morning**
오늘 아침 …를 우연히 만났어

★ **run into each other**
서로 우연히 만나다

★ **run into a little trouble**
작은 곤경에 처하다

★ **run into a traffic jam**
교통체증에 걸리다

A: Did you see Derek today?

B: Yes, I **ran into** him outside.

> A: 오늘 데렉봤어?
> B: 어, 밖에서 우연히 마주쳤는데.

A: He's known for his smooth talking.

B: I'll keep that in mind when I **run into** him next.

> A: 그 사람은 부드러운 말 솜씨로 사람을 호리는 것으로 유명하지.
> B: 다음에 마주치게 되면 그 말 명심할게.

Talking Practice

1. 걔가 나이든 주인 아주머니(landlady)와 우연히 만났다라고 할 때

He **ran into** his old landlady.

2. 난 제니퍼와 마주치지 않기를 바란다고 할 때

I hope I don't **run into** Jennifer.

3. 그 여자 책상 옆을 지나가다가 서류 보관함(file cabinet)에 부딪혔다고 할 때

I **ran into** a file cabinet while I was walking by her desk.

One Point Lesson

run into는 …의 안으로 뛰어들어가는 것을 떠올리면 되는 동사구로 그래서 run into sb하게 되면 예기치 못하게 sb를 우연히 마주지다라는 뜻이 된다. 비슷한 표현으로는 come across, bump into 등이 있다. 그리고 run into sth하게 되면 sth과 「물리적으로 부딪히다」, 비유적으로 「어떤 상황에 처해지게 되다」 라는 의미가 된다.

Let's **go out** and have some fun

나가서 재미있게 놀자

go out 나가다, 외출하다

단어 하나하나 보면 그대로 의미를 알 수 있는 표현. 좋은 시간을 갖기 위해 밖으로 나 간다라는 말로 「외출하다」라는 의미. go out ~ing, go out to do, 그리고 go out and do~의 형태로 쓰면 된다. 역시 과거형은 went out~으로 쓰면 된다. 좀 어렵 지만 「전기나 불이 꺼지나」 「나가다」라는 의미로도 쓰인다.

Useful Expressions

★ Let's go out and do~
나가서 ...하자

★ I should go out and do~
나가서 ...해야 돼

★ go out with sb
...와 함께 나가다

★ They went out to+V
걔네들은 ...하러 외출했어

A: Let's **go out.** I'll show you around the city.

B: That sounds like fun.

  A: 나가자. 이 도시를 구경시켜줄게.
  B: 재미있겠는걸.

A: Where did the girls go?

B: They **went out to** do some shopping.

  A: 여자애들 어디갔어?
  B: 쇼핑 좀 하러 나갔어.

Talking Practice

1. 나가서 재미있게 놀자고(have some fun) 할 때

  Let's **go out** and have some fun.

2. 너무 추워. 나가지 마. 감기걸릴지(catch a cold) 몰라라고 할 때

  It's too cold. Don't **go out.** You might catch a cold.

3. 새 동료(coworker)들과 함께 외출했다고 할 때는

  I **went out** with my new coworkers.

One Point Lesson

go out with sb하게 되면 단순한 의미로는 「...와 함께 외출하다」라는 의미가 되지만 문맥에 따라서는 「...와 함께 데이트하다」 (go out together)라는 뜻이 된다. 그래서 오늘 나하고 데이트할래?라고 물어보려면 Will you go out with me tonight?라고 하면 되 고, 왜 크리스하고 데이트하지 않았어?라고 아쉬움을 표현하려면 Why didn't you go out with Chris?라고 하면 된다. 참고로 좀 길 게 말하려면 go out on a date, 데이트를 신청하다는 ask sb on a date라 하면 된다.

Are you **ready to** start our trip?

여행갈 준비됐어?

get ready to …할 준비가 되다

be[get] ready to do[for+명사]~는 「…할 준비가 되어 있다」라는 의미로 내가 준비되어 있다고 말하려면 I'm ready to[for], 반대로 상대방에게 준비되었냐고 물어볼 때는 Are you ready to[for]~?라고 하면 된다.

Useful Expressions

★ Get ready to [for]~
…할 준비를 해

★ I'm ready to[for]~
…할 준비가 되었어

★ Are you ready to[for]~?
…할 준비됐어?

★ I'm ready for this
나 이거 할 준비됐어

A: Are you **ready to** start our trip?

B: Yes, it seems like we can leave.

A: 여행갈 준비됐어?
B: 어, 출발해도 될 것 같아.

A: Chris, I am impressed with your hard work.

B: Really? Do you think I'**m ready for** a promotion?

A: 크리스, 난 네가 열심히 일해 감동받았어.
B: 정말? 나 승진할 준비가 된 것 같아?

Talking Practice

1. 놀랄(surprise) 준비를 하라고 할 때

Get ready for a surprise.

2. 식사(meal) 주문 준비되셨나요라고 물을 때

Are you **ready to** order your meal yet?

3. 브런치 준비하는데 도와줘라고 할 때는

Come on, you can help me **get ready for** brunch.

 One Point Lesson

get ready는 준비하다라는 뜻으로, 「…가 …하도록 준비시키다」라고 할 때는 get sb[sth] ready라고 하면 된다. 그래서 아이들이 잘 준비를 시키다는 get the kids ready for bed, 난 저녁을 준비해야 돼는 I must get dinner ready라고 하면 된다.

I can't afford to buy it

그걸 살 여유가 안돼

can't afford to …할 여유가 없다

주로 …을 구입할 여유가 있다, 없다고 할 때는 afford를 써서 I can[can't] afford+ 명사 혹은 I can[can't] afford to+V라고 하면 된다. 그럴 형편이 안돼는 I can't afford to it[that], 그걸 살 여력이 없어라고 하려면 I can't afford to buy it이라고 하면 된다.

Useful Expressions

★ I can't afford it
나 그럴 여력이 안돼

★ I can't afford a lawyer
변호사를 댈 여력이 안돼

★ I can't afford to+V
…할 여유가 없어

★ Can you afford to+V?
…할 여유가 돼?

A: Let's buy a new big screen TV.

B: Will you stop? We **can't afford** that!

A: 대형TV 신제품을 사자.
B: 그만 좀 해라. 우린 그럴 여유가 안돼!

A: I want to travel through Europe.

B: Can you **afford to** make that trip?

A: 난 유럽일주 여행을 하고 싶어.
B: 그 여행을 할 여유가 돼?

Talking Practice

1. 나 다음 달에 스키여행갈(go on the ski trip) 여유가 안된다고 할 때

I can't afford to go on the ski trip next month.

2. 넌 저 다이아몬드를 살 여력이 안된다고 할 때

You can't afford to buy those diamonds.

3. 그 아파트에 살 여유가 돼?

Can you afford to live in that apartment?

One Point Lesson

afford는 꼭 경제적인 면, 즉 돈에 국한되어서 쓰이지는 않는다. 추상적인 의미의 여력이나 여유의 있고 없음을 뜻할 때도 쓰이는데, 난 더 이상 베일리를 열받게 할 여력이 없어라고 하려면 I can't afford to piss off Bailey any more, 그리고 이 환자는 이 정도 혈액을 잃으면 안된다고 말하려면 She can't afford to lose this much blood라고 하면 된다.

Don't **lie to** me!

내게 거짓말을 하지마!

lie to …에게 거짓말하다

lie는 여러가지 의미가 있는 동사로 유명한 단어. 여기서는 눕다가 아니라 거짓말하다 라는 의미의 lie를 연습해본다. lie to sb하면 「…에게 거짓말을 하다」 lie about sth 하게 되면 「…에 대해 거짓말을 하다」라는 뜻이 된다. 또한 take a look처럼 이 또한 lie 동사의 명사 용법을 활용하며 tell a lie라고 해도 된다.

Useful Expressions

★ lie to sb (about sth)
…에게 (…에 대해) 거짓말 을 하다

★ Don't lie to me!
내게 거짓말을 하지마!

★ Never tell a lie
거짓말은 절대 하지마라

★ That's a lie!
그건 거짓말이야!

A: Why did you **lie to** me about working here?

B: Because I was ashamed.

A: 왜 여기서 일하는 걸 내게 거짓말한거야?
B: 쪽 팔려서.

A: Why did you break up with your boyfriend?

B: He **told a lie** about where he was.

A: 왜 네 남친과 헤어진거야?
B: 어디 갔었는지 거짓말해서.

Talking Practice

1. 엄마에게 거짓말하지마라고 할 때

You'd better not **lie to** your mom.

2. 난 거짓말 하지 않겠다고 약속할게(promise to~)라고 다짐할 때

I promise not to **tell a lie.**

3. 난 곤란해질거야(be in trouble). 사장에게 거짓말했거든이라고 할 때

I will be in trouble. I **told a lie** to my boss.

One Point Lesson

tell a lie의 반대표현은 tell the truth, tell sb the truth라고 하면 된다. 상대방에게 사실대로 말하는게 좋을거야라고 다그칠 때는 You better tell me the truth라고 한다. to tell you the truth는 「사실대로 말하면」 이라는 의미이다.

Chris wanted to **get married to** me 크리스는 나와 결혼하고 싶어했어

get married to 결혼하다

get married는 「결혼하다」라는 동적인 행위에 중심이 있고, 반면 be married는 그렇게 결혼한 정적인 상태를 뜻한다고 보면 된다. 또한 get married 다음에 결혼할 상대를 말할 때는 to sb를 붙이면 된다. 같은 의미로 marry sb가 있지만 다소 formal한 느낌이 든다. marry 다음에 전치사를 붙이지 않고 바로 sb가 온다는 점에 주의한다.

Useful Expressions

★ be married to John for 10 years
존과 결혼한지 10년 됐어

★ be getting married to sb on~
…요일에 …와 결혼해

A: Did you know Sheila **got married**?

B: No! When did that happen?

A: 쉴라가 결혼한 거 알고 있어?
B: 말도 안돼! 언제 한거야?

A: Tomorrow I'm going to ask Grace to **marry** me.

B: I'll keep my fingers crossed for you.

A: 나 내일 그레이스에게 청혼하려고 해.
B: 행운을 빌어줄게.

Talking Practice

1. 크리스는 나와 결혼하기를 바랬다(want to)고 하려면

Chris wanted to **get married to** me.

2. 걔는 토요일(on~)에 마이크와 결혼해는

She's **getting married to** Mike on Saturday.

3. 우리 부부는 결혼한지 10년 됐다라고 말할 때는

My wife and I **have been married** for ten years.

One Point Lesson

marry의 반대어는 divorce. 「이혼을 원하다」는 want a divorce, 「이혼하다」는 get a divorce, 그리고 divorce의 동사형을 사용하여 get divorced라고 하면 된다. 그래서 나 이혼해라고 하려면 I'm getting divorced라고 하면 된다. 참고로 이혼소송을 하다는 file for divorce라고 하면 된다.

What does she **have to do with** this? 걔는 이거와 무슨 관련이 있어?

have to do with …와 관련이 있다

주어와 with 이하의 것과 어떤 연관이라든가 관련이 있다고 말하는 표현. with 다음에는 사람이나 사물이 올 수 있다. have something to do with라고 해도 되며, 반대는 have nothing to do with라 하면 된다.

Useful Expressions

★ **It has something to do with~**
그건 …와 연관이 있어

★ **have something to do**
할 일이 있다

★ **there is something to do**
할 일이 있다

A: What does that **have to do with** the project?
B: Nothing, but I thought it was interesting.

A: 그게 그 프로젝트와 무슨 관련이 있어?
B: 아무것도 없지만 흥미롭다고 생각했어.

A: Why are bus fares so expensive?
B: It **has something to do with** the price of gas.

A: 버스요금이 왜 이리 비싸?
B: 기름값과 연관이 있어.

Talking Practice

1. 걔는 이거와 무슨 관련이 있어?라고 물어보려면

What does she **have to do with** this?

2. 넌 그것과 무슨 관련이 있는 것 같아(I think~)는

I think you **have something to do with** it.

3. 걘 그 강도사건(the robbery)에 관련이 있었다고 할 때

He **had something to do with** the robbery.

One Point Lesson

반대로 아무런 관계가 없다고 할 때는 nothing을 활용하여 have nothing to do with~라고 하면 된다. 그래서 그건 우리 프로젝트와 아무런 관계가 없어라고 말하려면 That has nothing to do with our project라고 하면 된다. 이처럼 with~다음에는 sth이 오는 경우가 많은데 sb가 오는 경우도 있다. 여친의 생일을 깜박한 남자가 넋두리로 내가 걔 생일을 깜박했기 때문에 내 여친은 날 거들떠 보지도 않을거야라고 하려면 Since I forgot her birthday, my girlfriend will have nothing to do with me라고 하면 된다.

I **ran away** as soon as the fight began
난 싸움이 시작되자마자 달아났어

run away 도망치다, 달아나다

멀리(away) 달아나다(run)라는 뜻으로 있고 싶지 않은 곳에서 달아나거나 자기를 힘들게 하는 문제 등을 피하는 것을 뜻한다. run away from~의 형태로 쓰인다. 단 run away with sb하게 되면 다른 뜻이 되니 아래 내용을 잘 참고해야 한다.

Useful Expressions

★ **run away (from)**
달아나다, 회피하다

★ **run off with sth**
몰래 갖고 튀다

A: Did Bob see the explosion?
B: He **ran away** when it happened.

A: 밥이 그 폭발을 봤어?
B: 걘 폭발이 일어났을 때 달아났어.

A: What would you do if you saw a ghost?
B: I'd **run away** as soon as possible.

A: 네가 유령을 본다면 어떻게 하겠어?
B: 가능한 빨리 달아나겠지.

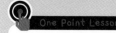

Talking Practice

1. 넌 네 문제들로부터 도망쳐서는 안돼(You can't~)라고 할 때

You can't **run away** from your problems.

2. 걘 십대일 때 집에서 달아났어라고 하려면

He **ran away** from home as a teenager.

3. 난 그 싸움(fight)이 시작되자마자 달아났어라고 하려면

I **ran away** as soon as the fight began.

One Point Lesson

run away with sb하게 되면 「함께 살려고 비밀리에 집에서 달아나다」라는 뜻이고, 역시 run off with sb하게 되면 「…와 눈이 맞아 몰래 달아나다」라는 뜻이 된다. 그래서 걘 크리스와 이혼하고 너와 달아나지 않을거야라고 하려면 She's not going to divorce Chris and run away with you라고 하면 된다.

Everyone saw you **fall down**

다들 네가 넘어지는 걸 봤어

fall down 넘어지다

말 그대로 서 있다가 넘어지는 것을 말한다. 계단에서 넘어지다라고 할 때는 fall down the stairs라고 한다. 같은 맥락에서 건물이나 집 등이 넘어가는 즉 「무너지다」 라는 뜻으로도 쓰인다.

Useful Expressions

★ **fall down**
넘어지다, 미끄러지다, 무너
지다

★ **fall down the stairs**
계단에서 넘어지다

A: I'm all thumbs when it comes to carpentry.

B: I'll cross my fingers that your house doesn't **fall down**.

A: 난 목수 일엔 영 꽝이야.
B: 네 집이 무너지지나 않도록 행운을 빌어줄게.

A: Condoms aren't completely safe, you know.

B: What do you mean?

A: I was walking through the park and I slipped on one and **fell down**.

A: 콘돔이라고 해서 100% 안전한 건 아냐.
B: 무슨 말이야?
A: 공원을 걸어가다가 콘돔을 밟아서 미끄러져 넘어졌단 말야.

Talking Practice

1. 네가 넘어졌을 때 너무 쪽팔렸다고 말할 때

It's so humiliating when you **fall down**.

2. 어머니가 요전 날 계단에서 떨어지셨어

My mother **fell down** the stairs the other day.

3. 그래, 다들 네가 넘어지는 걸 봤어

Yeah, everyone saw you **fall down**.

One Point Lesson

똑같은 fall down인데 입고 있던 옷이 fall down한다고 하면 바지 등이 다리 밑으로 미끄러져 내려가다라는 의미가 된다. 그래서 시상식 때 바지가 흘러내렸을 때보다 당황스러웠던 적은 없었어라고 말하려면 I've never been more embarrassed than when my trousers fell down during an awards presentation이라고 하면 된다.

We **went on a trip** together to New York 우리는 뉴욕까지 함께 여행을 했어

go on a trip 여행가다

go (out) on a date(데이트하러 가다), go on a vacation(휴가가다), go on a diet(다이어트하다) 처럼 go on a+명사의 형태 중 하나로 「명사」하러 가다라는 뜻. go on 대신에 take를 써서 take a trip (to)이라고 해도 된다.

Useful Expressions

★ **go on a little trip**
짧은 여행을 가다

★ **be on a trip**
여행 중이다

★ **be planning a trip to~**
…로의 여행을 계획하다

★ **travel abroad [overseas]**
해외여행하다

A: **I'm taking a trip** around the world. Want to go?

B: Yeah, I'll come with you.

    A: 세계일주를 할거야. 같이 할래?
    B: 그래. 같이 가자.

A: Let's **go out on a date.** What do you say?

B: I don't think it would be a good idea.

    A: 우리 데이트하자. 어때?
    B: 좋은 생각같지 않아.

Talking Practice

1. 수잔에게 나와 함께 여행가자고 말해볼거야(ask sb to)는

I'm going to ask Susan to **go on a trip** with me.

2. 우리는 뉴욕까지 함께(together) 여행을 했다고 할 때

We **went on a trip** together to New York.

3. 우리는 너의 부모님과 여행해야 돼라고 하려면

We should **take a trip** with your parents.

One Point Lesson

trip이나 travel은 굳이 여행이 아니더라도 한 장소에서 다른 장소로 이동한 경우를 말한다. 물론 travel은 동사로, trip은 명사로 쓰이는 경우에 한한다. trip은 동사로는 넘어지다(fall over)를 뜻하기 때문이다. 그래서 걔네들은 회의에 가야 될거야는 They will need to travel to their meeting이라고 하면 된다.

Can we **go over** this paperwork?

우리 이 서류를 검토할 수 있을까?

go over 검토하다, 조사하다, …으로 가다

look over와 비슷한 표현이지만 look over가 서두르는 느낌이 있는 반면 go over 는 좀 더 확인하는 작업을 꼼꼼히 한다라는 뉘앙스를 띤다. 또한 단순히 물리적인 의미 로 「…의 방향으로 가다」라는 뜻으로 쓰이는데 이때는 go over (to~)의 형태로 쓴다.

Useful Expressions

★ **go over**
  검토하다, 조사하다

★ **go over to sb[sth]
  to+V**
  …로 가서 …을 하다

A: Can we **go over** this paperwork?

B: Sure, let's start on page one.

  A: 우리 이 서류를 검토할 수 있을까?
  B: 물론, 1페이지부터 시작하자.

A: There are cute girls at the bar.

B: Let's **go over** and introduce ourselves.

  A: 바에 예쁜 여자애들이 있어.
  B: 가서 우리 소개를 하자.

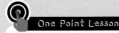
Talking Practice

1. 나와 함께 이 수치들을 검토해 준다면 정말 고맙겠는데라고 하려면

I'd appreciate it if you could **go over** these figures with me.

2. 저기 가서 저 여자에게 사실을 말하라고 말하려면

Go over there and tell that woman the truth.

3. 상대방에게 왜 거기에 가야 했냐고 물어볼 때는

Why did you have to **go over** there?

One Point Lesson

대부분의 동사구들이 한가지 의미로만 쓰이지 않듯이 go over 역시 「검토하다」, 「가다」라는 의미외에 이해를 정확히 하기 위 해서 「반복하다」 (repeat)라는 뜻으로도 쓰인다. 상대방이 방금 말한 걸 이해못했어(I couldn't understand what you just said)라고 할 때, 내가 다시 얘기해줄까?라고 하려면 Would you like me to go over it again with you?라고 하면 된다.

I **fell asleep** before it finished

그게 끝나기 전에 잠들었어

fall asleep 잠들다

「잠들다」라는 뜻으로 여기서 fall은 다음에 나오는 형용사의 상태에 빠지다라는 의미이다. 또한 「잠자다」라는 의미로는 go to sleep이 있는데 이때 go 때문에 굳이 자러가다라고 생각하지 말고 go to sleep 전체를 그냥 잠자다라고 생각하면 된다. 또한 go 대신에 get을 써서 get to sleep해도 되며 이를 이용하여 「…을 재우다」라고 하려면 get sb to sleep이라고 한다.

Useful Expressions

★ fall asleep while~
　…하다 잠들다

★ before I go to
　sleep
　잠들기 전에

★ Go to sleep
　자라

★ She went to sleep
　걔 잠들었어

A: Did you see the end of the show?

B: No, I **fell asleep** before it finished.

　A: 너 그 쇼의 끝을 봤어?
　B: 아니, 그게 끝나기 전에 잠들었어.

A: Then what did he say?

B: Nothing. He just **went to sleep.**

　A: 그럼 걔는 뭐라고 말했는데?
　B: 아무말도. 그냥 잠들었어.

Talking Practice

1. 조용히 해. 에이미가 지금 막 잠들었다라고 말하려면

Be quiet. Amy has just fallen asleep.

2. 난 밤에(at night) 자기 전에 패스트푸드를 많이 먹는다고 할 때

I eat a lot of junk food before I go to sleep at night.

3. 많이 늦었어. 자는 게 낫겠어(should~)라고 말할 때

It's getting pretty late. We should probably go to sleep.

One Point Lesson

잠드는 곳인 bed를 이용하여 몇가지 잠에 관한 표현을 만들 수 있다. 먼저 go to bed는 「자다」, 「곧장 자다」는 go straight to bed, 반대로 「일어나다」(get up)는 get out of bed라고 하면 된다. 모두 다 bed 앞에는 관사가 없다는 점을 눈여겨 둔다. 그래서 난 보통 늦게 잠들어는 I usually go to bed late라고 하면 된다. 참고로 아침에 일어나서 침대를 정리하는 것은 make the bed라고 한다.

I **fell in love** with another woman

나는 다른 여자와 사랑에 빠졌어

fall in love 사랑에 빠지다, 사랑하다

글자 그대로 해석하면 되는 기본표현. 다만 동사의 과거형이 fell, 과거분사형이 fallen
이라는 점에 주의해본다. fall보다는 정적이지만 be in love 또한 같은 의미로 쓰인다.
사랑하는 대상은 with sb라고 붙이면 된다. 또한 첫눈에 반하다라고 할 때는 love at
first sight라고 하면 된다.

Useful Expressions

★ **fall in love with
sb**
…와 사랑에 빠지다

★ **be in love with sb**
…와 사랑하고 있다

★ **love at first sight**
첫눈에 반하다

A: I didn't know you **were still in love with** me.

B: Don't worry. I will be over you soon.

    A: 네가 아직도 날 좋아하는 줄 몰랐어.

    B: 걱정마. 곧 잊을 테니까.

A: They've been married for years.

B: I heard it was **love at first sight**.

    A: 걔네들은 오래 전에 결혼했어.

    B: 첫눈에 반한거라며.

Talking Practice

1. 미안하지만 난 다른 여자(another woman)와 사랑에 빠졌어는

I'm sorry, but I **fell in love with** another woman.

2. 린다가 새로 부임한 사장(new boss)을 사랑하는 것 같아는

I think Linda**'s in love with** her new boss.

3. 크리스틴, 너는 사랑할만한 가치가 없는 남자를 사랑한거였어라고 할 때

Christine, you **were in love with** a man who was unworthy of
you.

 One Point Lesson

love처럼 심각한 단계에 빠져들기 전에 일시적으로 반해서 일방적으로 좋아하게 되는 것은 crush를 써서 have a crush on sb라고 하
면 된다. 여학생이 선생님을 혼자 좋아하고 반하는 상황을 생각해보면 이 crush의 의미를 파악할 수 있다. 그래서 걘 새로운 선생님
이 귀엽다고 생각해서 반한 것 같아라고 하려면 I think she has a crush on the new teacher because she thinks he's cute라고 하면
된다.

I think she'll go to college
갠 대학에 진학할거야

go to college 대학에 가다[진학하다]

대학교에 「진학하다」 즉 「들어가다」 혹은 「…대학을 다녔어」라는 말을 막상 영어로 하려면 꿀먹은 벙어리가 되기 쉽상이다. 그냥 어렵게 생각하지 말고 우리말 그대로 go to college, 과거에 「고등학교에서 갔어」라고 하려면 went to high school이라고 하면 된다.

Useful Expressions

★ **go to college**
대학교에 가다[들어가다]

★ **I went to college**
난 대학에 진학했어

★ **I didn't go to college**
난 대학진학을 하지 않았어

A: What will Aurora do after high school?

B: I think she'll **go to college.**

A: 오로라는 고등학교 졸업후 뭐할거야?
B: 대학에 진학하겠지.

A: So where did you study?

B: Oh, I didn't **go to college.**

A: 그럼 어디서 공부했어?
B: 저기 대학엔 안갔어.

Talking Practice

1. 탐은 캘리포니아에 있는 대학에 다녔다고 말할 때

Tom **went to college** in California.

2. 토니가 MBA 따러 하버드에 간 것을 몰랐냐(Don't you know~?)고 물어볼 때

Don't you know Tony **went to** Harvard for an MBA?

3. 네 말은 대학교에 안 가겠다는거냐?라고 확인할 때는

You mean you're not **going to college?**

One Point Lesson

응용하여 함께 고등학교나 대학교를 다녔다라고 말하려면 We went to high school together, We went to college together라고 하면 된다. 또한 위의 예문에서 알 수 있듯이 특정 대학에 갔다라고 할 때는 go to~를 써서 went to Harvard처럼 말하면 된다. 하버드에 들어갔다라고 하려면 got into Harvard, 하버드에 다니고 있다라고 하려면 be a student at Harvard라고 표현할 수 있다.

My exam **is scheduled for** 6 am

시험은 오전 6시야

be scheduled to …할 예정이다

be scheduled to~는 be expected to~와 유사한 표현으로 앞으로의 예정된 시
간을 말하는 것으로 to+V 대신 for+N가 올 수도 있다.

Useful Expressions

★ be scheduled
to+V
…할 예정이야

★ be scheduled
for+N
…할 예정이야

★ I have you
scheduled to
[for]~
네가 …하도록 일정을 짜놓
았어

A: When can I meet Eric?

B: He **is scheduled to** be here this afternoon.

　　A: 언제 에릭을 만날 수 있을까요?
　　B: 오늘 오후에 여기 올 예정예요.

A: My exam **is scheduled for** 6 am.

B: You may not want to stay up late.

　　A: 시험은 오전 6시야.
　　B: 너무 늦게 자지 않는게 좋겠어.

Talking Practice

1. 걘 오늘 아침에 회의할 예정이야라고 말하려면

He's scheduled to have a meeting this morning.

2. 걘 일을 할 일정이 아니지만 야근을 좀 해야 한다(need some overtime)고 말했다라고 전하려면

She wasn't scheduled to work, but she said she needed some
overtime.

3. 수요일 밤에 마사지를 받도록 짜놓았다라고 말하려면

I have you scheduled for a massage Wednesday night.

One Point Lesson

I'm expected to~는 직역하면 「…하리라 예상되다」, 의역하면 「…을 해야 돼」라는 의무표현이 된다. 따라서 You're expected
to+V하게 되면 「넌 …을 해야 돼」라는 뜻이 된다. 그래서 난 내일 걔를 만나기로 되어 있어라고 하려면 I'm expected to meet him
tomorrow, 그리고 넌 해결책을 찾아야 돼라고 말하려면 You're expected to find a solution이라고 하면 된다.

How about **going out for a drink** tonight? 오늘밤에 한잔하러 가자?

go out for a drink 술마시러 나가다

drink를 명사로 이용하며 술을 마셔보자. 술마시러 나가다는 go out for a drink 혹은 go out drinking이라고 한다. 또한 have[get] a drink는 「한잔하다」 have[get] some drinks는 「술 좀 마시다」 have[get] another drink는 「한잔 더 마시다」 그리고 have[get] drinks with sb는 「…와 술을 마시다」가 된다.

Useful Expressions

★ go out for a drink [go out drinking] 술마시러 나가다

★ take[have] a drink of …을 마시다

★ have drinks with …와 술을 마시다

★ get[buy] sb a drink …에게 술을 사주다

A: Can we still **go out for drinks** together?

B: Anytime. Just call me.

> A: 함께 나가서 술 할 수 있을까?
> B: 언제든지. 전화만 해.

A: How about we **go get** you **a drink**?

B: Ok, that's so nice.

> A: 술 한잔 사줄까?
> B: 좋지, 고마워.

Talking Practice

1. 퇴근 후에(after work) 우리와 함께 술마시자라고 할 때

Have a drink with us after work.

2. 바에 가서(head for the bar) 술 한잔 할거라고 말하려면

I'm going to head for the bar and get a drink.

3. 오늘 밤 한잔하러 나가자?라고 할 때는

How about going out for a drink tonight?

One Point Lesson

추가적인 표현으로 「…을 데리고 나가 술을 마시다」 라고 하려면 take sb for a drink, 「…와 만나서 술마시다」 는 join sb for a drink라고 하면 된다. 그래서 크리스가 퇴근 후에 우리 모두를 데리고 가서 술을 산대라고 하려면 Chris is taking us all out for drinks after work라고 하면 된다. 또한 「만나서 술하다」 는 get together for a drink, 「술한잔하러 들르다」 는 come by for a drink 라고 하면 된다.

I won't **take part in** the ceremony

난 그 기념식에 참석하지 않을거야

take part in 참여하다, 참가하다

take part in = participate in으로 잘 알려진 표현으로 다른 사람들과 어떤 행동이나 이벤트에 같이 동참하는 것을 말한다. 참고 play a huge part in하게 되면 「…큰 역할을 하다」라는 의미가 된다.

Useful Expressions

★ take part
in+N[~ing]
…에 개입하다, 참여하다

★ play a huge part
in
큰 역할을 하다

A: Why don't you go to church?

B: I don't want to **take part in** church services.

> A: 교회에 가자.
> B: 난 예배에 참석하고 싶지 않아.

A: Did anyone offer you illegal drugs?

B: I wouldn't **take part in** something like that.

> A: 불법약물을 제공한 사람이 있었어?
> B: 난 그런 일은 하지 않았을거야.

Talking Practice

1. 난 그 기념식(ceremony)에 참석하지 않을거라고 할 때

I won't **take part in** the ceremony.

2. 모두 다(everyone) 반드시 그 축제에 참가해야 한다고 말할 때

Everyone must **take part in** the festival.

3. 그런 계략에 동참하지 않을거야라고 말하려면

I will not **take part in** such a scheme.

One Point Lesson

take part in이라고 해서 반드시 세단어를 다 써야 되는 것은 아니다. in 다음에는 함께 참여하는 행위가 나오지만 문맥상 행위가 이미 언급되어 있는 경우에는 in~이하는 생략되고 take part만 쓰일 수 있다. 그래서 선거가 열렸지만 걔는 참여하지 않았어라고 하려면 Elections were held, but he refused to take part라고 하면 된다.

083

I'll **stop by** you on my way home

집에 가는 길에 네게 들를게

stop by 잠깐 들르다

stop by는 어떤 목적지에 가는 도중에 다른 곳에 잠시 들르는 것을 말한다. 주로 미리 사전연락없이 들르는 경우가 대부분이다. stop by 다음에는 사람이나 장소명사 혹은 stop by to+V처럼 들르는 목적을 쓸 수가 있다. to+V가 쓰이면 빠지지 않는게 for+N일게다. stop by for a coffee처럼 for+N을 쓸 수도 있다. 동일한 의미로는 come by, drop by 등이 있다.

Useful Expressions

★ **stop by** the office
사무실에 들르다

★ **stop by** you
네게 들르다

★ **stop by** to+V
…하러 들르다

★ **drop by** anytime
언제든 들르다

drop by = drop in

A: When can I **stop by** to pick up the computer?

B: Well, I'm kind of tied up all day. How about tomorrow?

A: 언제 그 컴퓨터를 가지러 들르면 될까?
B: 그런데 말야, 내가 오늘 하루 온종일 바빠서 꼼짝도 못할 것같아. 내일 들르는게 어때?

A: I have to finish something right now, but I'll **come by** after I'm done.

B: I'll be in my office.

A: 지금 당장 뭘 끝내야 하거든. 하지만 이걸 마치면 너에게 들릴게.
B: 사무실에 있을게.

Talking Practice

1. 집에 가는 길에 네게 들를게는

I'll **stop by** you on my way home.

2. 내가 끝나면(be through) 네 사무실에 들를게라고 말하려면

I'll **come by** your office when I'm through.

3. 이 근처에 왔다가 잠깐 들러서 봐야겠다고 생각했다고 말하려면

I was in the area and I thought I'd **drop in** to meet you.

One Point Lesson

come by의 경우에는 특히 과거형으로 came by to see if~라고 쓰는 경우가 많다. 「…인지 확인하러 왔어」라는 의미로 나랑 저녁 먹을 수 있는지 확인하러 왔어라고 하려면 I came by to see if you could go out for dinner with me라고 하면 된다. 또한 그가 회사를 그만둔다고 말하려고 우리에게 들렸다라고 하려면 He came by to inform us of his resignation이라고 하면 된다. 참고로 stop by는 불쑥 찾아가는 것으로 만나지 못할 경우가 많은데, 이럴 때 메시지를 남기려면, Just tell Jessica that Chris came by to talk to her. Here's my number라고 하면 된다.

I'm just **looking around**

그냥 둘러보는거야

look around 둘러보다

look around sth하게 되면 주로 걸으며 주변에 뭐가 있나 둘러보는 것을 뜻한다. 그래서 sth에는 주로 방, 건물, 가게 등의 장소명사가 오게 된다. look around를 명사처럼 사용하여 have[take] a look around라고 해도 된다. 여기서 for가 붙어서 look around for sth하게 되면 「…을 찾으려 하다」라는 뜻이 된다.

Useful Expressions

★ **look around+N**
  …을 둘러보다

★ **look around for~**
  …을 찾으려고 하다

A: Can I help you with anything?

B: No, thank you, I'm just **looking around.**

  A: 도와드릴까요?
  B: 고맙지만 괜찮아요. 그냥 구경만 하는 거예요.

A: If you find her ring, let her know.

B: Okay, I'll **look around for** it.

  A: 걔 반지를 찾으면 걔한테 알려줘.
  B: 알았어, 내가 찾아볼게.

Talking Practice

1. 내가 여기 좀 둘러봐도 괜찮겠니?라고 상대방에게 양해를 구할 때

Do you mind if I **take a look around** here?

2. 좀 둘러보면서 구경할 게 뭐가 좀 있나 보자고 제안할 때

Let's just **look around** and see what there is to see.

3. 왜 걘 저렇게 주변을 두리번거리는거야?

Why is he **looking around** like that?

One Point Lesson

look around를 이용한 표현 중에서 회화에서 많이 쓰이는 유명한 문장이 있다. 쇼핑할 때 가게를 둘러보게 되면 점원들이 다가와 도와주겠다고 하는데 이때 바로 구매할 생각이 아니라 그냥 구경만 한다고 할 때는 No thank you라고 하고 I'm just looking around 혹은 We're just looking around라고 하면 된다.

I'm **against** the policy

난 그 정책에 반대해

be against …에 반대하다

against는 「반대하여」라는 뜻으로 be against하면 「반대하다」라는 의미로 반대하는 대상은 be against 다음에 바로 이어서 쓰면 된다. be 대신에 go를 써서 go against라고 써도 된다.

Useful Expressions

★ **be against the law**
법을 위반하다

★ **be against the rules**
규칙을 위반하다

★ **I'm against the policy**
난 그 정책에 반대해

A: Don't copy that. It**'s against** the law.

B: Right. We'd better purchase a new one.

A: 그거 베끼지마. 불법야.
B: 알았어. 새로운 것을 사야겠군.

A: Why are the students demonstrating?

B: They **are against** tuition increases.

A: 왜 학생들이 시위를 하는거야?
B: 걔네들은 등록금 인상에 반대해서 하는거야.

Talking Practice

1. 난 그 계획에 절대 반대야. 안 좋은 생각같아라고 말하려면

I'm **against** the plan. It seems like a bad idea.

2. 상대방이 사형집행에 반대한다는거냐고 입장을 확인할 때

You're telling me you**'re against** the death penalty?

3. 팀은 새로운 법안에 대해 반대한다라고 말할 때

Tim **is against** the new law.

One Point Lesson

go against의 주어로 어떤 결정(decision)이나 판단(judgment)이 와서, Sth go against you하게 되면 원했던 결과를 얻지 못했음을 뜻하게 된다. 즉 「…에게 불리하다」 라는 뜻이 된다.

I **believe in** right and wrong

난 선과 악이 있다고 믿어

believe in ···의 존재를 믿다

believe sb는 「···을 믿는다」라는 의미이고 believe in sth[sb]하게 되면 「···의 존재를 믿다」, 「···가 맞다고 믿다」라는 뜻이 된다. 한편 I believe that S+V은 「···라고 생각해」라는 의미로 I think S+V로 생각하면 된다.

Useful Expressions

★ believe sb[sth]
···을 믿다

★ believe in sth[sb]
···의 존재를 믿다, ···가 맞다고 믿다

★ I believe that S+V
···라고 생각해

A: Do you **believe in** ghosts?

B: Yes, but I've never seen one.

A: 유령이 존재한다고 생각해?
B: 어, 하지만 본 적은 없어.

A: It's nice that you lent Mike money.

B: I **believe in** helping others.

A: 네가 마이크에게 돈을 빌려준 것은 잘한거야.
B: 다른 사람들을 도와줘야 한다고 생각해.

Talking Practice

1. 난 그런 것 따위는 믿지 않는다라고 말할 때

I don't **believe in** that kind of stuff.

2. 네가 신을 믿는다는 걸 알게 되니 좋으네라고 말할 때

It's nice to know you **believe in** God.

3. 우리를 좀 더 믿어주기를 바래라고 말하려면

I need you to **believe in** us a little more!

One Point Lesson

believe을 이용한 표현 중에 상대방이 전혀 예상못한 얘기를 했을 때 믿지 않는다는 의미보다는 그 소식에 놀랐음을 표현하기 위해 I can' believe S+V! 형태의 문장을 많이 쓴다. 그래서 그들이 널 해고할거라니 정말 놀랐어라고 하려면 I can't believe they're going to fire him, 네가 그런 말을 하다니 정말 놀라워는 I can't believe you said that이라고 하면 된다.

Thieves **robbed** Carol **of** all her jewelry
도둑들이 캐롤의 보석류를 다 훔쳐갔어

rob sb of sth …에게서 …을 훔치다

rob은 항상 steal와 함께 비교되면서 설명되는데, 둘다 훔치다라는 의미는 같지만, rob은 훔치는 사람이나 대상을 목적어로, steal은 훔치는 물건을 목적어로 받는다는 점이 다르다. 따라서 rob의 목적어로는 사람이나 은행, 가게 등이 오고 of 이하에 도둑 맞은 물건을 넣으면 된다.

Useful Expressions

★ rob sb[은행, 가게] of sth
…에게서 …을 훔치다

★ steal sth from sb[은행, 가게]
…로부터 …을 훔치다

A: What can you tell me about the suspect?

B: He **robbed** the bank near my house.

A: 용의자에 대해 뭘 말해줄 수 있어?
B: 우리집 근처 은행을 털었어.

A: Someone has been **robbing** apartments here.

B: Any idea what we can do to stop him?

A: 누군가 이곳 아파트들을 털고 있어.
B: 도둑을 잡기 위해 우리가 할 수 있는 좋은 생각있어?

Talking Practice

1. 도둑들이 캐롤의 보석류를 다(all her jewelry) 훔쳤어라고 할 때

Thieves **robbed** Carol **of** all her jewelry.

2. 그 가게에 도둑이 든 5년 전의 일이 기억나지 않아라고 말할 때

I can't remember back five years ago when the store **was robbed**.

3. 누가 파티에서 신발을 훔치겠어?라고 의아해하려면

Who would **steal** shoes **from** a party?

One Point Lesson

rob과 steal이 수동태로 쓰일 때도 마찬가지 규칙이 적용되어 be robbed of의 주어는 사람이나 가게 등의 주체가 오고 of 다음에 도둑맞은 물건이 나온다. 그래서 크리스는 차를 도둑맞았다고 하려면 Chris was robbed of his car라고 하면 된다. be stolen의 경우에는 주어자리에 도둑맞은 물건을 넣으면 된다. 자동차가 도난당했을까봐 걱정돼라고 하려면 I worry that the car was stolen이라고 하면 된다.

Our relationship **is over**

우리 관계는 끝났어

be over 끝나다, 끝내다

be over는 「끝나다」라는 의미로 be finished와 같은 의미이다. 어떤 일이 끝나거나 혹은 어떤 사람과의 관계가 끝나는 것을 뜻한다. 요기 베라의 유명한 명언인 The game isn't over until it's over(끝날 때까지 끝난 게 아니다)를 떠올리면 된다.

Useful Expressions

★ **be over sb**
…을 잊다

★ **be over sth**
…을 이겨내다

★ **Sth be over**
…가 끝나다

A: Our relationship **is over.** It's finished.

B: I understand we can't go out anymore.

    A: 우리 관계는 끝났어. 끝났다고.
    B: 이제 더 이상 우리는 데이트는 못하겠구만.

A: Do you want to leave now?

B: No, let's wait until the lecture **is over.**

    A: 지금 가고 싶어?
    B: 아니, 강의가 끝날 때까지 기다리자.

Talking Practice

1. 오늘 저녁 식사 때 다 끝났다고 걔한테 말하겠다고 다짐할 때

I'll tell her that it**'s over** tonight at dinner.

2. 내가 끝났다고 말했을 때 내 말은 헤어졌다는거였어라고 확인해줄 때

When I said it**'s over,** I meant we're breaking up.

3. 수술이 끝나면 알려줄게라고 말할 때

I'll let you know when the surgery **is over.**

One Point Lesson

be over 다음에 숫자가 나오면 그 수치를 넘는다는 말이고, be와 over 사이에 all을 넣어서 be all over sb하게 되면 주로 여자가 남자에게 「…에게 마구 들이대는」 것을 말한다. 물론 be over의 강조형으로 쓰이기도 하니 문맥에 따라 잘 구분해야 한다. 그래서 You just have to hang in there until it is all over라고 하면 모든 게 끝날 때까지 참고 견뎌야 돼라는 의미가 된다.

I don't have to **listen to** you

난 네 말을 안 들어도 돼

listen to 듣다, 귀기울이다

hear가 신경 안써도 들리는거라면 listen은 신경을 곤두세우고 듣는 것을 뜻한다. listen to~ 다음에는 소리가 나는 사물이나 사람명사가 위치할 수 있다. listen to me하게 되면 「내말 잘 들어」라는 뜻이 된다. 또한 지각동사의 하나로 listen to sb+V의 형식도 함께 알아둔다.

Useful Expressions

★ listen to sth
　…을 듣다

★ listen to sb
　…의 말을 듣다

★ Listen to me
　내말 들어봐

★ listen to sb+V
　…가 …하는 것을 듣다

A: I'm sorry, but let me explain why I did it.

B: I really don't have time to **listen to** you now.

　A: 미안해. 하지만 내가 왜 그랬는지 설명할게.
　B: 지금은 네 얘기를 들을 시간이 정말 없다니까.

A: **Listen to** me, you better get your act together.

B: And what if I don't?

　A: 내 말 잘 들어, 너 정신차리라고.
　B: 안그러면 어쩔건데?

Talking Practice

1. 넌 더 이상 내말을 안들어라고 불평할 때

You just don't **listen to** me anymore.

2. 난 전철을 탈(ride the subway) 때는 음악을 듣곤 했어라고 하려면

I would **listen to** music when I rode the subway.

3. 상담사(counselor)가 환자들에게 조언하는 것을 들어봐라고 할 때

Listen to the counselor advise the patients.

　One Point Lesson

listen to sb의 문장이기는 한데 She doesn't listen to me, He listens to you라는 문장이 어색하게 다가올 수 있다. 첫번째 문장은 걘 내말을 안들어라는 뜻이고, 두번째 문장은 걘 네말을 듣잖아라는 의미이다. 또한 재귀대명사를 써서 Listen to yourself하면 좀 어렵지만 자기 자신의 소리에 귀를 기울이라는 말로 정신차리라고 환기시켜줄 때 사용하는 표현이다.

We **spend time hiking** in the mountains 우리는 산에서 하이킹하며 시간을 보내

spend ~ing ~하느라 …을 보내다

spend+N+~ing하게 되면 「…하는데 N을 보내다」 「쓰다」라는 의미. 원래는 spend~ in ~ing였지만 in이 생략돼 쓰이는 경우이다. N의 자리에는 시간이나 돈에 관련된 어구들이 오게 된다.

Useful Expressions

★ spend ~ (in) ~ing
…하는데 …을 보내다, 쓰다

A: What did you do on vacation?

B: We **spent** a few days **camping** at the beach.

A: 휴가 때 뭐했어?
B: 해변에서 캠핑하면서 며칠을 보냈어.

A: Why are you always so broke?

B: I **spend** all of my money **gambling.**

A: 넌 왜 항상 돈이 없어?
B: 도박하는데 돈을 다 쓰거든.

Talking Practice

1. 출퇴근에 너무 많은 시간이 걸리는 것 같아는

We **spend** too much time **commuting** back and forth to work.

2. 우리는 산에서(in the mountains) 하이킹하면서 시간을 보내는

We **spend** time hiking in the mountains.

3. 제리는 여기서 하루를 일하면서 시간을 보냈냐고 물어볼 때

Did Jerry **spend** the day **working** here?

 One Point Lesson

spend+N 다음에 항상 ~ing가 나오는 것은 아니다. 「어디서 …을 보내다」는 전치사 on[at]이 오고 누구와 함께 보낸다고 할 때는 with sb를 쓰면 된다. 그래서 여자친구네 집에서 하룻밤 자고 오고 싶은데요라고 하려면 I want to spend the night at my girlfriend's house, 해변에서 많은 시간을 보낼거야는 I'm planning to spend a lot of time on the beach, 그리고 너랑 여생을 보내고 싶어는 I want to spend the rèst of my life with you라고 하면 된다.

Let me **clean** it **up**

내가 치울게

clean up 치우다, 청소하다

기본적으로 더러운 것을 깨끗이 치운다는 의미로 clean up your room하면 「방을 치우다」 get this place cleaned up하면 「이 곳을 깨끗이 치우다」 그리고 clear oneself up하게 되면 「몸을 씻다」라는 뜻이 된다. 나아가 비유적으로 「정화하다」라는 뜻으로도 쓰인다.

Useful Expressions

★ clean up your
   room
   방을 치우다

★ get~ cleaned up
   …을 청소하다

★ clean oneself up
   몸을 씻다

A: You made a mess outside of my house.

B: I didn't mean to do that. Let me **clean** it **up**.

A: 너 집 밖을 난장판으로 만들어놨어.
B: 그럴려고 그런 게 아닌데. 내가 치울게.

A: I can't **clean up** this place alone.

B: That's why we're here. We'll help you.

A: 나 혼자서는 여기 못 치워.
B: 그래서 우리가 왔잖아. 우리가 도와줄게.

Talking Practice

1. 방청소하는 거 잊지마라고 할 때

Don't forget to **clean** your room.

2. 가능한 한 빨리 이 방을 치워야 해라고 할 때

We need to **clean up** the room as quickly as possible.

3. 난 이것들을 설거지 하는게 나을거야라고 말할 때

I'd better **get** these dishes **cleaned up**.

One Point Lesson

clean up the mess라는 표현이 있는데 여기서 clean up은 깔끔하고 정돈되게 보이려고 어지럽혀져 있는 것을 깨끗이 정리하다라는 의미이다. 두 개구장이가 마구 방을 어지럽혀 놓은 다음에 이걸 누가 치우게 될까라고 궁금해 할 때는 I wonder who is going to clean up this mess라고 하면 된다.

Where did you guys **grow up?**

너희들 어디서 자랐니?

grow up 성장하다

태어나서 어린 시절을 보내고 다시 성인이 되기까지의 「성장하다」를 뜻하는 동사구이다. 문맥에 따라서 「철이 들다」라는 뜻으로도 쓰인다. 물론 grow는 「자라다」라는 뜻으로 단독으로 쓰이기도 한다.

Useful Expressions

★ grow up
성장하다,자라다

A: How big your son has **grown.**

B: He's a junior in high school this year.

A: 네 아들 많이 컸네.

B: 금년에 고등학교에 들어가.

A: I'm going to be a star when I **grow up!**

B: Give me a break. You'll be lucky to get a job at Burger King.

A: 난 커서 스타가 될거야.

B: 아이고 그만 좀 해 두시지. 버거킹에서 일자리를 구하는 것만도 행운일게다.

Talking Practice

1. 걔가 엄청 성장했구만이라고 할 때

I can't believe how **grown up** he is.

2. 너희들 어디서 자랐니?라고 물어볼 때

Where did you guys **grow up?**

3. 요즘 아이들은 우리가 자랄 때 없었던 문제들이 많은 것 같아라고 하려면

Kids nowadays seem to have a lot of problems that we didn't have when we **were growing up.**

One Point Lesson

「성장해서 …이 되다」 할때라고 할 때 grow up을 써서 바로 grow up to be~라고 하면 된다. 주어가 「커서 …가 되다」 라는 뜻이다. 커서 살인자가 되는 사람들도 있어는 Some people grow up to become killers, 걔는 커서 영향력있는 정치가가 되었어라고 하려면 He grew up to be an important politician이라고 하면 된다.

왜
안썼나
후회되는 표현들

LEVEL

2

093-201

They used to work together

I'll keep that in mind

I'll catch up with you later

She's on leave right now

I don't want to **go out with** you

나 너랑 데이트하기 싫어

go out with …와 데이트하다, …와 함께 나가다

레벨 1에서 잠깐 언급한 적이 있는 표현으로 go out with~는 일반적으로 「…와 데이트하다」이지만 글자 그대로 「…와 함께 외출하다(나가다)」라는 뜻으로도 쓰인다. go out on a date라 할 수도 있으며, 「데이트를 신청하다」라고 할 때는 ask sb on a date라고 하면 된다.

Useful Expressions

★ **go out with**
…와 함께 나가다, 데이트하다

★ **go out on a date**
데이트하다

★ **ask sb on a date**
데이트신청하다

A: If you don't want to **go out with** me, just say so.

B: Well, I don't want to **go out with** you.

A: 나하고 데이트하고 싶지 않으면 그냥 그렇게 말해.
B: 저기, 나 너랑 데이트하기 싫어.

A: You should **go out with** us on Tuesday night.

B: I'd like to, but I have other plans.

A: 화요일 밤엔 우리랑 같이 나가자.
B: 그러고는 싶지만 다른 계획이 있어.

Talking Practice

1. 너랑 나가려고 기다리고 있어. 다했니?

I've been waiting to **go out with** you. You done?

2. 언제 한번 나랑 데이트 할래?

Would you like to **go out with** me sometime?

3. 네 누이하고 데이트해도 돼?

Is it okay if I **go out with** your sister?

One Point Lesson

우리말화된 date란 단어를 써서 표현할 수도 있다. 먼저 date를 동사로 써서 date sb라고 하면 된다. 너 아직 크리스랑 데이트하니? 라고 물어보려면 Are you still dating Chris?라고 하면 된다. 또한 date를 명사로 써서 have (got) a date (with sb)라고 해도 된다. 그래서 오늘 저녁에 제인과 데이트가 있어라고 하려면 I've got a date with Jane this evening이라고 하면 된다. 주의할 점은 명사로서 이 date는 추상적인 데이트를 뜻하기도 하지만 구체적으로 「데이트하는 사람」을 뜻한다는 점이다. 그래서 나는 데이트 상대를 찾아야 돼라고 하려면 I need to find a date라고 하면 된다.

You have to **stop smoking**

넌 담배를 끊어야 돼

stop ~ing …하는 것을 그만두다

stop은 하던 것을 멈추다라는 뜻으로 목적어로 명사가 오거나 혹은 여기서처럼 ~ing가 올 수 있다. 「더 이상 …하지 않다」 「…하는 것을 그만두다」라는 뜻이다. stop ~ing는 주어가 스스로 그만두는 것을 의미하는 반면 stop sb (from) ~ing하게 되면 「sb가 …하는 것을 그만두게 하다」는 뜻이 된다. from은 생략해도 된다.

Useful Expressions

★ **stop ~ing**
　…하는 것을 그만두다

★ **stop A (from) ~ing**
　A가 …하지 못하게 하다

★ **Stop ~ing**
　그만 …해

★ **Let's stop ~ing**
　그만 …하자

A: **Stop making** all that noise.

B: Sorry, I'll try to be more quiet.

　A: 그만 시끄럽게 해.
　B: 미안, 좀 더 조용히 하도록 할게.

A: My ex-boyfriend calls me all the time.

B: You need to **stop** him from **calling** you.

　A: 내 전 남친이 계속 전화해대.
　B: 네게 전화하지 못하게 해야겠다.

Talking Practice

1. 그런 말 마. 너 내게 솔직히 말하라고 말할 때

Stop talking like that. You have to be honest with me.

2. 그만 일하고 내일 마무리하자(finish this)라고 할 때

Let's **stop working** and finish this tomorrow.

3. 너 담배 끊어야 돼. 언젠가(one day) 그 때문에 죽을거야.

You have to **stop smoking**. It is going to kill you one day.

One Point Lesson

stop ~ing가 나오면 항상 함께 비교해서 설명하는 표현이 있다. stop to+V인데 stop smoking이면 금연하다이지만 stop to smoke가 되면 담배피기 위해서 멈추다라는 뜻으로 전혀 상반된 의미가 되기 때문이다. stop for+N명사로 해도 되는데, 그래서 아침 먹으러 어디에 들르면 좋겠어?라고 물어보려면 Where do you want to stop for breakfast?라고 하면 된다. 참고로 can't stop ~ing하게 되면 「계속 …하다」라는 뜻.

095

I entirely **agree with** you

전적으로 동감이야

agree with 동의하다, 찬성하다

agree는 쉽지만 그 뒤에 오는 전치사 때문에 좀 헷갈리는 표현. agree with 다음에는 사람이나 사물이 오며, agree to sth[do]하게 되면 「찬성하다」라는 뜻이 된다.

Useful Expressions

★ agree with sb
about sth~
난 ...에 대해 ...에 동의해

★ agree with sb a
hundred percent
...의 의견에 전적으로 동의해

★ agree to sth
찬성하다

★ agree to+V
...하는거에 찬성하다

A: I think we should go and celebrate.

B: I entirely **agree with** you.

A: 가서 축하하자.
B: 전적으로 동감이야.

A: Sandra made a lot of mistakes.

B: She **agreed to** do a better job next time.

A: 샌드라는 많은 실수를 했어.
B: 다음에는 일을 더 잘하겠다고 동의했어.

1. 네가 말한(~you said) 모든 거에 동의한다고 할 때

I agree with everything you said.

2. 다른 사람들(the others)은 나에게 동의하지 않았어는

The others didn't **agree with** me.

3. 난 네가 소개팅에 가기(go on a blind date)로 했다고 해서 좀 놀랐다고 말할 때

I was kind of surprised that you **agreed to** go on a blind date.

One Point Lesson

agree에 관련된 표현으로 또 함께 알아두어야 할 것은 먼저 agree on이 있는데 이는 「...에 대해 의견이 일치하다」라는 뜻이다. 상대방이 내 결혼소식을 듣고 물어보는데, 날짜까지 잡은 상황이라면 Yes, we even agreed on the date라고 하면 된다. 한편 I couldn't agree with you more라는 문장이 있는데 이는 「부정+비교=최상급」이라는 공식에 적용되는 것으로 뭔가 전적으로 동의한다는 것을 강조하는 표현이 된다.

She's on leave right now

지금 걘 휴가중야

be on leave 휴가중이다, 휴가가다

「떠나다」라는 동사 leave는 다양한 의미로 쓰이지만 여기서는 명사로 쓰인 경우. 그렇다 하더라도 가장 기본적인 의미인 「떠나다」라는 의미에서 벗어나지 않는 것으로 「휴가」를 뜻한다. 즉 여기서 leave는 vacation과 같은 의미.

Useful Expressions

★ have been on leave for~
…동안 휴가중이다

★ be on leave right now
지금 휴가중이다

★ go on vacation
휴가가다

★ be on vacation
휴가중이다

A: Does Sam still work in this department?

B: She does, but she's **on leave** right now.

> A: 샘이 이 부서에서 아직 일을 하나요?
> B: 네, 하지만 지금은 휴가중이에요.

A: Can you afford to **go on vacation?**

B: No, I will have to stay home this year.

> A: 너 여행갈 여유가 돼?
> B: 안돼, 금년에는 집에 있어야 돼.

Talking Practice

1. 상대방에게 휴가중이니 개인적인 시간(personal time)을 좀 가지라고 할 때

You're on leave. You get some personal time.

2. 걔는 2주간(for two weeks) 휴가중이라고 말할 때

She's **been on leave** for two weeks.

3. 나 휴가갈까 생각중야라고 말할 때

I'm thinking of going on vacation.

One Point Lesson

「휴가가다」의 또 다른 표현으로는 take a vacation이 있다. 「함께 휴가가다」는 take a vacation together, 그리고 「휴가에서 돌아오다」는 get back from vacation이라고 한다. 참고로 vacation home하면 「별장」이라는 말이다. 상대방에게 마지막으로 휴가 간게 언제냐라고 물어보려면 When was the last time you took a vacation?이라고 하면 된다.

I'm searching for a good novel

좋은 소설을 찾고 있어요

search for 찾다

자세히 들여다보면서(look carefully) 자기가 필요로 하는 뭔가 혹은 사람을 찾는 것을 뜻한다. search를 명사로 써서 be in search for~라고 해도 된다. 비슷한 동사구로는 go through, look out for~ 등이 있다.

Useful Expressions

★ search for sb[sth]
　…을 찾다

★ be in search of
　…을 찾다 = look for sth

A: Can I help you?

B: **I'm searching for** a good novel.

　A: 찾으시는거 있으세요?
　B: 좋은 소설을 찾고 있어요.

A: What did that man want?

B: **He's in search of** a toilet.

　A: 저 남자가 원하는게 뭐야?
　B: 화장실을 찾고 있어.

Talking Practice

1. 난 아직도 내 핸드폰을 찾고 있어라고 할 때는

I'm still **searching for** my phone.

2. 경찰들은 탈옥한 죄수들을 찾아야 된다라고 할 때

The cops need to **search for** the prisoners.

3. 난 일년도 넘게 성격이 모나지 않은 남자(easygoing type of guy)를 찾고 있었어라고 할 때

I've been **searching for** an easygoing type of guy for over a year.

One Point Lesson

인터넷으로 정보를 찾는 것은 바로 이 search를 써서 말할 수 있다. search the Internet, search online 혹은 do a search, do research on the Internet이라고 쓰면 된다. 그래서 그걸 알 수 있는 가장 좋은 방법은 인터넷을 검색하는거야라고 하려면 The best way to find it is to search the Internet이라고 하면 된다.

You don't have to **put up with** this 넌 이걸 참을 필요가 없어

put up with …을 참다

맘에 안들지만 인내심을 발휘하여 참고 받아들인다는 의미의 표현. 역시 기본표현으로 endure, tolerate와 동일한 의미로 많이 학습하였을 것이다. with 다음에는 사람이나 사물이 온다. be patient와 차이점은 put up with는 짜증나는 사람이나 상황을 참는 것이고 be patient는 화를 내거나 다급해하지 않고 일정기간 참고 기다리다라는 점이다.

Useful Expressions

★ I put up with it because~
…때문에 그거 참는거야

★ You have to put up with~
넌 …을 참아야 돼

★ How do you put up with~?
어떻게 …을 참아?

A: How do you **put up with** him?

B: I just don't take him seriously.

　　A: 너 어떻게 그 사람에 대해 참을 수 있니?
　　B: 난 그냥 그 사람을 심각하게 받아들이지 않으니까.

A: Why did Justin divorce his wife?

B: He couldn't **put up with** all the arguing.

　　A: 왜 저스틴은 아내와 이혼했어?
　　B: 허구헌날 다툼질에 참을 수가 없었어.

Talking Practice

1. 상대방에게 이걸 참을 필요는 없다(don't have to)고 할 때

You don't have to **put up with** this.

2. 우리는 너를 사랑하기 때문에 그걸 참아냈다고 말할 때

We just **put up with** it because we love you.

3. 난 네가 그걸 어떻게 참아냈는지 모르겠어라고 말할 때

I don't know how you **put up with** it.

One Point Lesson

put up with~ 다음에는 참아내는 사람의 행위가 오게 된다. 「오랫동안 걔를 참아내다」는 put up with him for so long, 「상대의 못된 행동을 참다」는 put up with your bad behavior라고 하면 된다. 조금 응용하여 「…가 …하는 것을 참다」 라고 하려면 put up with sb ~ing이라고 하면 된다. 그래서 넌 걔가 시끄럽게 하는 것을 참아야 해라고 하려면 You have to put up with her making noise 라고 하면 된다.

Let's **get together** again soon

곧 다시 만나자

get together 만나다

informal한 영어에서 「만나다」라는 의미로 「캐주얼하게 만나다」는 뜻을 품고 있다. 만나는 사람을 구체적으로 언급할 때는 'get together with + 만나는 사람'을 말하고, 「만나서 …을 하다」라고 하려면 get together and do~의 형태로 쓴다. get-together의 명사형으로도 쓰인다.

Useful Expressions

★ Let's get together after~
　…후에 만나자

★ get together for a drink
　만나서 술을 마시다

★ I'd like to get together with~
　…와 만나고 싶어

★ have a get-together
　만나다

A: Well, it was nice talking to you.

B: You too. Let's **get together** again soon.

　A: 얘기 나눠서 즐거웠어.
　B: 나도 그랬어. 곧 다시 만나자.

A: We**'re having a get-together** Saturday.

B: I'll come to it.

　A: 우리 토요일 날 만나자.
　B: 그렇게 하자.

Talking Practice

1. 네가 시간이 되면(if you have time) 오늘 너와 만나고 싶다고 말할 때

I'd like to **get together** with you today if you have time.

2. 이번 주말(this weekend)에 우리 만날까라고 물어볼 때

Are we going to **get together** this weekend?

3. 우리 엄마 만나야 돼. 엄마 생신이거든이라고 하려면

I have to **get together** with my mother. It's her birthday.

One Point Lesson

get ~ together처럼 두 단어가 떨어져 그 사이에 사람이 오면 한 장소로 「…을 모이게 하다」, 사물이 오면 「함께 모아 정리하다」라는 뜻으로 사용된다. 그래서 get yourself together는 너 자신을 함께 모으다라는 뜻으로 「진정하다」, 「맘을 추스리다」 라는 의미가 된다. 참고로 get your act together하면 「기운을 내다」 라는 뜻이다.

I have to **look after** my grandmother 할머니를 돌봐야 돼

look after 돌보다, 보살피다

look after는 다음에 사람이 와서 look after sb가 되면 sb가 필요한 것을 다 챙겨 주는, 즉 「돌보다」라는 뜻이 되고, 사물이 와서 look after sth이 되면 「…을 잘 관리하 다」라는 뜻이 된다. 한마디로 take care of~라고 생각하면 된다.

Useful Expressions

★ **look after sb**
돌보다, 보살피다
★ **look after sth**
잘 관리하다

A: Why are you staying home?

B: I have to **look after** my grandmother.

　　A: 왜 집에 있는거야?
　　B: 할머니를 돌봐야 돼.

A: The car is in bad condition considering it's only one years old.

B: It used to be a company car and no one **looked after** it.

　　A: 1년밖에 안됐다는 걸 감안하면 그 차는 상태가 너무 안좋아.
　　B: 회사차였는데 아무도 관리를 안했어.

Talking Practice

1. 쉐리는 노모(elderly mother)를 돌봤었라고 할 때

Cherie **looked after** her elderly mother.

2. 잠시(for a while) 내 애완동물들을 봐줄테야라고 물어볼 때

Could you **look after** my pets for a while?

3. 누군가(someone) 저 아이들을 돌봐야 한다고 말할 때

Someone should **look after** those children.

One Point Lesson

look after sth의 경우, 문맥에 따라 「…을 책임지고 처리하다」라는 뜻이 된다. 그래서 내가 올 때까지 업무를 책임져라라고 하려면 Look after the business until I get back, 또한 「그 부서를 책임지다」라고 할 때는 look after the department라고 하면 된다.

It **looks like** she lied to me

갠 내게 거짓말한 것 같아

look like …인 것 같아, …한 것 같아

look like~는 「…처럼 보인다」라는 뜻으로 주로 (It) Looks like 다음에는 명사나 주어+동사의 절이 온다. 뭔가 단정적으로 말하지 않고 조심스럽게 말하기 위한 표현법이다. looks like~ 형태는 뿐만아니라 주어자리에 사람명사가 와서 쓰이는 경우도 있다.

Useful Expressions

★ It looks like S+V
   …인 것 같아
★ S+looks like S+V
   …인 것 같아

A: Well, it **looks like** spring is finally here!

B: Yeah, this is one of my favorite seasons!

A: 야, 드디어 봄이 온 것 같군!
B: 그래, 내가 제일 좋아하는 계절이지!

A: Can you believe Chris is going out with that young girl?

B: She **looks like** she's about 15 years old! Isn't that illegal?

A: 크리스가 저렇게 어린 여자애와 데이트를 하다니 믿겨져?
B: 15살 쯤 되어보이던데! 범죄아냐?

Talking Practice

1. 걔가 내게 거짓말 한(lie to sb) 것 같아는

It **looks like** she lied to me.

2. 걔가 태미와 헤어질(break up with) 것 같다고 말할 때

It **looks like** he's going to break up with Tammy.

3. 걔가 나에 관한 모든 걸 네게 이미 말한 것 같아라고 말하려면

It **looks like** she already told you all about me.

One Point Lesson

look like 다음에는 명사가 오는 경우도 많은데 역시 「…같아」, 「…처럼 생겼어」 라는 의미이다. 그 여자 같아는 It looks like her, 그럴 것 같아는 Looks like it, 재미있는 것 같아는 It looks like fun이라고 하면 된다. 내가 동생 켄의 옷을 입고 나갔을 때 한 친구가 내게 You look like Ken이라고 말할 수 있다.

He **seems to** hate you

걔는 널 싫어하는 것 같아

seem like~ ···한 것 같아

역시 뭔가 단정적으로 말하지 않고 조심스럽게 말하기 위한 것으로, look like에서는 반드시 like가 반드시 들어가야 되는 반면 seem like의 경우는 like가 들어가도 되고 안 들어가도 된다는 것을 차별해 기억해두어야 한다. seem like 뒤에는 명사나 절 등이 다양하게 올 수 있다.

Useful Expressions

★ It seems like+명사
[주어+동사]
···인 것 같아

★ 사람명사+seems
like~
···인 것 같아

★ seem to+V
···인 것 같아

A: **It seems like** that I have lost my car key.

B: Are you sure?

> A: 자동차 열쇠를 잃어버린 듯해.
> B: 정말이야?

A: What is Brian's favorite food?

B: He **seems to** like ice cream the best.

> A: 브라이언이 좋아하는 음식이 뭐야?
> B: 아이스크림을 가장 좋아하는 것 같아.

Talking Practice

1. 걔하고 헤어질 때가 된 것 같아라고 말하려면

It **seems like** it's time to break up with her.

2. 걔가 원하는 건(all he wants to do) 오직 섹스하는 것뿐인 것 같아라고 불평하려면

It **seems like** all he wants to do is have sex.

3. 네 친구들로 네가 불행해진 것 같아라고 하려면

You **seem like** your friends made you unhappy.

One Point Lesson

It seems like 다음에 무조건 절이 온다고 생각하면 안된다. like 다음에는 명사나 부사 등이 다양하게 와서 「···인 것 같아」라는 뜻으로 사용된다. 어제인 것 같아는 It seems like yesterday, 갑자기 인 것 같아는 It seems like all of a sudden, 그리고 안좋은 생각같아는 It seems like a bad idea라고 하면 된다. 한편 상대방이 「···하게 보인다」고 할 때는 seem을 써서, 너 초조해보인다는 You seem nervous, 너 피곤해보인다라고 하려면 You seem tired라고 You seem 다음에 형용사를 넣어 쓰면 된다.

I'm thinking of quitting soon

곧 그만 둘 생각이야

be thinking of ···할 생각이야, ···할까 생각중야

앞서 언급했듯이 think of[about]를 진행형으로 써서 I'm thinking of[about]~하게 되면 앞으로 「···할 생각이야」, 「···할까 생각중이야」라는 가까운 미래의 예정을 뜻한다. I'm planning on ~ing와 같은 의미로 생각하면 된다.

Useful Expressions

★ I'm thinking
of[about] ~ing
···할 생각이야

★ I'm planning on
~ing
···할 생각이야

A: **I'm thinking of** taking a computer course.

B: That sounds kind of boring.

A: 컴퓨터 강좌를 들을 생각이야.
B: 약간 따분할 것 같은데.

A: I think the new secretary is really gorgeous.

B: Me too. **I'm thinking of** asking her out for a date. What do you think?

A: 새로온 비서가 끝내주는데.
B: 나도 그렇게 생각해. 데이트 신청해 볼까 하는데, 어떻게 생각해?

Talking Practice

1. 곧 그만둘까 생각중야라고 할 때

I'm thinking of quitting soon.

2. 다음 달에 일본에 가려고라고 말하려면

I'm thinking about going to Japan next month

3. 오늘 밤에 걜 식당에 데려가려고라고 말하려면

I'm thinking about taking her to a restaurant tonight.

One Point Lesson

I'm thinking of[about]~의 형태이기는 하지만 다음에 명사나 S+V절이 올 경우에는 미래의 예정이 아니라 「···을 생각하고 있어」, 「···할 것 같아」라는 의미가 된다. 그래서 걔에게 말해야 될 것 같아는 I'm thinking I have to tell him, 그리고 걔를 방문해야 될 것 같아는 I'm thinking I should go visit him이라고 하면 된다.

Where did you **get on** the bus?

버스 어디에서 탔어?

get off …에서 내리다

승용차처럼 바닥과 거리가 좁은 교통수단에서 내릴 때는 평면적으로 내부와 외부의
개념을 사용하여 get out, get in을 쓰며, 버스나 기차, 항공기처럼 좀 높은 차량에 타
고 내린다는 get on, get off를 쓴다. 물론 get off에는 다른 뜻도 있으나 좀 어려워
서 레벨 3에서 다루기로 한다.

Useful Expressions

★ **get off**
차에서 내리다

★ **get on**
차를 타다

★ **Get on the next bus**
다음 버스를 타세요

★ **take a bus**
버스를 타다

★ **take a subway**
지하철을 타다

★ **take[get on] the wrong bus**
버스를 잘못 타다

A: Where did you **get on** the bus?

B: At the bus station downtown.

　　A: 버스 어디서 타셨어요?
　　B: 시내 버스 정류장에서요.

A: Why were you two hours late?

B: I **got on** the wrong bus to come here.

　　A: 왜 2시간이나 늦었어.
　　B: 여기 오는데 버스를 잘못탔어.

Talking Practice

1. 다들(everyone) 버스에 타고 싶어한다고 말할 때

Everyone wants to **get on** the bus.

2. 지하철로 두 정거장(two stops) 탄 후에 센트럴 역에서 내리세요는

Take the subway for two stops and **get off** at Central Station.

3. 81번 버스를 타고 가다가 세번 째 정류장에서 내리라고 안내하려면

Just take bus number 81 and **get off** at the third stop.

 One Point Lesson

위에서 말했듯이 승용차나 택시처럼 지상에서 그리 높지 않을 경우에는 같은 공간개념을 봐서 안으로 들어가다 나가다인 get in, get
out을 사용한다. 목적지에 다와서 내릴 준비 됐어라고 상대방에게 물어볼 때는 Are you ready to get out of the taxi?라고 하면 된다.
참고로 열차를 놓치다는 miss one's train.

They **used to** work together

개네들 함께 일했었어

used to 과거에 …하곤 했었다

교회를 규칙적으로 다니듯 과거의 규칙적인 습관을 말하는 것으로 단지 과거에 끝난 일로 현재는 그렇지 않다는 뉘앙스가 포함되어 있다. 반면 would는 일정하지 않게 반복한 과거 행동을 말할 때 사용한다. used to는 그 자체가 조동사로 앞에 be나 get 이 붙지 않는다. 따라서 get used to하게 되면 used to하고는 전혀 상관없는 표현으로 「…에 적응하다」라는 다른 뜻이 된다.

Useful Expressions

★ used to go~
    …에 가곤 했었다

★ be[get] used to+
    명사[~ing]
    …하는데 적응하다

★ be used to+동사
    …하는데 사용되다

A: You look very healthy.

B: I **used to** exercise all the time.

A: 너 무척 건강해 보인다.
B: 항상 운동을 하곤 했어.

A: Does Tim know Jennifer very well?

B: Sure. They **used to** work together.

A: 팀은 제니퍼하고 아주 친해?
B: 그럼. 두 사람은 예전에 함께 일했었는걸.

Talking Practice

1. 우리는 항상(all the time) 함께 놀곤 했다고 과거를 회상할 때

We **used to** play together all the time.

2. 제시카는 과거에 LA에 살았지만(live in) 지금은 시카고에서 산다고 말할 때

Jessica **used to** live in Los Angeles. Now she lives in Chicago.

3. 처음엔 정말 힘들었는데, 익숙해지고 있다라고 말하려면

It was really tough at first but I'm getting **used to** it.

One Point Lesson

used to 다음에 동사로 be가 오는 경우가 있다. 이때는 …하고 했다가 아니라 과거에 「…이었다」, 「있었다」 라는 뜻이 된다. 난 예전의 내가 아니라고 변한 모습을 말하려면 I'm not who I used to be, 그리고 지금은 없지만 공원에 큰 나무가 있었다라고 말하려면 There used to be a big tree in the park라고 하면 된다.

Let me **think** it **over**

생각 좀 해볼게

think over 심사숙고하다

여기는 over는 반복의 개념으로 여러차례 계속 생각하다, 즉 뭔가 결정을 하기 앞서 신중하게(carefully) 오래동안 검토하는 것을 말한다. think over 다음에는 결정할 필요가 있는 제안(offer, proposal, suggestion) 등의 명사가 오게 된다.

Useful Expressions

★ **think over** sth
심사숙고하다

★ **Let me think it over**
생각 좀 해볼게

A: Did you **think over** my offer?
B: Yes, and I will accept it.

A: 내가 한 제안 생각해봤어?
B: 어, 받아들일게.

A: Will you come to work for my company?
B: Let me have some time to **think** it **over**.

A: 우리 회사에서 일하시겠어요?
B: 좀 생각해볼 시간을 주십시오.

Talking Practice

1. 내 제안(proposal)에 대해 신중하게 생각해보라고 할 때

Think over my proposal.

2. 네가 들은 거(you've been told) 모든 것을 신중하게 검토해보라고 할 때

Think over everything you've been told.

3. 시간을 좀 갖고 우리의 제의(our offer)를 생각해보라고 할 때

Take some time to **think over** our offer.

One Point Lesson

뭔가 심사숙고할 것을 구체적으로 언급하지 않고 생각 좀 해보라고 할 때는 think things over라고 하며 또한 think over what I told you처럼 절이 올 수도 있다. 그래서 생각할 시간이 좀 더 필요하다고 할 때는 I want some more time to think things over, 상대방에게 내가 한 말을 생각해보라고 할 때는 I want you to think over what I told you라고 하면 된다.

You can't **put off** getting treatment

치료받는 것을 늦추면 안돼

put off 연기하다

Don't put off till tomorrow what you can do today(오늘 할 일을 내일로 미루지 마라)로 유명한 표현. 하기 싫어서 뒤로 미루는 것으로 put off 다음에는 명사나 ~ing를 이어 쓰면 된다.

Useful Expressions

★ put off+명사[~ing]
　…을 미루다

★ Don't put off~
　…을 미루지 마

★ Why put off~ ?
　왜 …을 미루는거야?

A: You shouldn't **put off** that work for much longer.

B: I'll try and finish it before I go.

　A: 그 일을 너무 오랫동안 미루어 두지 마라.
　B: 퇴근하기 전에는 끝내 놓도록 할게요.

A: The doctor diagnosed me with cancer.

B: You can't **put off** getting treatment.

　A: 의사가 내가 암이라고 진단했어.
　B: 치료받는 것을 늦추면 안돼.

Talking Practice

1. 내 아들은 항상 숙제하는(do homework) 것을 미룬다고 할 때

My son always **puts off** doing homework.

2. 세금내는(pay one's taxes) 것을 연기했냐고 물어볼 때

Did you **put off** paying your taxes?

3. 걘 일끝내는 걸 미루지 말았어야 했는데라고 아쉬움을 나타낼 때

He shouldn't have **put off** finishing the work.

One Point Lesson

put off는 어떤 문제가 생겨 예정된 일정을 미루다라는 뜻으로, 연기하는 시점표현과 함께 쓰일 때가 있다. 주로 until~이 뒤따르게 되는데, 「내일까지 그걸 미루다」는 put it off until tomorrow, 「그 제안을 다음주까지 미루다」는 put off the offer until next week라 하면 된다.

Level 2
108

He **took** some time **off** to relax

갠 쉴려고 좀 휴가를 냈어

take ~ off 쉬다

take+시간명사+off는 시간명사만큼 「일하지 않고 쉬다」 즉 「휴가를 내다」라는 의미.
막연하게 take time off라고 쓰기도 하고 구체적으로 take this afternoon off라
고 말하기도 한다. 우리가 일을 하지 않는 것을 '오프'한다고 하는데 이를 연상하면 이
해하기 쉬울 것이다.

Useful Expressions

★ take this Friday
off
이번 금요일에 휴가내다

★ ask for time off
휴가를 신청하다

★ have[get] ~ off
휴가를 갖다

★ need some time
off
휴가가 좀 필요하다

A: I haven't seen Andy at work.

B: He **took** some time **off** to relax.

    A: 사무실에서 앤디가 안보이는데.

    B: 쉴려고 좀 휴가를 냈어.

A: We **have** the weekend **off.**

B: Shall we do something special?

    A: 우리 주말에는 쉬어.

    B: 뭐 특별한 것을 할까?

Talking Practice

1. 오늘은(the rest of the day) 그만 쉬고 집에 가라고 할 때

Why don't you **take** the rest of the day **off** and go home?

2. 조금 휴가를 내 마이애미로 가서(head out to) 부모님을 뵐거라고 할 때

I'm going to **take** some time **off** and head out to Miami to
see my parents.

3. 하룻밤 쉬고 싶다는거지라고 상대방의 의사를 물어볼 때

You're saying you need to **take** a day **off.**

One Point Lesson

take off는 다양한 의미로 쓰이는 중요 동사구중의 하나이다. 여기서는 「쉬다」라는 뜻이지만 가장 기본적으로는 put on의 반대어
로 「옷을 벗다」라는 뜻이 있고, 또 다른 의미로는 「출발하다」, 「가다」라는 의미로도 쓰인다. 그래서 우리 지금 나가서 영화보
려고 하려면 We're about to take off and see a movie, 그리고 나 가야겠어, 나중에 전화할까?라고 하려면 I better take off. Call you
later?라고 하면 된다.

121

I got to get to work

일하러 가야 돼

get to work 출근하다, 일을 시작하다

일하러 가다라는 말로 즉 「출근하다」라는 의미의 표현. 문맥에 따라 「일을 시작하다」, 「착수하다」라는 의미로도 쓰인다. 쉬다가 다시 일하러 가다라는 의미는 get back to work라 하면 된다.

A: I have to go. I need to **get to work.**

B: Don't forget to take your lunch with you.

A: 나 가야 돼. 일해야 돼.
B: 점심 가지고 가는거 잊지마.

A: I need a coffee break.

B: You'd better **get back to work** right now.

A: 커피타임을 가져야겠어.
B: 당장 일하러 돌아가는게 좋을거야.

Talking Practice

1. 난 보통 오전 7시에(at seven a.m.) 출근한다고 할 때

I usually **get to work** at seven a.m.

2. 역에서부터(from the station) 출근하는데 얼마나 걸리냐고 물어볼 때

How long does it take to **get to work** from the station?

3. 불평 그만하고 일하라고 말할 때는

Stop complaining and **get back to work.**

One Point Lesson

get을 go로 바꾸어서 go to work하면 get to work처럼 「출근하다」, 「일을 시작하다」 라는 의미로도 쓰인다. 그래서 상대방에게 몇시에 출근해라고 물어보려면 What time do you go to work?라고 하면 된다.

Don't **forget to** call him

걔한테 전화하는거 잊지마

forget about …을 잊다

forget은 목적어의 형태에 따라 잊어버린 내용이 미래의 할 일인지 아니면 과거의 한 일인지 구분된다고 배워온 동사이다. 할 일을 잊어버린 경우는 forget to do이나, 과거의 일이나 계획한 일을 잊어버리다라고 할 때는 forget ~ing가 아니라 forget about ~ing로 쓰인다는 점을 기억해둔다. 물론 forget about~다음에는 명사도 온다.

Useful Expressions

★ forget about~
 …을 잊다
★ forget to+V
 …할 것을 잊다
★ Don't forget to do~
 …을 명심해라, 잊지말고 해라
★ I forgot to do~
 …하는 것을 잊었어

A: The new secretary is hot, but she's a lesbian!

B: I guess I can **forget about** going out with her!

 A: 새로운 비서 죽이던데, 그 여자 레즈비언이야!
 B: 데이트 할 생각은 잊어버려야겠구나!

A: It's your uncle's birthday. Don't **forget to** call him.

B: I'll do that right now.

 A: 삼촌 생신이야. 전화드리는거 잊지마.
 B: 지금 전화할게.

Talking Practice

1. 네 문제들을(problems) 잊어보라고 할 때

Forget about your problems.

2. 저 고지서(bill) 돈내는 것을 잊어버렸다고 할 때

I forgot about paying those bills.

3. 가기 전에(before you go) 이 양식을 다 채우는 것 잊지말라고 할 때

Don't forget to fill out those forms before you go.

One Point Lesson

Forget it은 굳어진 표현으로 「괜찮아」, 「그만 이야기하자」라는 의미. 사과하는 상대방에게 Forget it하면 「괜찮으니까 신경쓰지 말라」는 말이 되지만 뭔가를 계속 알려달라고 하는 등 상대방이 귀찮아 하는 경우에 Forget it하면 「신경꺼」, 「그만 이야기하고 싶어」라는 의미가 되기도 한다. 남의 일엔 별로 신경도 안쓰는 친구가 무슨 일이냐고 관심을 보일 때, 신경꺼, 넌 어차피 신경쓰지 않잖아라고 하려면 Forget it. You don't care anyway라고 하면 된다.

Remember to get those notes

잊지 말고 그 노트 가져와

remember to ⋯할 것을 기억하다

remember는 예전에 배웠던 공식처럼 과거에 한 일을 기억할 때는 remember ~ing, 앞으로 할 일을 잊지 않고 기억하다는 remember to+V라고 하면 된다.

Useful Expressions

★ **remember to+V**
⋯할 것을 기억하다

★ **remember ~ing**
⋯한 것을 기억하다

★ **I don't remember ~ing**
(과거에) ⋯을 한 것이 기억이 안 난다

A: Do you **remember** hiking on Mt. Fuji?

B: Yes, I did that a few years ago.

A: 너 후지산 하이킹한 거 기억해?
B: 어, 몇년전에 했었지.

A: Damn, I forgot a condom.

B: Just **remember to** keep it safe.

A: 젠장, 콘돔 챙기는 걸 깜빡했어.
B: 피임하는거 명심하라고.

Talking Practice

1. 네 병에 대해 그에게 얘기하는거 기억하라고 할 때

Remember to tell him about your illness.

2. 난 아직도 시내에 있는 작고 조그마한 그 사무실에서 일하던 기억이 난다고 할 때

I still remember working in that small little office downtown.

3. 열차에서 널 본 기억이 안난다고 할 때는

I don't remember seeing you on the train.

One Point Lesson

자기가 한 행동을 기억하는 것이 아니라 상대방이나 제3자가 「⋯했던 것이 기억난다」고 할 때는 remember sb ~ing라고 하면 된다. 그래서 네가 사진기를 챙기겠다고 말한 걸 똑똑히 기억한다라고 할 때는 I distinctly remember you saying that you'd take care of the camera라고 하면 된다.

Did you **ask** her **to** marry you?

걔한테 결혼하자고 했어?

ask sb to …에게 …하라고 부탁하다

sb에게 부탁을 할 때 사용하는 표현으로 윗사람에게 쓰거나 명령조를 피하고 싶을 때
사용하면 된다. 물론 to 다음에는 주어가 부탁하는 내용을 말하면 된다.

Useful Expressions

★ **ask sb to+V**
…에게 …해달라고 부탁하
다

★ **Did you ask sb to~?**
…에게 …하라고 부탁했
어?

★ **Sb didn't ask me to~**
…는 내게 …해달라고 부탁
하지 않았어

★ **I didn't ask you to~**
난 네게 …해달라고 부탁하
지 않았어

A: Could you **ask** him **to** call me back as soon as he gets in?

B: I'll give him the message.

> A: 들어오는 대로 저한테 전화 좀 해달라고 전해주시겠어요?
> B: 그렇게 전해드리죠.

A: Did you **ask** her **to** marry you?

B: I couldn't. I was too nervous.

> A: 걔한테 결혼하자고 했어?
> B: 그렇게 할 수가 없었어. 너무 긴장해서 말야.

Talking Practice

1. 나는 네게 나를 따라오라고(follow sb) 부탁하지 않았어는

I didn't **ask** you **to** follow me.

2. 전화를 꺼달라고(turn~off) 부탁드려야 되겠네요는

I'm going to have to **ask** you **to** turn the phone off.

3. 쟤도 함께 하자고 물어보자고 할 때

Why don't you **ask** her **to** join us?

One Point Lesson

비슷한 표현으로 tell sb to가 있는데 이는 아랫사람이나 부담없는 상황에서 쓰는 표현으로 ask sb to와는 뉘앙스가 조금 다르다. 그
래서 걔보고 내 코트 가져오라고 하는 Tell him to bring my coat, 수잔보고 반드시 집에 있으라고 말하는 Be sure and tell Susan to
stay home, 그리고 걔보고 9시 전에 오라고 해는 Tell her to be there before nine이라고 하면 된다.

Do you **get along with** your mother? 엄마하고 잘 지내?

get along well 사이좋게 잘 지내다

get along well은 다른 사람과 「사이좋게 잘 지내다」라는 뜻으로 잘 지내는 사람을 말하려면 get along well with sb의 형태로 쓰면 된다. 물론 well을 빼도 잘 지내다라는 뜻이 된다. get on with sb라고 해도 된다.

Useful Expressions

★ Do you get along with~?
…와잘지내?

★ Sb doesn't get along well with~
…는 …와 사이가 좋지 않아

★ Sb1 and Sb2 don't get along
…와 …는 잘 지내지 못해

★ I didn't get along well with sb
난 …와 잘 어울리지 못했어

A: Do you **get along well with** your new partner?

B: I guess so, but I really don't know him very well yet.

A: 네 새로운 파트너와 잘 지내?
B: 그렇지, 하지만 걜 아직 잘은 모르겠어.

A: Did he **get along well with** your parents?

B: Yes, they loved him.

A: 그는 너희 부모님과 잘 지냈어?
B: 응, 부모님께서 그를 마음에 들어하셨어.

Talking Practice

1. 너 엄마와 잘 지내냐고 물어볼 때

Do you **get along with** your mother?

2. 걔는 정말 마음이 열려있고(open-minded) 어울리기 편하다(easy to)고 할 때

She is really open-minded and easy to **get along with**.

3. 내 아내는 대부분의 사람들(most people)과 정말 사이가 좋지 않다고 할 때

My wife doesn't really **get along well with** most people.

One Point Lesson

get along의 또 다른 뜻으로는 get along with sth처럼 with 다음에 sth이 오는 경우가 있다. 이는 「일을 계속 꾸려나가거나 어떤 상황이 나아지다」 라는 의미로 쓰인다. 또한 구어체에서는 I'd better be getting along하게 되면 다른 할 일이 있어 그만 가봐야겠다라고 헤어질 때 쓰는 표현이 된다.

It's **going along** well

잘 되고 있어

go along 계속하다, 잘 되어가다

go along하면 3가지 의미만 알아두면 된다. 먼저 「잘되고 있다」, 「계속하다」, 두번째로는 Can I go along?(나도 같이 가도 돼?)에서처럼 「…와 함께 가다」 그리고 마지막으로 go along with sb[sth]하게 되면 「…와 동의하다」(agree)라는 뜻이다.

Useful Expressions

⭐ **go along**
잘 되어가다, 계속하다, 함께 가다

⭐ **go along with**
찬성하다(agree)

A: How is your computer business?

B: It's **going along** well.

    A: 네 컴퓨터 사업 어때?

    B: 잘 되고 있어.

A: Why did you disagree with Dave?

B: I couldn't **go along with** his plan.

    A: 너 왜 데이브와 의견이 맞지 않았어?

    B: 난 걔의 계획에 찬성할 수가 없었어.

1. 테리는 그 계획에 동의하기로 결정했다(decided to)고 할 때

Terry decided to **go along with** the plan.

2. 그녀가 그들의 제의에 찬성할 것 같으냐고 물어볼 때

Do you think she'll **go along with** their offer?

3. 그만 입다물고(just shut up) 일들 계속하라고 하려면

Just shut up and **go along with** things.

One Point Lesson

go를 come으로 바꿔 come along하게 되도 의미는 비슷하다. 「잘 되어가다」, 「진행되다」, 혹은 「함께 가다」 라는 뜻으로 쓰인다. 그래서 프로젝트가 어떻게 진행되고 있는 것 같아?라고 하려면 How does the project seem to be coming along?이라고 하면 되고, 상대방에게 같이 갈래?라고 하려면 Do you want to come along?이라고 하면 된다.

I **feel like having** a drink

술 한잔 하고 싶어

feel like ~ing …하고 싶다

feel like 다음에 동사의 ~ing를 취하면 「…을 하고 싶어」라는 의미. 뭔가 먹고 싶거나 뭔가 하고 싶다 말하는 것으로 반대로 「…을 하고 싶지 않다」라고 말하려면 부정형 I don't feel like ~ing를 쓴다.

Useful Expressions

★ feel like ~ing
…하고 싶다

★ Do you feel like ~ing?
…하고 싶어?

★ I feel like it
하고 싶어

★ don't feel like+N[~ing]
…하고 싶지 않다

★ I don't feel like it
그러고 싶지 않아, 사양할래

A: Do you **feel like shopping** with me?

B: Sure! I need to buy some new clothes.

    A: 나와 쇼핑하고 싶어?
    B: 물론! 새 옷을 좀 사야 돼.

A: Would you like some cake?

B: No, thank you. I don't **feel like** it.

    A: 케익 좀 먹을래?
    B: 아니, 됐어. 먹고싶지 않아.

Talking Practice

1. 난 저녁으로 고기찜(pot roast)을 먹고 싶어라고 할 때

I feel like pot roast for dinner.

2. 갠 이번 주말에(this weekend) 하이킹을 가고 싶다고 할 때

He feels like hiking this weekend.

3. 포기하고 싶어. 난 더 이상 못하겠어라고 할 때

I feel like giving up. I just can't do it anymore

One Point Lesson

feel like 다음에 명사가 오거나 S+V절이 올 때는 의미가 변하여 「…같아」 라는 뜻이 된다. 친구 하나도 없는 외톨이가 난 바보같아, 친구도 없어라고 한탄할 때는 I feel like such a loser. I have no friends라고 하면 된다. 이번엔 절을 써서 나 죽을 것 같아라는 문장을 만들자면 I just feel like I'm going to die라고 하면 된다.

You **chose to** travel to China?

중국여행하기로 했다며?

choose to …하기로 선택하다, 결정하다

choose to+V는 「…을 하기로 결정하다(decide to)라는 의미의 동사구. …하기로 했다처럼 과거로 쓰려면 chose to+V라고 하면 된다.

Useful Expressions

★ **choose to+V**
…하기로 선택하다, 결정하다

★ **I chose to+V**
난 …하기로 했어

A: Why did you **choose to** get married to your wife?

B: To me, she seemed better than anyone else.

　　A: 너는 왜 네 아내와 결혼하기로 했니?
　　B: 나한테 있어서, 내 아내는 그 누구보다도 좋은 사람인 것 같았거든.

A: Are Luke and Laura getting engaged?

B: We'll see what they **choose to** do.

　　A: 루크와 로라가 약혼할거래?
　　B: 걔네들이 뭘 선택하는지 알게 될거야.

Talking Practice

1. 왜 런던에 가기로 했어라고 물어보려면

Why did you **choose to** go to London?

2. 오래 전에(years ago) 선생님이 되기로 했어라고 말하려면

I **chose to** become a teacher years ago.

3. 할리우드에 여행하기로 했다며라고 물어볼 때

You **chose to** travel to Hollywood?

One Point Lesson

반대로 「…하지 않기로 결정하다」는 choose와 to 사이에 부정어 not을 넣어서 choose not to+V라고 하면 된다. 번지점프를 하겠다고 큰소리치던 친구가 막상 하려는 순간 못하겠다고 하자 친구가 Are you sure you can't do it?(못하는거 확실한거야?)라고 했을 때, 할 수는 있지만 하지 않는거야라고 자존심을 세울 때 I can! I choose not to!라고 하면 된다.

I've **decided to** break up with her

개와 헤어지기로 했어

decide to …하기로 결정하다

이번에는 나의 결심이나 결정을 표현하는 방식. 내가 심사숙고해서 「…하기로 마음을 먹었다」라는 의미로 I('ve) decided to+V 혹은 I('ve) decided that S+V의 형태로 쓰면 된다. 우리가 함께 살기로 했어는 We decided to live together, 시애틀로 이사가기로 했어는 I've decided to move to Seattle, 술한잔 하기로 했어는 We decided to have a drink라 하면 된다.

Useful Expressions

★ decide to+V
   …하기로 결정하다

★ I('ve) decided
   to+V
   …하기로 결정했어

A: **I've decided to** take a holiday and go to Paris!

B: Wild! I wish I was going!

  A: 휴가받아서 파리에 가기로 했어!
  B: 근사한데! 나도 갔음 좋겠다!

A: My son **decided to** attend law school.

B: I guess he wants to be a lawyer.

  A: 아들이 법대에 가기로 했어.
  B: 변호사가 되려나 보구만.

Talking Practice

1. 쟤랑 헤어지기로 결정했어라고 하려면

I've **decided to** break up with her.

2. 남편하고 별거하기로 했어라고 말하려면

My husband and I **decided to** separate.

3. 민디는 걔한테 한 번 더 기회를 주기로 했어라고 하려면

Mindy **decided to** give him another chance

One Point Lesson

decide와 같은 의미로 make up one's mind도 쓰인다. 결정하지 그래는 Why don't you make up your mind?, 걘 이미 결정을 했어는 He's already made up his mind, 반대로 아직 결정을 못했다고 할 때는 I haven't made up my mind yet이라고 하면 된다.

You don't need to **worry about** it

걱정할 필요 없어

worry about 걱정하다

about 이후에 나오는 사람이나 사물이 잘못될까봐 「걱정한다」는 표현으로 be worried about이라고 해도 된다. 뒤에 절을 이어 쓸려면 worry[be worried] that~이라고 하면 된다. 특이하게도 I'm worrid~와 I worry~는 같은 뜻이다.

Useful Expressions

★ You don't need to worry about~
넌 …걱정하지 않아도 돼

★ worry about sb ~ing
…가 …하는 것을 걱정하다

★ Don't worry about~
…는 걱정하지마

★ Don't worry about it
걱정하지마

★ be worried about sb ~ing
…가 …하는게 걱정되다

A: I'm worried Pam won't come to the party.
B: Why? Is she still angry with you?

　　A: 팸이 파티에 오지 않을까봐 걱정돼.
　　B: 왜? 아직도 너한테 화나 있어?

A: Jim and Erin have a strange relationship.
B: I'm worried about them fighting too much.

　　A: 짐하고 에린은 관계가 이상해.
　　B: 걔네들이 너무 많이 싸우는게 걱정돼.

Talking Practice

1. 내가 시험에 떨어질까봐(fail the exam) 너무 걱정된다고 하려면

I'm so worried that I might fail the exam.

2. 우리가 시간에 맞게(on time) 거기에 가는데 늦을까봐 걱정된다고 하려면

I'm worried it's too late for us to be there on time.

3. 상대에게 미래를 좀 더 걱정해야지라고 충고할 때

You should worry about your future more.

 One Point Lesson

be worried와 be concerned는 기본적으로 같은 의미라고 생각해도 된다. 굳이 미세한 차이를 말하라고 한다면 be worried는 불안하고 위태한 마음에 잘못될 것을 걱정하는 것이고 be concerned는 그렇게까지 불안하고 위태하지 않은 않은 상태에서 「…을 염려하다」, 「신경쓰다」 라는 뉘앙스의 차이가 있다.

I **am** not **prepared for** this

난 이거 아직 준비되지 않았어

prepare for[to~] ...할 준비를 하다

「...할 준비를 하다」라고 하면 가장 먼저 떠오르는 단어는 prepare이다. 용법은 prepare for~ 혹은 prepare to+V라고 하면 된다. 다시 말해서 get ready라고 생각하면 된다. 반면 ...할 준비가 되어 있다라고 하려면 be prepared to+V의 형태를 많이 쓴다.

Useful Expressions

★ **prepare for[to]~**
　...할 준비를 하다

★ **prepare A for B**
　B를 위해 A를 준비하다

★ **I'm prepared for [to]~**
　난 ...할 준비가 되어 있어

★ **Are you prepared for[to]~?**
　...할 준비가 되어 있어?

★ **Be prepared to~**
　...할 준비를 해

A: Why do you have these books?

B: I'**m preparing to** enter medical school.

　A: 왜 이 책들을 갖고 있는거야?

　B: 의대들어 갈 준비를 하고 있어.

A: I'm hoping that I will become very wealthy.

B: You better **be prepared to** work hard.

　A: 난 아주 부유해지면 좋겠어.

　B: 먼저 열심히 일할 준비를 하는 편이 나아.

Talking Practice

1. 난 필요한 만큼 머물 준비가 되어 있어라고 말하려면

I'm **prepared to** stay as long as it takes.

2. 그럼 결과를 받아들일 준비를 하라고할 때

Then **be prepared to** suffer the consequences.

3. 내일 있을 중요한 시험을 준비해야 된다고 말할 때

I have to **prepare for** a big examination tomorrow.

 One Point Lesson

prepare가 단독으로 명사를 받는 경우도 많이 쓰이는데 prepare dinner하면 「저녁준비를 하다」, prepare food하면 「음식을 준비하다」, 그리고 prepare a report하면 「보고서를 준비하다」라는 뜻이 된다. 또한 prepare to~는 「뭔가를 준비하려는」(have the intention of getting ready for something) 것이고 be prepared to~는 「이미 뭔가를 할 준비가 되어 있다」 (be already ready for something)고 의미하는 것이다.

You have to try to **stay up** and study 자지 않고 공부하도록 해

stay up all night 밤을 새우다

공부를 하건, 직장일을 하건 혹은 컴퓨터를 하건 간에 밤에 자지 않고 깨어있는 상태를 말하는 표현. stay 대신에 be를 써도 된다. 밤새고 한 일까지 말하려면 stay up all night ~ing라 한다.

Useful Expressions

★ be[stay] up all night
밤새다

★ be[stay] up all night ~ing
밤새고 …하다

★ stay up (late)
(늦게까지) 자지 않다

A: Do you have anything exciting planned for tonight?

B: No! I'll **be up all night** studying for an exam!

A: 오늘 밤 뭐 신나는거 계획한거 있어?
B: 아니! 밤새우며 시험공부할거야!

A: I feel like I want to go to sleep.

B: You have to try to **stay up** and study.

A: 자고 싶어.
B: 자지 않고 공부하도록 해.

1. 걔는 발표회 작업을 하느라(work on) 밤을 꼬박 샜다고 할 때

She **stayed up all night** working on her presentation.

2. 난 결혼문제로(about the wedding) 제니와 밤새 얘기했다고 할 때

I **stayed up all night** talking with Jenny about the wedding.

3. 너무 늦게까지 안자고 있는 건 좋지 않아라고 말할 때

It's not good for you to **stay up** too late.

One Point Lesson

그밖에 밤새우다라고 하려면 간단히 밤새 한 행동을 나타내는 동사+all night이라고 하면 된다. 그래서 먼저 「밤새 깨어있었다」라고 하려면 have been awake all night, 「공부하면서 밤새웠다」는 have been studying all night, 「걔와 밤새 춤을 췄다」는 was dancing all night with her, 그리고 「나가서 친구들과 밤새 술을 마셨다」는 was out drinking with his friends all night라고 한다. 또 한가지 pull an all-nighter라는 표현이 있는데 밤새며 이 프로젝트를 끝냈어라고 말하려면 I pulled an all-nighter trying to finish this project라고 하면 된다.

My father **passed away** this morning 우리 아버지가 오늘 아침 돌아가셨어

pass away 사망하다

die라는 간단한 단어가 있기는 하지만 아무한테나 죽다고 쓰기 어려운 경우에는 돌아가셨다라는 의미의 pass away를 써야 한다. 「주무시다 돌아가시다」는 pass away in one's sleep, 「55세에 돌아가시다」는 pass away at the age of fifty-five라고 하면 된다.

Useful Expressions

★ **pass away in one's sleep**
수면중에 돌아가시다

★ **pass away at the age of~**
...세에 돌아가시다

A: I can't believe the news about Nina's brother.

B: I know. He **passed away** at such an early age.

A: 니나 오빠 소식이 믿기지 않아.
B: 알아. 그렇게 젊은 나이에 가다니.

A: My father **passed away** this morning.

B: I'm sorry to hear that.

A: 우리 아버지가 오늘 아침 돌아가셨어.
B: 정말 유감이다.

Talking Practice

1. 조니의 할머니가 돌아가셨다는 소식 들었어라고 하려면

Did you hear that Johnny's grandmother **passed away**?

2. 어젯밤에 어머니가 돌아가셨다는 소식을 들었어라고 하려면

I just heard that my mother **passed away** last night.

3. 그의 아내가 지금 위독한데, 아마도 곧 세상을 뜰 것 같아라고 말할 때

His wife is very ill, and will probably **pass away** soon.

One Point Lesson

pass를 이용한 그밖의 동사구로는 pass on은 「건네다」라는 뜻으로 주소 좀 알려줄래(Could you give me the address?)라고 할 때 이따 오후에 알려줄게라고 하려면 I'll pass it on this afternoon이라고 하면 된다. 다음에 pass sth over하게 되면 「무시하다」, 「...의 가치를 알아주지 않다」라는 뜻이 되어, 내 책이 (상 등을) 받을 만한 것 같은데 사람들이 알아주지 않는다라고 하려면 I was hoping my book would be considered, but they passed it over라고 하면 된다. 마지막으로 pass up하면 주로 「기회 등을 놓치다」라는 뜻으로 pass up a chance라고 쓰인다.

Just **look** it **up** on the Internet

그거 인터넷에서 찾아봐

look up 찾아보다, 방문하다

look up의 가장 잘 알려진 의미는 뭔가에 대한 「정보를 찾아보다」는 것으로 look up sb[sth] in[on]~의 형태로 쓰인다. 하나 더 알아둔다면 look sb up으로 「방문하다」 (visit)의 용법이다. 꼭 방문할 목적으로 찾아가는 것이 아니라 다른 일로 방문할 사람이 사는 곳에 들렀을 때 겸사겸사해서 「들르다」라는 의미이다.

Useful Expressions

★ **look up sb[sth] in[on]~**
…에서 …을 찾아보다

★ **look sth up in a dictionary**
사전에서 …을 찾아보다

★ **look sth up on the Internet**
인터넷에서 찾아보다

★ **Look me up if~**
…하면 내게 들러

A: **Look** it **up** in the filing cabinet.

B: I did, but the file is missing.

　A: 파일함에서 그것 좀 찾아봐.
　B: 찾아봤는데 그 파일은 없어.

A: What happened to the guy you met on vacation?

B: He promised to **look** me **up** this summer.

　A: 휴가 때 네가 만난 남자 어떻게 됐어?
　B: 걘 이번 여름에 날 찾아오기로 했어.

Talking Practice

1. 아무도 시간을 내서(took the time) 날 찾아오지 않는다고 할 때

No one took the time to look me up.

2. 그거 인터넷에서(on the Internet) 찾아봐. 쉬워라고 할 때

You should just look it up on the Internet. It's easy.

3. 너 시내에 오면 전 남친을 찾아가봐라고 할 때

Look up your ex-boyfriend while you're in town.

One Point Lesson

look up의 또다른 의미로는 앞에 상황이나 사정 등을 나타내는 주어가 오고 다음에 be looking up~이라고 쓰게 되면 「상황이 좋아지다」, 즉 get better의 뜻으로 쓰인다. 특히 Things are looking up이라는 문장이 많이 쓰인다. 우리 회사 사정이 좋아지고 있어는 Things are looking up for our company, 나라의 경제가 요즘 좋아지고 있어는 The nation's economy is looking up these days라고 각각 말하면 된다.

How many people came to **see you** off? 몇명이나 배웅나왔어?

see off 배웅하다

공항이나 정거장 등에 가서 떠나는 사람을 배웅하는 것을 뜻하다. 거기까지는 가지 않고 문 밖까지 나와서 잘 가라고 인사하는 것은 see out을 쓴다.

Useful Expressions

★ **see sb off at the station**
정거장에서 …을 배웅하다

★ **see out**
집밖에서 잘가라고 인사하다

A: So your sister is going to France?

B: We're going to **see** her **off** at the airport.

A: 그래 네 누나가 프랑스에 간다고?
B: 공항에서 배웅할거야.

A: How many people came to **see** you **off**?

B: There were about twenty.

A: 널 배웅하러 몇 사람이 나온거야?
B: 약 20명쯤 나왔더라.

Talking Practice

1. 문에서(at the door) 배웅할게라고 할 때는

I'll **see you off** at the door.

2. 여행가기 전에 브래드를 배웅한 사람있어?

Did anyone **see Brad off** before the trip?

3. 널 배웅하러 몇 사람이 나온거야라고 물어보려면

How many people came to **see you off**?

One Point Lesson

앞서 얘기했듯이 see out는 가까이 문까지만 배웅하는 것을 뜻한다. 집에 놀러왔다가 그만 가겠다고 하는 친구에게 집앞에서 인사하겠다고 할 때는 Let me see you out이라고 하면 된다. 이럴 때 거절하면서 내가 알아서 나갈게라고 하려면 Don't worry. I can see myself out이라고 하면 된다.

Let me **show you around**

내가 구경시켜줄게

show sb around (...을) 구경시켜주다

어떤 장소에 처음으로 온 사람을 데리고 다니면서 이곳저곳 구경시켜준다고 할 때 see sb around를 쓰면 된다. 문맥에 따라 단독으로 see sb around라고만 해도 되고 아니면 구경시켜주는 장소까지 함께 see sb around the office처럼 말할 수도 있다.

Useful Expressions

★ **see sb around**
구경시켜주다

★ **show sb around the office**
사무실을 구경시켜주다

★ **show sb around the house**
집을 구경시켜주다

A: The new employee is here.

B: **Show** him **around** our office.

A: 신입사원이 여기 있어요.
B: 사무실을 구경시켜줘.

A: What am I responsible for?

B: I want you to **show** the visitors **around** the area.

A: 난 뭘 책임지고 하면 돼?
B: 넌 방문객들에게 주위를 구경시켜줘.

Talking Practice

1. 사무실을 구경시켜주겠다고 할 때

I will **show** you **around** the office.

2. 가이드가 그 단체사람들을 구경시켜줄거야라고 할 때

A guide will **show** the group **around**.

3. 나 캠퍼스 좀 구경시켜줄래라고 부탁할 때

Could you **show** me **around** the campus?

 One Point Lesson

show sb out하게 되면 see out(문앞까지 배웅하다)와 같은 의미로 show sb to the door이라고도 쓰인다. 그리고 내가 알아서 나가겠다고 할 때는 역시 I can show myself out이라고 하면 된다. 단 show sb the door처럼 to가 빠지면 전혀 다른 뜻이 되어 「...에게 문을 가리키다」, 즉 「...에게 나가라고 하다」 라는 의미가 된다.

I'm going to have to **drop out**

난 중퇴해야 될거야

drop out (of~) 중퇴하다, 손떼다

drop out은 학교나 경기 등을 끝까지 가지 않고 중간에 그만두는 것을 말한다. 그만 두는 것을 말하려면 drop out of~라고 하면 되는데 가장 유명한 표현으로는 drop out of school(학교를 중퇴하다)가 있다.

Useful Expressions

★ **drop out**
중간에 그만두다, 중퇴하다

★ **drop out of~**
…를 중퇴하다

★ **drop out of college**
대학을 중퇴하다

A: My brother **dropped out of** school at 19.

B: Why did he **drop out of** university?

A: 내 형은 19세에 중퇴했어.

B: 왜 대학을 중퇴했어?

A: I'm going to have to **drop out**.

B: Let's talk about what problems you've had.

A: 난 중퇴해야 될거야.

B: 네가 갖고 있는 문제가 뭔지 얘기하자.

Talking Practice

1. 프로그램을 중간에 그만두지말라고 할 때

Please don't **drop out of** the program.

2. 대니는 대학교를 중퇴해야 돼라고 할 때

Danny has to **drop out of** university.

3. 난 전혀 그 클럽에서 중도하차 할 생각이 없었어라고 하려면

I never planned to **drop out of** the club.

One Point Lesson

동사구는 그 자체로 명사로 쓰이는 경우도 있는데 drop out의 경우는 붙여쓰기를 해서 dropout하게 되면 「중퇴자」 라는 뜻이 된 다. 한 친구가 메리는 뭐 제대로 하는게 하나도 없어(Mary has never succeeded at anything)라고 하자 상대방은 그렇지 않아, 걘 단 지 중퇴했을 뿐이야라고 말하려면 Of course not. She's just a dropout라고 하면 된다.

Look out for your sister at school

학교에서 네 여동생을 잘 돌봐

look out for 찾다, (안전하도록) 조심[주의]하다

먼저 기본적으로 뭔가 혹은 사람을 「찾다」라는 의미이고 다음으로는 「조심하다」 (watch out), 「돌보다」 (take care of) 등의 뜻으로 쓰이는 표현이다. 그냥 Look out!하면 뭔가 사고나 위험이 닥친 사람에게 "조심해!"라고 외치는 표현.

Useful Expressions

★ **look out for one's brother**
...의 동생을 돌보다

★ **look out for each other**
서로 돌보다

★ **look out for the pickpocket**
소매치기 당하지 않도록 조심하다

A: Did you see my glasses?

B: No, but I'll **look out for** them.

　　A: 내 안경 봤어?
　　B: 아니, 하지만 내가 찾아볼게.

A: I'm going to go to a nightclub.

B: **Look out for** men who just want to sleep with you.

　　A: 나 나이트클럽에 갈거야.
　　B: 단지 너와 자려고 하는 남자들을 조심해.

Talking Practice

1. 학교에서(at school) 네 누이를 잘 돌보라고 할 때

Look out for your sister at school.

2. 내가 토마스에게 너를 잘 돌보라고 말할게(tell sb to~)는

I will tell Thomas to look out for you.

3. 네게 사기치려고 하는 사람들을 조심하라고 말할 때

Look out for people who are trying to cheat you.

One Point Lesson

look out for oneself하게 되면 자기 자신이 다치지 않도록 조심하고 돌본다는 의미로 다시 말해 「자기만 챙기는 경우」를 말한다. 믿었던 사람에게 배신을 당하고 나서 I thought that I could trust him (믿을 수 있는 사람인 줄 알았는데)라고 할 때 상대방은 믿으면 안돼, 걘 오직 자기만 생각하는 사람이야라고 하려면 You can't, he's only looking out for himself라고 하면 된다.

I **bumped into** Jake last week

난 지난주에 잭을 우연히 만났어

bump into 우연히 만나다

bump는 신체의 일부를 부딪히다라는 의미로 bump into sb하면 「우연히 …을 만나다」 「마주치다」 bump into sth하게 되면 「…에 부딪히다」라는 뜻이 된다. 앞서 배운 run into, 앞으로 배울 come across와 같은 의미이다.

Useful Expressions

★ **bump into sb**
…와 우연히 마주치다

★ **bump into sth**
…에 부딪히다

A: I love coming to this coffee shop.

B: Yeah, I **bump into** my friends here.

A: 이 커피샵에 오는게 좋아.
B: 그래, 여기서 친구들과 마주쳐.

A: Why do I keep on **bumping into** you?

B: It could be a coincidence.

A: 왜 자꾸 당신하고 마주치게 되는 걸까요?
B: 우연이겠죠.

Talking Practice

1. 이 근처에서 자주 만나네라고 말하려면

I keep **bumping into** you around here.

2. 지난 주에 제이크를 우연히 만났다라고 하려면

I **bumped into** Jake last week.

3. 걘 휴가중에 크리스를 우연히 만났어라고 하려면

She **bumped into** Chris while on vacation.

One Point Lesson

bump into 다음에 sb가 오느냐, sth이 오느냐에 따라 의미가 달라지긴 해도 절대적인 것은 아니다. 만약, Sorry, I don't mean to bump into you는 우연히 만나서 미안하다는 얘기가 아니고 몸끼리 부딪혀서 미안하다는 말이다. 또한 bump into a real problem at the office today하게 되면 추상적으로 「부딪히다」 , 「직면하다」 라는 뜻으로 오늘 사무실에서 진짜 어려운 문제에 직면하다라는 의미가 된다.

Level 2

128

Don't **move to** another city

다른 도시로 이사가지마

---

move to 이사가다

move to는 「…로 이사가다」 move out은 「이사를 나가다」 반대로 「이사해 들어오
는 것은 move in을 쓰면 된다. 그리고 「같이 살다」 「동거하다」는 move in with라
하면 된다.

Useful Expressions

★ **move to**
…로 이사가다

★ **move out**
이사나가다

★ **move in**
이사해 들어오다

★ **move in with**
동거하다

★ **move here for university**
학교 때문에 이리로 이사하
다

★ **help sb move**
…가 이사하는 것을 돕다

A: Do you still have that old motorbike?

B: No, I left it behind when I **moved to** Chicago.

A: 너 그 낡은 오토바이 아직 갖고 있어?

B: 아니, 시카고로 이사갈 때 버렸어.

A: I've decided to **move to** Japan this year.

B: Really? Are you sure about that?

A: 올해 일본으로 이사가기로 했어.

B: 정말? 확실한거야?

Talking Practice

1. 다른 도시(another city)로 이사가지말라고 조를 때

Don't **move to** another city.

2. 난 다음 주에 이사간다고 말할 때

I'll **move out** next week.

3. 일 때문에 파리로 이사가야 할지도 몰라라고 할 때

I may have to **move to** Paris for my job.

One Point Lesson

move가 이사한다는 의미로 어울리는 그밖의 전치사로는 move from(…로부터 이사하다)과 move away(이사가버리다)가 있다. 그
래서 내가 캘리포니아에서 이사왔다고 할 때는 I moved here from California, 남친과 move in with했던 친구가 다시 이사나왔다고
말할 때는 I heard you moved away from your boyfriend라고 하면 된다.

Give my money back!

내 돈 돌려줘!

give back 돌려주다

「돌려주다」라고 할 때는 give 동사를 써서 give (~) back이라고 하면 된다. 한 단어로 하자면 return이 된다.

Useful Expressions

★ give sth back to sb
…에게 …을 돌려주다

A: Why did you go to Martin's house?

B: I had to **give** his jacket **back.**

A: 왜 마틴의 집에 갔었어?
B: 걔 재킷을 돌려줘야했어.

A: I found my classmate's notebook.

B: Well, you need to **give** it **back.**

A: 내반 친구의 노트북을 찾았어.
B: 그럼, 돌려줘라.

Talking Practice

1. 난 그 반지(the ring)을 절대로 돌려주지 않을거야라고 할 때

I'll never **give back** the ring.

2. 내 돈 돌려달라고 외칠 때

Give my money **back!**

3. 점심 후에 줄게라고 하려면

I'll **give** it **back** to you after lunch.

One Point Lesson

give back 사이에 sth만 오는 것은 아니다. give와 back 사이에 sb가 들어가는 경우를 보자. 먼저 You took Chris away from me. You had better give him back이라고 할 때는 돌려달라는 대상이 사람(him)이 된 경우이며, give us back our home에서는 us는 우리에게라는 뜻으로 돌려받을 주체인 사람이 되는 경우이다.

130

I **prefer to** be alone

혼자 있는 게 더 좋아

prefer A to B B보다 A를 선호하다

prefer는 like better라는 단순한 의미이지만 그 쓰임새가 다양하여 긴장을 하고 잘 머리속에 넣어두어야 한다. 먼저 prefer는 더 좋아하기 때문에 그 대상을 적는 전치사가 필요한데 이때는 to를 사용한다는 점을 기억한다. 물론 단순히 to 이하를 생략하고 자기가 더 좋아하는 것만 말해도 된다.

Useful Expressions

★ **prefer A**
A를 더 좋아하다

★ **prefer to**
…하기를 더 좋아하다

★ **prefer A to B**
(A,B의 형태는 명사, to~, ~ing이 가능하다) B보다 A를 더 좋아하다

★ **prefer V[~ing] rather than V[~ing]**
…하느니 차라리 …하겠다

A: Would you like to go see a movie?

B: I **prefer** watching TV **to** going to a movie.

A: 가서 영화볼래?
B: 영화보러 가느니 TV를 볼래.

A: Dan is the best athlete I have ever seen.

B: He **prefers** exercising **rather than** staying at home.

A: 댄은 내가 본 최고의 선수야.
B: 걘 집에 있기보다는 운동을 더 좋아해.

Talking Practice

1. 난 실외운동(outdoor sports)보다 실내운동(indoor sports)을 더 좋아한다고 할 때

I **prefer** indoor sports **to** outdoor sports.

2. 난 외출(go out)하느니 차라리 공부하는게 더 좋다고 말할 때

I **prefer** studying **rather than** going out.

3. 집에서 쓸데없이 시간보내는 것보다 외식하고 싶다고 말할 때

I **prefer** eating out in a restaurant **to** sitting around at home.

One Point Lesson

조동사 would를 사용한 I'd prefer to~는 「…하면 좋겠어」 라는 의미로 주어의 희망이나 바람을 나타낸다. to~이하가 조건이라고 생각하면 된다. 그래서 난 정말 혼자 있었으면 좋겠어라고 하려면 I'd really prefer to be alone이라고 하면 된다. 반대로 부정문으로 말하려면 I'd prefer not to+V라고 하면 된다. 지금 당장 그 얘기를 하지 않았으면 좋겠어라고 하려면 I'd prefer not to discuss that right now라고 하면 된다.

He didn't **show up** at the meeting

걘 회의에 오지 않았어

show up 나타나다, 도착하다

회의라든가 약속 등 이미 예정된 자리에 나타나는 것을 말하는 필수핵심표현. 나타난 다고 하니 막강한 어휘력을 발휘해 appear를 떠올리면 안된다. 「모임에 나오다」, 「도 착하다」 정도로 생각하면 되는 표현이다.

Useful Expressions

★ **show up for work**
일하러 오다

★ **show up at the open house**
오픈하우스에 오다

★ **show up at the seminar**
세미나에 참석하다

A: What time is the driver supposed to **show up**?

B: He should be here any minute now.

A: 기사가 언제 오기로 되어 있어?
B: 올 때가 다 됐어.

A: What time do you think you will **show up**?

B: I'll come after I finish working.

A: 몇 시에 올 수 있을 것 같아?
B: 일 마치고 갈게.

Talking Practice

1. 누구(anybody) 일요일에 오픈하우스에 온 사람 있어라고 물어볼 때

Did anybody **show up** at the open house on Sunday?

2. 어째서(How come~) 걔는 오늘 아침 회의에 나오지 않은거야는

How come she didn't **show up** at the meeting this morning?

3. 회의가 끝날 때 쯤에 모습을 보일지 몰라라고 하려면

I might **show up** at the end of the meeting.

One Point Lesson

이렇게 약속 잡아놓고 안나오는 사람들이 꼭 있게 마련…. 이런 사람들은 no show라 한다. 그냥 no show라고 해도 되고 아니면 no-show라고 해도 된다. 우리가 고용한 연주가가 나타나지 않았어는 The musician we hired was a no-show, 새라는 우리 결혼식에 오지 않았어는 Sara was a no-show at our wedding이라고 하면 된다.

Leave me **alone** for a while

잠시 나 좀 내버려 둬

leave sb alone 가만히 놔두다

꼬치꼬치 묻고, 눈치없이 엉뚱한 이야기를 하거나 혹은 불평, 비난을 하는 바람에 듣는 사람 화나고 짜증나는 모습을 연상하면 된다. 명령형 형태인 Leave me alone!이 많이 사용된다.

Useful Expressions

★ Leave me alone
for a while
잠시 나 좀 내버려 둬

★ I told you to leave
me alone
나 가만히 두라고 말했잖아

A: Why do you always go out for lunch?

B: For Pete's sake! **Leave** me **alone!**

A: 넌 어째서 맨날 점심먹으러 밖에 나가니?
B: 제발! 날 좀 내버려둬!

A: Is there anything I can do? Anything?

B: Yeah, just **leave** me **alone** for a while.

A: 내가 뭐 도와줄 것 있어? 뭐 있어?
B: 어, 잠시동안 날 좀 내버려 둬.

1. 우리는 걔를 혼자 내버려둘 수는 없다고 할 때

We can't **leave** her **alone.**

2. 제이슨은 옛 여친(ex-girlfriend)을 가만히 두지 않을거야는

Jason won't **leave** his ex-girlfriend **alone.**

3. 걔가 날 홀로 놔두고 간다는 게 믿겨지지 않아(find it hard to believe that~)는

I find it hard to believe that she's going to **leave** me **alone.**

One Point Lesson

leave와 alone 사이에는 사람만 오는 것이 아니라 사물이 올 수도 있다. 이때도 의미는 건드리지 않고 「그냥 놔두다」, 「신경쓰지 않다」 라는 의미로 쓰인다. 내가 담배는 그냥 놔두라고 했잖아는 I told you to leave cigarettes alone, 네가 걔에게 말할 때 그 주제는 빼놓고 얘기해는 Just leave that subject alone when you talk to him이라고 하면 된다.

Can you **drop off** Tim on the way home? 집에 오는 길에 팀을 내려줄 수 있어?

drop off 내려주다

차를 세우고 사람을 내려주다라는 의미인 drop sb off는 자주 쓰이는 동사구이다. 여기서 의미가 발전하여 「…을 어디까지 태워주다」 즉 give sb a ride to+장소의 의미로도 쓰인다.

Useful Expressions

★ **drop sb off**
  내려주다, 태워주다

★ **drop sb off at~**
  …에서 …을 내려주다

A: Could you do me a favor and **drop** me **off** after work?

B: Sure, just stop by my office when you're ready to go.

  A: 부탁 좀 드려도 될까요? 퇴근 후에 차 좀 태워주시겠어요?
  B: 물론이죠. 갈 준비가 되면 제 사무실에 들러주세요.

A: I would be happy to **drop** you **off** at the subway.

B: That's very kind of you.

  A: 널 전철역까지 태워다줄게.
  B: 고맙기도 해라.

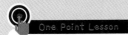

1. 부탁하나 할게, 퇴근 후에(after work) 차 좀 태워줄래라고 말할 때

Could you do me a favor and **drop** me **off** after work?

2. 아버지 사무실에 가야 되는데 가는 길에 도서관에 내려줄게라고 할 때

I've got to go to my **dad's** office. I'll **drop** you **off** at the library on the way.

3. 너 집에 오는 길에 빌리를 내려줄 수 있냐고 물어볼 때

Can you **drop off** Billy on the way home?

One Point Lesson

drop off는 목적어 sth을 받아 drop sth off하게 되면 「갖다 주다」, 즉 배달의 의미가 된다. 헤어진 애인에게 I'd like to have my keys back(내 열쇠 돌려주라)이라고 했을 때 내일 가져다 줄게라고 하려면 I can drop them off tomorrow라고 하면 된다. 이 경우에서 보듯 잠시 들러 가져다주는 것일 뿐 오래 머무는 것을 뜻하지는 않는다.

That hadn't **occurred to** me

그게 생각이 나지 않았었어

occur to 생각이 갑자기 떠오르다

occur to sb는 어떤 생각이나 아이디어가 순간적으로 갑자기 떠오르는 것을 뜻하는 표현이다. 이 표현은 It occurred to me that~ 혹은 It occurred to me to~의 두가지 형태로 쓰인다.

Useful Expressions

★ It occurred to me that S+V

…라는 생각이 갑자기 떠올랐어.

★ It occurred to me to+V

…하는 생각이 갑자기 떠올랐어

A: Why did John run away?

B: It **occurred to** him the police would arrest him.

A: 왜 존이 도망친거야?

B: 경찰이 자기를 체포할거라는 생각이 떠올랐대.

A: It **occurred to** me that Bill doesn't have his cell phone.

B: You're right, hopefully we don't have to get in touch with him.

A: 빌이 휴대폰을 안가져갔다는 생각이 갑자기 떠올랐어.

B: 그렇긴 한데, 다행히 빌하고 연락하지 않아도 될 것 같아.

Talking Practice

1. 샐리는 휴대폰을 갖고 있지 않다(not have her cell phone)는 생각이 들었어라고 할 때

It **occurred to** me that Sally doesn't have her cell phone.

2. 네가 집에 오지 않을거(not be home)라는 생각은 들지 않았다고 할 때

It didn't **occur to** me you would not be home.

3. 화요일이 휴일이라는게 생각났어라고 말할 때

It has just **occurred to** me that Tuesday is a holiday.

One Point Lesson

반대로 It never occurred to me that~이라 쓰면 「…가 전혀 생각나지 않았어」, 「…라는 생각이 전혀 들지 않았어」 라는 의미이다. 예기치 못한 상대방의 방문에 네가 집에 올거라는 생각이 전혀 들지 않았어는 It just never occurred to me that you'd come home, 놀라운 소식을 접하고서 그게 사실일 수도 있다는 생각이 전혀 들지 않았어라고 하려면 It never occurred to me it could actually be true라고 하면 된다.

I **have hit on** a solution to this problem
이 문제에 대한 해결책을 생각해냈어

hit on sth 생각해내다, …한 생각이 떠오르다

갑자기, 문득 어떤 생각이 머리에 떠오르는 것을 말한다. 주어로 사람을 쓰고 hit on 다음에 생각이 난 것을 쓰면 된다. come up with와 비슷한 표현이다.

Useful Expressions

★ **Sb hit on sth**
생각해내다, …한 생각이 떠
오르다

★ **Sth hit sb**
…라는 생각이 문득 떠오르
다

★ **It hit me that S+V**
…라는 생각이 들다

A: How was the discovery made?
B: Scientists **hit on** it in their lab.

  A: 그 발견은 어떻게 된거야?
  B: 과학자들이 실험실에서 생각해낸거래.

A: The scientists **hit on** a solution to the problem.
B: They may never **hit on** a solution.

  A: 과학자들이 문제의 해결책을 생각해냈어.
  B: 해결책을 생각해내지 못했을 수도 있었어.

Talking Practice

1. 난 이 문제에 대한 해결책을 생각해냈어라고 하려면

I **have hit on** a solution to this problem.

2. 톰은 고기를 먹지 않는다는 생각이 들었어라고 하려면

It **hit me that** Tom doesn't eat meat.

3. 걔가 바람을 피고 있다는 생각이 들었어라고 하려면

It **hit me that** he must have been cheating.

One Point Lesson

hit on은 일상회화에서 이성에게 「집적대다」, 「수작을 걸다」 라는 의미로 많이 쓰인다. 이때 hit on은 상대방이 원치 않은데도 불구하고 성적으로 들이대는(make sexual advances toward someone) 것을 말한다. 나중에 배우게 되는 come on to와 같은 의미이다. 이렇게 집적대는 사람이 있으면 너 나한테 수작거는거야?라고 하면 되는데 이는 Are you hitting on me?라고 하면 된다. 반면 아무도 자기에게 들이대는 사람이 없는 쓸쓸한 경우에는 Nobody ever hits on me라고 하면 된다.

I'm going to **turn** it **down**

난 그걸 거절할거야

turn down 거절하다, (소리 등) 줄이다

turn down = reject로 알려진 유명한 표현. 상대방의 제의나 제안을 일언지하에 거절하는 것을 뜻한다. 또한 아날로그 시대의 라디오나 TV의 스위치를 돌려서 소리를 조절했을 때를 생각나게 하는 것으로 음악 등의 소리나 온도, 빛의 강도를 줄이다라는 것을 의미하기도 한다.

Useful Expressions

★ turn down the job offer
직장제의를 거절하다

★ turn down the TV
텔레비전 소리를 줄이다

★ turn down the heater
히터를 약하게 하다

A: What are you going to do with the offer?

B: I'm pretty sure I'm going to **turn** it **down.**

A: 그 제안을 어떻게 할거야?
B: 거절하게 될거 분명해.

A: Honey, I'm having a hard time concentrating on what you're saying to me. Can you please **turn down** the TV?

B: What? Oh, sure. Here, I'll **turn** it **down.** How's that?

A: 여보, 당신이 나한테 하는 말을 집중해서 들을 수가 없거든. TV 소리 좀 줄여 주겠어?
B: 뭐라구? 아, 알았어. 그럼 소리 좀 줄일게. 어때?

Talking Practice

1. 질은 직장 동료(co-worker)와 데이트를 원치 않아서 그 초대를 거절했어는

Jill did not want to go out with her co-worker so she **turned down** the invitation.

2. 네가 가기 전에 히터기를 약하게 하는 법을 알려줄래(let me know how to~)라고 부탁할 때

Could you let me know how to **turn down** the heater before you go?

3. TV소리 좀 줄여달라고 부탁할 때

Can you **turn down** the volume on the TV?

One Point Lesson

소리 등을 줄이다 등의 반대어는 turn up이라고 하면 되고 또한 거절할 때 turn sb down하게 되면 「…의 부탁[청혼] 등을 거절하다」 라는 뜻이 된다. 누가 스테레오 음악소리를 크게 한거야는 Who turned up the music on the stereo?라고 하면 된다.

I just **came across** him in a coffee shop 걔 커피샵에서 우연히 마주쳤어

come across 우연히 만나다

come across는 run into, bump into와 비슷한 의미로 come across sb하게 되면 「우연히 마주치다」, 「만나다」, 그리고 come across sth하게 되면 「우연히 찾다」 라는 뜻이 된다. run across라고 해도 된다.

Useful Expressions

★ **come across sb**
우연히 만나다

★ **come across sth**
우연히 찾다

★ **run across**
우연히 만나다

A: Why do you visit antique stores?

B: I hope to **come across** something nice.

  A: 왜 골동품점을 가는거야?
  B: 뭐 멋진 것을 찾길바래는 맘에서.

A: Were you out looking for Jim?

B: No, I just **came across** him in a coffee shop.

  A: 너 짐을 찾고 있었어?
  B: 아냐, 난 커피샵에서 우연히 마주쳤어.

Talking Practice

1. 걔 같은 반에 다니던 오랜 친구(old classmate of his)와 우연히 마주쳤어라고 할 때

He **came across** an old classmate of his.

2. 날 도와줄 수 있는 누군가를 만나기를 바래는

I hope to **come across** someone who can help me.

3. 린다는 골목길에서 강도를 만났어는

Linda **came across** a mugger in the alley.

One Point Lesson

조금은 어렵지만 come across의 또다른 의미로는 come across as[like]+명사의 형태로 다른 사람에게 주어가 「…처럼 보이다」, 「…라는 인상을 주다」 라는 뜻이 된다. 잭은 이상한 사람인 것 같아는 Jack comes across as a really strange person, 그리고 크리스는 매우 성실한 사람같은 인상을 줘는 Chris comes across as a very sincere person이라고 하면 된다.

What's going on?

무슨 일이야?

go on 일어나다, 발생하다

계속하다의 go on도 아니고, go on a vacation의 go on도 아니다. What's going on?(무슨 일이야?)처럼 be going on의 형태로 지금 무슨 일이 일어나는지 물어볼 때 단골로 쓰이는 표현이다. 한마디로 하자면 happen이다.

Useful Expressions

★ What's going on?
무슨 일이야?

★ not know what's going on
무슨 일이 벌어지는지 모르다

A: I'll call you tomorrow to see what's **going on.**

B: That's a good idea.

> A: 어떻게 됐는지 내일 전화할게.
> B: 그게 좋겠다.

A: What the hell **is going on** down here?

B: Don't worry, I've got everything under control.

> A: 여기 도대체 무슨 일이야?
> B: 걱정마, 모든 일이 다 정상으로 돌아가고 있어.

Talking Practice

1. 여기 무슨 일이야? 왜 가게가 이렇게 붐비는(be so crowded) 거야라고 할 때

What's **going on** here? Why is the store so crowded?

2. 크리스와 캐리 사이가 어떻게 되어가는지 얘기 들었냐고(Have you heard~?) 물어볼 때

Have you heard what's **going on** with Chris and Carrie?

3. 거기에(in there) 무슨 일인지 말해줄래?

Can you tell me what's **going on** in there?

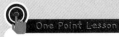

One Point Lesson

be going on=happen은 What's going on?의 형태로 가장 많이 쓰이지만 what 없이도 쓰일 수 있다. 먼저 이 모든 일이 일어난 동안 넌 뭐하고 있었어?라고 물어볼 때는 What were you doing while all this was going on?이라고 하면 된다. 또한 There be~ going on~, I have ~ going on~의 표현도 꼭 알아두어야 할 going on 용법이다. 이맘때 쯤이면 세일하는 데가 많거든이라고 하려면 There are a lot of sales going on at this time of year, 그리고 사무실에서 많은 일들이 있어라고 하려면 I have a lot of stuff going on at the office라고 하면 된다.

Let's not **argue about** it

우리 그 문제로 다투지 말자

argue with 언쟁하다

argue는 「말다툼하다」, 「언쟁하다」라는 의미로 누구와 언쟁을 했는지 말하려면 argue with sb를, 무슨 문제로 언쟁했는지는 argue about[over]라 하면 된다.

Useful Expressions

★ argue with sb about[over]~
...에 대해 ...와 말다툼하다

★ argue over
다투다

A: Don't **argue with** me.

B: Why not? You're wrong.

    A: 나한테 말다툼하지마.

    B: 왜 안돼? 네가 틀렸어.

A: Billy and Theo are fighting again.

B: They **argue over** stupid things.

    A: 빌리와 테오가 또 싸워.

    B: 걔네들 한심한 일들로 다퉈.

Talking Practice

1. 우리 그걸로 다투지 말자(Let's~)는

Let's not **argue about** it.

2. 상대방보고 정말 이걸로 나와 다투고 싶냐(Do you want~)고 물어볼 때

Do you really want to **argue with** me about this?

3. 걔네들은 돈문제로 서로 다투었어라고 하려면

They **argued with** each other about money

One Point Lesson

argue for[against] sth이나 argue sth[S+V]의 형태로 쓰이면 언쟁하다가 아니라 논거를 대면서 「주장하다」라는 뜻이 된다. 난 재심을 주장할거야는 I plan to argue for a new trial, 변호사는 더 가벼운 형량을 주장했어는 The lawyer argued for a lighter sentence 라고 하면 된다.

I'm here to **complain about** the noise 시끄럽다고 항의하려 왔는데요

complain about 불평하다, 항의하다

「불평하다」「항의하다」「투덜거리다」하면 바로 complain이 튀어나와야 한다. 문제는 그 다음이다. 불평하는 내용을 이어 쓰려면 전치사 of나 about을 쓴 다음에 불평해야 한다.

Useful Expressions

★ complain about [of]
…에 대해 항의하다, 불평하다

★ complain to sb
…에게 항의하다

★ You're always complaining
넌 항상 불평야

★ I'm here to complain about~
…에 대해 불평하러 왔는데요

★ I can't complain
잘 지내

A: May I help you?

B: Yes, I'd like to **complain about** the parking attendant.

A: 무슨 일이세요?
B: 예, 주차요원에 대해 항의하려구요.

A: Brian is really unhappy working there.

B: I've never heard Jim **complaining about** anything.

A: 브라이언은 거기서 일하는걸 정말 안좋아해.
B: 브라이언이 뭐 불평하는 것을 들어본 적이 없는데.

Talking Practice

1. 일부 이웃들이(some of~) 소음(loud noise)을 항의했다고 할 때

Some of the neighbors **complained about** the loud noise.

2. 너 뭐가 문제야(be wrong with)? 항상 투덜대니 말아라고 할 때

What's wrong with you? You're always **complaining**.

3. 시끄럽다고 항의하러 왔는데요라고 하려면

I'm here to **complain about** the noise.

One Point Lesson

complain의 뒤에 t만 붙이면 complain의 명사형이 되어 「불평」, 「항의」, 「고소」 그리고 「통증」을 뜻하게 된다. 그래서 file a complaint against는 「…에게 고소장을 제출하다」라는 의미로, 경찰서에 가서 너를 고발했어는 I went to the police station and filed a complaint against you, 그리고 병원에서 What's your complaint?하면 어디가 아프세요?라는 의미가 된다.

You want me to **turn on** the TV?

내가 TV를 켤까?

turn on 켜다, 흥분시키다

스위치를 돌려서 켜다라는 의미. TV 등의 전기를 켠다고 할 때 사용된다. 또한 이렇게 뭔가 작동을 시킨다는 의미가 발전되어 흥미를 갖게 하다, 흥분시키다라는 뜻으로 사용된다. 반대는 turn off.

Useful Expressions

★ turn on
  켜다, 흥분시키다

★ She turns me
  on~
  걔를 보면 흥분이 돼~

★ a turn(-)on
  성적으로 흥분시키는거

A: How do I **turn on** the stereo?

B: Press the round button. That **turns on** the power.

A: 이 스테레오는 어떻게 켜는거야?
B: 둥근 버튼을 누르면 전원이 들어와.

A: That movie made me feel horny!

B: It did? I thought it was boring.

A: You're kidding! All those beautiful women really **turned me on.**

A: 저 영화 정말 꼴린다!
B: 그랬어? 난 지겨웠는데.
A: 무슨 말을! 그 모든 예쁜 여자들에 흥분했는데.

Talking Practice

1. 컴퓨터를 켤 때마다, 고장이 나(crash)는

Every time I **turn on** the computer, it crashes.

2. 이 핸드폰을 어떻게 켜야 하는지 모르겠어(I'm not sure how to~)는

I'm not sure how to **turn on** this cell phone.

3. 내가 TV를 켤까?라고 상대방의 의사를 물어볼 때

You want me to **turn on** the TV?

 One Point Lesson

turn on의 반대 동사구는 turn off로 「끄다」, 「흥미를 잃게 하다」, 혹은 「성적으로 흥분을 가라앉게 하다」라는 의미이다. 상대방에게 TV를 꺼라고 할 때는 Turn off the TV, would you?라고 하면 되고, 모든게 다 맘에 드는데 입에서 악취가 나서 흥분이 가신다라고 할 때는 Her bad breath really turns me off라고 하면 된다.

Could you **hand out** these exams?

이 시험지 나눠줄래?

hand out 나눠주다

시험시간에 수험생 개개인에게 시험지가 나누어지듯이 모여있는 사람들 한명한명에게 뭔가 나누어 준다고 할 때 혹은 전화번호 등과 같은 정보를 건네줄 때 hand out를 쓰면 된다. 형태는 hand out sth to sb라 하면 된다.

Useful Expressions

★ **hand out sth to sb**
　…에게 …를 나눠주다

★ **hand out flyers**
　전단지를 나눠주다

★ **hand out drinks**
　음료수를 나눠주다

A: The athletes have almost finished the race.

B: You'd better **hand out** some water bottles.

　A: 선수들은 경주를 거의 끝냈어.
　B: 물병들 좀 나눠줘라.

A: Could you **hand out** these exams?

B: Sure, I'll give one to each student.

　A: 이 시험지 나눠줄래?
　B: 예, 각 학생에게 한부씩 줄게요.

Talking Practice

1. 내가 선생님이 시험지들을(the tests)을 나눠주도록(get sb to~) 하게 해야 된다고 할 때

I have to get the teacher to **hand out** the tests.

2. 과자 좀(some snacks) 나눠주는 걸 도와주겠다고 할 때

I'll help **hand out** some snacks.

3. 학생들이 전단지를 나눠주고 있다고 할 때

The students are **handing out** leaflets.

One Point Lesson

여러 번에 걸쳐 얘기하지만 동사구는 그 형태 그대로(a turn on), '-'를 붙이거나(check-out) 혹은 단어를 붙여써서 명사로 사용한다. hand out은 세번째 경우로 두 단어를 붙여 쓴 handout은 명사로 나눠주는 「유인물」이란 뜻이 된다. 월요일 회의에서 나눠줄 유인물을 준비해 두길 바래라고 하려면 I want you to have a handout ready to distribute at the meeting Monday라고 하면 되고, 이 유인물은 학생들을 위한거야라고 하려면 This handout is for the students라고 하면 된다.

Check over the contract to see if it's okay
그 계약서 괜찮은지 자세히 봐봐

check over 철저히 조사하다, 확인하다

check 동사 자체에 「검사하다」, 「확인하다」는 의미가 있지만 주로 회화에서는 check over(철저히 조사하다), check with(확인하다) 또는 check on(조회하다) 등의 형태로 많이 사용된다. check over는 사물이나 사람이 올 수 있는데 제대로 되어 있는지, 틀린 것은 없는지, 잘못된 것은 없는지 확인하는 절차를 말한다.

Useful Expressions

★ **check over**
철저히 조사하다

★ **check with**
확인하다

★ **check on**
조회하다

A: Why do you need a lawyer?

B: I want him to **check over** the divorce agreement.

A: 왜 변호사가 필요해?
B: 이혼합의서를 철저히 검토하기 위해서.

A: What are you going to be doing tonight?

B: I need to **check over** my tax forms.

A: 오늘 밤 뭐할거야?
B: 세금양식서를 자세히 확인해야 돼.

Talking Practice

1. 그 계약서 괜찮은지 자세히 봐봐라고 할 때

Check over the contract to see if it's okay.

2. 난 그 보고서에 실수가 있는지 자세히 보고 있는 중이야라고 할 때

I'm checking over the report for mistakes.

3. 난 그곳을(the place) 철저히 조사해봤지만 걔를 보지 못했어는

I checked over the place but didn't see her.

One Point Lesson

check에는 「수표」 혹은 「계산서」 등의 의미도 가지고 있어 돈 쓰는 곳에서는 어김없이 등장하는 단어. 또한 check-in과 check-out은 각각 호텔에서의 「숙박절차」와 「퇴실절차」를 말하는데 특히 check in하면 비행기를 타기 전에 「(표를 확인받거나 가방을 화물칸에 싣는다든가 하는) 탑승절차를 밟다」라는 의미.

I'll **look into** that problem

내가 그 문제를 조사해볼게

look into 조사하다, 자세히 들여다보다

어떤 상황이나 범죄 등 진지한 문제를 「주의깊게 조사하다」라는 말로 한 단어로 말하자면 investigate, examine carefully라 할 수 있다. 앞서 배운 look[go] over보다 더 심도있게 검토한다는 뜻이다. look into 다음에는 사물명사나 ~ing가 오게 된다.

Useful Expressions

★ **look into** one's room
　…의 방을 자세히 조사하다

★ **look into** one's future
　…의 미래에 대해 진지하게 생각하다

★ **look into** one's brain
　…의 뇌를 자세히 검사하다

★ **I'm going to look into** it
　내가 조사해줄게

A: I think Simon stole some money.

B: Alright, I will **look into** the matter.

　　A: 사이먼이 돈을 좀 훔친 것 같아.
　　B: 좋아, 내가 그 문제를 조사할게.

A: Did you ever **look into** that stock I told you about?

B: I did and I bought some of it.

　　A: 내가 너한테 말했던 그 주식 잘 살펴봤니?
　　B: 응, 살펴보고 그 주를 좀 샀어.

Talking Practice

1. 내가 그 문제를 자세히 조사해본다고 말할 때

I'll **look into** that problem.

2. 경찰은 그 절도(theft)를 조사하고 있다고 할 때

The police **are looking into** the theft.

3. 테드는 새로운 아파트를 살까 진지하게 검토했어는

Ted **looked into** getting a new apartment.

One Point Lesson

look into 다음에 주로 오는 명사로는 진지하고 신중하게 조사해야 하는 것으로 matter, problem, complaint 등의 명사가 주로 오는 게 특징이다. 또한 물리적으로 「…의 안을 들여다보다」 라는 뜻으로 쓰여, 그 상자안을 보고 다 비웠는지 확실히 하라고 하려면 Look into the box and make sure you've gotten everything out of it이라고 하면 된다.

We decided to **carry on with** the trip
우리는 여행을 계속하기로 결정했어

carry on 계속하다(continue)

carry on은 한마디로 continue로 생각하면 된다. 그래서 「자기 일을 계속하다」라고 할 때는 carry on one's work라고 하면 된다. 또한 with sth을 붙이거나 혹은 ~ing를 받아서 문장을 만들기도 한다.

Useful Expressions

★ carry on sth
　…을 계속하다

★ carry on with sth
　…을 계속하다

★ carry on ~ing
　계속해서 …을 하다

A: You've got to **carry on with** the report.

B: It will be finished in a few hours.

　A: 넌 이 보고서를 계속 작성해야 돼.
　B: 몇 시간 내로 끝날거야.

A: What will Carson do after he graduates?

B: He'll **carry on** as he always does.

　A: 카슨은 졸업 후에 뭘할거래?
　B: 하던 일 계속 할거야.

Talking Practice

1. 우리는 여행을 계속하기로 결정했어는

We decided to **carry on with** the trip.

2. 너 회의를 계속할거야라고 물어볼 때는

Are you going to **carry on with** your meeting?

3. 그냥 잊어버리고 하던 일이나 계속하라고 할 때는

Just forget it and **carry on with** what you're doing.

One Point Lesson

carry on역시 동사구 자체가 명사로 쓰이기도 하는데 carry-on하게 되면 명사로 비행기에 개인이 가지고 들어갈 수 있는 수화물을 뜻한다. 또한 형용사로도 쓰여서 carry-on bags라 쓰이기도 한다.

I **finished** all of my class work

난 학과수업을 다 마쳤어

finish ~ing[N] ···을 끝내다

I worry about~과 I'm worried about~과 같은 뜻으로 쓰이듯 이 경우에도 finish sth[~ing]은 be finished with와 같은 용법으로 사용되어 「···을 끝내다」라는 뜻으로 쓰인다.

Useful Expressions

★ finish sth[~ing]
  ···을 끝내다
★ be finished with
  ···을 끝내다

A: Mr. Smith, I **finished** all of my class work.

B: Good job. You may go now.

    A: 스미스 선생님, 학과수업 다 끝냈는데요.
    B: 잘했어. 이제 가도 돼.

A: When can we go home?

B: After we're **finished with** this project.

    A: 우리 언제 집에 갈 수 있어?
    B: 이 프로젝트를 끝낸 후에.

Talking Practice

1. 3킬로미터만 더 뛰면 마라톤을 완주하게 된다고 격려할 때

It's just three kilometers until we **finish** this marathon.

2. 내가 프리젠테이션을 끝낸 다음 어디서 만났으면 좋겠냐고 물어볼 때

Where do you want me to meet you after I **finish giving** the presentation?

3. 당신이 맡은 프로젝트를 언제 끝낼 수 있어요?라고 물어볼 때

Do you know when you will be **finished with** your project?

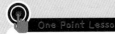
One Point Lesson

finish는 일만 끝내는 것이 아니라 음식이나 음료수를 다 마시다라는 뜻이 있다. 따라서 finish의 목적어로는 먹는 것이 나오게 된다. 이를 동사구로도 쓸 수 있는데 finish off 혹은 finish up을 쓰면 된다. 그래서 아침 식사를 내가 마칠 때까지 넌 기다려야 할거야는 You'll have to wait until I finish my breakfast, 칠면조를 끝내자는 Let's finish the turkey off라고 하면 된다.

How did you **find out** she slept with Chris?
개가 크리스와 잤다는 걸 어떻게 알아냈어?

find out 알아내다

find는 어떤 물리적이고 구체적인 것을 「찾다」「발견하다」라는 뜻이지만 find out하게 되면 추상적인 사실이나 정보 등을 「알아내다」라는 의미가 된다. 단순하게 find out about~로 쓰거나 혹은 find out wh~/that S+V 절을 이어서 쓰기도 한다.

Useful Expressions

★ **find out sth**
…을 알아내다

★ **find out about~**
…에 대해 알아내다

★ **find out wh~ S+V**
…을 알아내다

★ **find out that S+V**
…을 알아내다

A: How did you **find out** about this concert?

B: There was a newspaper ad describing it.

A: 이 콘서트 어떻게 알아낸거야?
B: 신문에 광고났었어.

A: I'll leave before this movie ends.

B: Don't you want to **find out** what happened?

A: 이 영화가 끝나기 전에 난 갈거야.
B: 어떻게 되는지 알고 싶지 않아?

Talking Practice

1. 걔가 크리스하고 잤다는 걸 어떻게 알아냈냐고 물어보려면

How did you **find out** she slept with Chris?

2. 결과 알게 되면 전화해주라고 할 때

When you **find out** the results, please give me a call.

3. 그 걔가 지금 어디있는지 알아내야 돼라고 말하려면

We better **find out** where that dog is now.

One Point Lesson

앞서 말했듯이 find의 목적어는 구체적인 물리적인 대상이 온다. 이상형의 여친을 찾다는 find my dream girl, 차키를 찾지 못하겠다고 할 때는 I can't find my car keys again, 다른 곳에서 더 좋은 직장을 찾아볼거야는 I'll find a better job elsewhere, 그리고 돈버는 방법을 찾을 수가 없다고 할 때는 I can't find a way to make money라고 하면 된다.

He **blamed** Sam **for** the failure

걘 실패를 샘의 탓으로 돌렸어

blame ~ for ~ …로 …을 비난하다, 탓하다

blame은 「비난하다」, 「탓하다」라는 단어로 blame sb for sth은 「…을 나무라다」, 「탓하다」, 그리고 blame sth on sb하게 되면 「…의 탓으로 돌리다」라는 뜻이 된다. 그밖에 유명한 표현으로는 be to blame(…의 책임이다)이란 것도 있다.

Useful Expressions

★ **S blame me for B**
…가 B로 나를 비난했어

★ **Don't blame me**
날 뭐라 하지마

★ **blame oneself for**
자책하다

★ **be to blame**
…의 책임이다

A: Cliff is getting a divorce.

B: He **blames** his wife **for** their broken marriage.

　A: 클리프가 이혼한대.
　B: 걘 결혼파탄을 아내탓으로 돌리고 있어.

A: Why is John being so mean to you?

B: John **blames** me **for** getting him arrested.

　A: 존은 왜 그렇게 너한테 못되게 구는거야?
　B: 나 때문에 체포됐다고 비난해.

Talking Practice

1. 걔는 실패(failure)를 샘의 탓으로 돌렸다고 말할 때

He **blamed** Sam **for** the failure.

2. 폭풍으로 홍수가 일어난다고 할 때

A storm **is to blame for** the flooding.

3. 이걸로 널 자책하지말라고 할 때

You shouldn't **blame yourself for** this.

One Point Lesson

I don't blame you란 표현이 있다. 직역해서 난 널 비난하지 않는다라는 뜻이 되어서, 물론 비난하지 않는다고 하니 좋기는 한데 뭔가 좀 찝찝하다. 예를 들어 집에 제사가 있어서 회사 회식에 참석못하다고 양해를 구하는데 난 너를 비난하지 않는다는 말을 들었다면 아무래도 꼭 비난이란 말을 써야 되나라는 의혹 한점이 생길 것이다. 이때 I don't blame you는 상대방의 사정을 이해한다는 뜻으로 우리말로는 「그럴 만도 해」라는 의미이다. 실수로 뒤차가 접촉사고를 냈을 때 어쩔 수 없었잖아요, 사고였는데요라고 하려면 I don't blame you. It was just an accident라고 하면 된다.

Why don't you **slow down** a bit?

좀 천천히 가자

slow down 천천히 하다, 속도를 줄이다

일이나 자동차의 속도든 뭐든지 진행하고 있는 「속도를 줄이다」(decrease the speed), 「천천히 하다」(go slower)라는 의미가 된다. 목적어 없이 자동사로 쓰이거나 혹은 slow sb[sth] down처럼 타동사로 쓰이기도 한다.

Useful Expressions

★ **slow down**
  속도를 줄이다

★ **slow sb[sth]**
  down
  …의 속도를 늦추다

A: Why don't you **slow down** a bit?

B: I like to drive fast.

  A: 좀 천천히 가자.
  B: 난 빨리 달리는 걸 좋아해.

A: Jake, you really have to **slow down** at work. You're going to kill yourself at this rate.

B: Never say die, Rachel!

  A: 제이크, 일 좀 슬슬해야 되겠어. 그런 식으로 하다간 죽어.
  B: 죽겠다는 소린 하지 말란 말도 있잖아, 레이첼!

Talking Practice

1. 넌 운전할 때 속도를 줄여야 돼라고 할 때

You've got to **slow down** when you drive.

2. 천천히 해 아니면 너 다치겠어라고 할 때

Slow down or you'll get hurt.

3. 일이 좀 느긋해지면 우리 술 한잔 하게 만나야지

We'll have to get together when things **slow down** to have a drink.

One Point Lesson

slow down에서 down의 반대어인 up를 써서 slow up하게 되면 이는 무슨 뜻이 될까… 속도를 높이다라는 뜻으로 생각되겠지만 실은 slow down과 같은 의미로 「속도를 줄이다」라는 뜻이 된다. 너무 빨리 가는 상대에게 좀 천천히 가라고 할 때는 Slow up a little! I can't keep up with you라고 하면 된다.

I'll **catch up with** you later

나중에 다시 보자

catch up with (일이나 부족한 것을) 따라잡다, 만나다

catch up (with)은 기본적으로 뒤쳐져 있는 사람이 따라잡는 것을 말한다. 발전하여 비유적으로 어떤 기준이나 등급 상에서 뒤따라잡는 행위를 말한다. 또한 회화에서는 헤어질 때 I'll catch up with you later!하게 되면 나중에 보자라는 의미가 된다.

Useful Expressions

★ **catch up with**
따라잡다, 만나다

A: I have to leave right away for the meeting.

B: I'll **catch up with** you later.

    A: 회의가 있어서 지금 당장 가봐야겠는데.
    B: 나중에 다시 보자.

A: I've got to go. Let's **catch up** later.

B: Sure, give me a call sometime.

    A: 나 가야 돼. 나중에 보자.
    B: 그래, 언제 한번 전화해.

Talking Practice

1. 다른 사람들을 따라잡을 시간이 없었어라고 할 때

There was no time to **catch up with** the others.

2. 걘 자기 친구를 따라잡았냐고 물어볼 때

Did he **catch up with** his friend?

3. 다른 주자(runners)들을 따라잡도록 해라고 할 때

Try to **catch up with** the other runners.

 One Point Lesson

catch up의 또 다른 자주 쓰이는 의미로는 상대방이 늦게 와서 등의 이유로, 자리에 없던 사람에게 무슨 일이 있었는지, 새로운 소식 등을 말해주는 것을 말한다. 자리에 없던 사람이 catch up하도록 해준다는 말이다. 그래서 너 어떻게 지내는지 말해봐는 Please catch me up on what you are doing, 나중에 네게 이야기해줄게는 I'll catch up with you another time이라고 하면 된다. 단독으로 catch up이라고 해도 되고 catch up on sth, catch up with sb라고 해도 된다.

She'll **get over** it in a few weeks

몇 주 후면 괜찮아질거야

get over 이겨내다, 극복하다

get over = overcome이라고 공식적으로 외웠던 동사구. get over는 뭔가 안 좋은 일이나 곤란한 상황을 이겨내고 다시 일어서는 것을 말한다.

Useful Expressions

★ **get over sth**
안좋은 일을 극복하다, 곤란한 상황을 이겨내다

★ **get over sb**
헤어진 후 잊다

★ **get over (with)**
(다른 일을 하기 위해) 빨리 해치우다, 끝내버리다

A: My wife's a little shaken up.

B: Don't worry, she'll **get over** it in a few weeks.

A: 내 아내가 좀 충격을 받았어.
B: 걱정마, 몇 주 후면 괜찮아질거야.

A: What is the most important thing to you during sex?

B: I want to feel a connection with my lover.

A: I guess I just want to **get** it **over** with as quickly as possible.

A: 섹스 중에 뭐가 가장 중요하다고 생각해?
B: 난 애인과 교감하고 싶어.
A: 난 가능한 한 빨리 해치우고 싶은 것 같아.

Talking Practice

1. 걔가 한 행동을 내가 어떻게 이겨낼지 모르겠어라고 하려면

I don't know how I'm gonna **get over** what she did.

2. 글쎄 네가 걔랑 끝내는거 도와줄 수 있을 것 같아라고 말할 때

Well, I think I can help you **get over** him.

3. 넌 우울한 감정을 이겨내도록 하라고 할 때

You'd better **get over** your bad mood.

 One Point Lesson

조금은 어렵지만 can't get over sth은 …을 이겨내거나 극복하지 못하다라는 의미로 비유적으로 「…에 깜짝 놀랐을」 때 쓰는 표현이다. 베티는 남편의 죽음을 극복할 수 없어는 Betty can't over her husband's death, 난 걔가 죽었다는 사실을 극복할 수가 없어는 I can't get over the fact that he died라고 하면 된다.

Let's **hang out** in the lobby

로비에서 기다리자

hang out 시간을 보내다, 어울리다

우리말에 사람들과 어울려 「놀며 시간을 보내다」라는 의미에 가장 근접한 영어표현. 구어적인 표현으로 함께 노는 사람은 hang out with sb라 하면 된다. 비슷한 표현으로는 hang around도 있다.

A: We have to wait 30 minutes.

B: Okay. Let's **hang out** in the lobby.

   A: 우리는 30분 기다려야 돼.
   B: 좋아. 로비에서 기다리자.

A: It takes 2 hours for me to get home. I should be get going.

B: Stay a little longer to **hang out** with me.

   A: 집에 가는데 두시간 걸려. 가야 돼.
   B: 더 남아서 나랑 놀자.

Talking Practice

1. 여기 남아서(stay here) 우리와 놀자고 할 때

Why don't you stay here and just **hang out** with us?

2. 커플이나 친구들이 어울려 놀기에 좋은 장소(be a good place for)라고 얘기할 때

It is a good place for couples or friends to **hang out**.

3. 우리는 걔네들과 놀 수 없다는 말이야?라고 할 때

Are you saying we can't **hang out** with them?

 One Point Lesson

hang out과 비슷한 표현으로 hang around가 있다. 마찬가지로 함께 시간을 보내는 사람을 쓰려면 hang around with라고 하면 된다. 「…와 어울리다」라는 뜻이다. 양아치들과 어울려다니는 친구에게 그런 사람들과는 어울리지 말라고 조언하려면 You shouldn't hang around people like that라고 하면 된다. 또한 hang around+장소명사가 와서 「…에서 시간을 보내다」라는 의미로도 쓰이는데 예를 들어 이 재미없는 동네에서 시간 보내는 것도 지겹다라고 말하려면 I'm tired of hanging around this boring town, 그리고 왜 짐이 화장실에서 서성거리고 있어라고 물어보려면 Why do you think Jim is hanging around the bathroom?이라고 하면 된다.

How can I **apply for** a visa?

어떻게 비자신청을 해?

apply for 지원하다, 신청하다

apply for는 직장을 구하기 위해, 대학에 들어가기 위해 혹은 어떤 일에 대한 허가를 받기 위해 지원하거나 신청하는 것을 말한다. 그래서 그런 「신청서」는 application, 「신청하는 사람」은 applicant라고 한다.

Useful Expressions

★ **apply for sth**
   …을 지원하다

★ **apply to+장소+for sth**
   …에다 …을 지원[신청]하다

★ **apply to+V**
   …하기를 지원하다

A: Where can I **apply for** a job?

B: Go to that office over there.

A: 어디서 입사지원을 하나요?

B: 저쪽 사무실로 가세요.

A: I heard that you are going to **apply for** a scholarship.

B: That's right, and I'm going to submit my brother's transcript!

A: 네가 장학금을 신청할 거라던데.

B: 맞아. 우리 형의 성적 증명서를 제출할거야.

Talking Practice

1. 언제가 구직지원을 하기에 가장 좋은 때인지 물어볼 때

When's the best time to **apply for** a job?

2. 광고에 난 자리에 지원하고 싶은데요라고 말할 때

I would like to **apply for** the position in advertising.

3. 비자신청을 어떻게 하냐고 물어볼 때

How can I **apply for** a visa?

One Point Lesson

apply의 좀 의외의 의미로는 페인트, 립스틱, 그리고 크림 등을 「바르다」라는 뜻으로 쓰인다는 점이다. 바르는 대상은 apply sth to~라고 써주면 된다. 의사들이 붕대를 걔 다리에 감아주었어는 The doctors applied a bandage to his leg, 이 로션을 하루에 세번 발라라고 할 때는 Apply this lotion three times a day라고 하면 된다.

You have to **cut down on** spending 넌 지출을 줄여야 돼

cut down on 줄이다

비용이나 경비 그리고 주량이나 담배 등을 예전보다 줄인다고 할 때 쓰는 전형적인 표현으로 줄이는 대상은 on 다음에 이어주면 된다. 한 단어로 하면 reduce.

Useful Expressions

★ cut down sth
　…을 줄이다
★ cut down on
　sugar
　설탕섭취를 줄이다
★ cut back (on)
　…을 줄이다

A: You should really **cut down on** the number of cigarettes you smoke.

B: I'm trying to, but it's really hard.

A: 네가 피는 담배 갯수 좀 정말 줄여야겠어.
B: 노력중인데 정말 어려워.

A: Money has been tight.

B: We have to **cut down on** our purchases.

A: 자금이 빡빡해.
B: 물건 사는 것들을 줄여야 해.

Talking Practice

1. 넌 돈쓰는 것(spending) 좀 줄여야 된다고 충고할 때

You have to **cut down on** spending.

2. 네가 먹는 패스트푸드 좀 줄이도록 해보라고 할 때

Try to **cut down on** the fast food you eat.

3. 직원(staff)을 줄이든가 아니면 임금삭감(pay cut)이 있을거야라고 말하려면

They are either going to **cut back** staff or give us a pay cut.

One Point Lesson

특히 cut down on~이나 cut back on 모두 다 건강을 위해서(to improve your health), 뭔가 몸에 안좋은 것을 적게 마시거나 먹는다라는 의미로 쓰인다. 넌 살 빼려면 살찌는 음식은 줄여라라고 하려면 Cut down on fatty foods if you want to lose weight라고 하면 되고, 걔네들은 패스트푸드를 줄이기로 했어는 They decided to cut back on fast food, 난 심장마비가 온 후에 커피를 줄였어는 I cut back on coffee after my heart attack라고 하면 된다.

Pull over to the curb

길가에 차를 세워

pull over 차를 길가로 붙이다

pull over는 길가에 사람을 내려주기 위해 혹은 경찰 단속에 걸려 길가에(by the side of the road) 차를 붙이는 것을 말한다. 반면 pull up은 신호등에 걸려서처럼 혹은 건물이나 집앞에 차를 세우는 것을 말한다. 예전 마차를 몰 때 말을 세울 때 어떻게 하는지 연상해보면 쉽게 이해할 수 있다.

Useful Expressions

★ **Pull over right here**
여기에서 내려줘요

★ **pull the car over**
차를 길가에 대다

★ **pull up**
(정지선, 건물 앞 등에) 차를 세우다

A: Holy cow! The car is on fire.

B: Hurry up and **pull over.**

> A: 이런! 차에 불이 붙었어.
> B: 빨리 차를 길 한 쪽에 세워.

A: Where can we park?

B: Just **pull up** in the driveway.

> A: 어디에 주차하지?
> B: 주차장에 그냥 대.

Talking Practice

1. 길가로(curb)로 차를 세우라고 말할 때

Pull over to the curb.

2. 차를 대고 살펴보자(look around)고 할 때

Let's **pull over** and look around.

3. 걔는 정문 앞에 차를 세웠다라고 하려면

She **pulled up** in front of the gates.

One Point Lesson

pull up이 쓰이는 또 다른 빈출 표현으로는 pull up a chair라는 표현이 있다. 이는 어떤 사람이 이미 앉아 있는 곳으로 의자를 끌고 가서 의자에 앉는 것을 말한다. 명령형으로도 쓰여 내가 앉아 있는 곳으로 의자 가지고 와서 앉아라라고 하려면 Pull up a chair라고 하면 된다. 의자 가지고 와서 우리와 함께 해는 Pull up a chair and join our group, 걔는 테이블에 앉기 위해 의자를 가져왔어는 He pulled up a chair to sit down at the table라고 하면 된다.

I **put** him **through to** Mr. Terrell

테렐 씨에게 연결시켜줬어

put sb through to 전화를 …에게 바꿔주다

전화를 to+사람[부서]로 「돌려주다」 「바꿔주다」라는 표현. "내가 전화를 걸어서 …을 바꿔달라"고 할 때는 Could you put me through to~?. "내가 전화를 받아서 찾는 사람을 바꿔준다"고 할 때는 I'll put you through to~, 그리고 비서가 전화왔다고 할 때 "연결시켜줘" 할 때 Put me through라고 하면 된다.

Useful Expressions

★ put sb through to~
전화를 …에게 바꿔주다

★ Could you put me through to~?
…을 바꿔주세요

★ I'll put you through to~
…을 바꿔줄게요, …로 연결시켜줄게요

★ Put me through
(전화) 연결해줘

A: Would you like me to **put** you **through to** the manager?

B: Sure. Thank you.

A: 매니저 바꿔드릴까요?
B: 네, 감사해요.

A: Did Jack call the office today?

B: Yeah. I **put** him **through to** Mr. Terrell.

A: 잭이 오늘 사무실에 전화했어?
B: 어, 테렐 씨에게 연결시켜줬어.

Talking Practice

1. 걔에게 그레이스 부인 연결시켜줘라고 할 때

Put him through to Mrs. Grace.

2. 전화로, 여보세요. 영업부(Sales Department) 좀 바꿔줄래요라고 할 때

Hello. Would you put me through to the sales department, please?

3. 그 부서 직원에게 연결해 드리겠습니다라고 할 때

I'll put you through to someone in that department.

One Point Lesson

put on은 「옷을 입다」, 「…을 바르다」, 「살 등이 찌다」, 「음악을 틀다」, 혹은 「…인 척하다」 라는 많은 뜻이 있지만 put sb on하게 되면 put sb through처럼 「…에게 전화를 바꿔주다」 라는 의미로도 쓰인다. 엄마가 통화 가능하냐고 전화로 물어봤을 때(Is your mom available?), 예 바꿔줄게요라고 할 때 Sure, I'll put her on이라고 하면 된다. 또 전화를 걸고 크리스 좀 바꿔달라고 할 때는 Can you put Chris on?이라고 하면 된다. 실제로는 get를 쓴 Can you get Chris for me?가 더 많이 쓰인다.

How long will it take you to **set up?** 설치하는데 얼마나 걸리나요?

set up 시작(준비)하다, 설치하다, (일정) 정하다

거의 우리말화된 표현이지만 실상 영어표현으로 사용하기에는 버거운 표현 중의 하나. 컴퓨터 셋업 등으로 잘 알려진 이 표현으로 뭔가 「시작하다」, 「준비하다」, 「갖추다」라는 의미로 쓰이는 표현이다.

Useful Expressions

★ set up an interview
면접일정을 잡다

★ set up an appointment
예약을 잡다

A: How long will it take you to **set up**?

B: It should only take a few hours.

A: 설치하는 데 얼마나 걸리나요?

B: 몇 시간 밖에 안걸릴거예요.

A: I'd like to **set up** an appointment for next week.

B: Tuesday is still open.

A: 다음 주로 약속을 정하고 싶은데요.

B: 화요일은 아직 가능합니다.

Talking Practice

1. 다음 주로 예약을 잡고 싶은데요(I'd like to~)라고 할 때

I'd like to **set up** an appointment for next week.

2. 난 우리가 도착할(get there) 때까지(by the time) 모든 게 준비되기를 바래라고 말할 때

I hope that everything is all **set up** by the time we get there.

3. 다음 주에 면접 일정을 잡을게라고 하려면

I'll **set up** the interview times for next week.

One Point Lesson

참고로 set a date for~ 하게 되면 약속이나 일정의 「날짜를 잡다」 라는 뜻이 된다. 그래서 친구들이 결혼한다는 소식을 들었을 때 개네들 결혼날짜는 잡았냐고 물어보려면 Did they set a date for their wedding?이라고 하면 된다.

It's time to **put** that **behind** you

이제 그거 잊어버려야지

put sth behind (나쁜 기억 등을) 잊어버리다

단어 그대로 직역하면 답이 나온다. sth을 you 뒤에 놓다라는 말로 주로 「나쁜 기억이나 상황 등을 잊어버리다」라는 뜻이 된다. put it behind you[me]의 형태를 눈여겨 두어야 한다.

Useful Expressions

★ put sth behind sb
잊어버리다

★ put it all behind sb
그 모든 것을 잊다

A: It was a terrible accident.

B: I hope they can **put** it **behind** them.

    A: 그건 끔찍한 사고였어.
    B: 걔네들이 빨리 잊기를 바래.

A: I'm so depressed about our break-up.

B: It's time to **put** that **behind** you.

    A: 난 우리가 헤어져서 매우 우울해.
    B: 이제 그거 잊어버려야지.

Talking Practice

1. 안 좋았던 때(bad times)는 잊어버리라고 할 때

You can **put** the bad times **behind** you.

2. 난 이혼은 잊어버리고 싶다고 할 때

I'd like to **put** my divorce **behind** me.

3. 내가 전에 말했듯이(as I said before), 난 단지 그걸 잊으려고 할 뿐이야라고 할 때

As I said before, I'm just trying to **put** it **behind** me.

One Point Lesson

앞에서도 말했듯이 put ~ behind는 무조건 잊어버리다라고 기억하고 있으면 안된다. 그러면 I put the box behind Jerry라는 문장이 이해될 수 없기 때문이다. 이는 put~ behind의 일차적인 의미로 물리적으로 박스를 제리의 뒤에 놓았다라는 의미가 된다. 난 카운터 뒤에 사진들을 놓았어는 I put the photos behind the counter라고 하면 된다.

They **accused** me **of** tax evasion

세금포탈했다고 고소한거야

accuse ~ of …로 …를 비난하다, 고소하다

accuse는 상대방이나 제 3자가 잘못된 짓을 했거나 범법행위를 했다고 비난하거나 고소하는 것을 뜻한다. accuse 다음에 비난하는 사람을 넣고 of sth[~ing]의 형태로 비난받아야 하는 이유를 말하라면 된다.

Useful Expressions

★ accuse sb of sth
…가 …했다고 비난[고소]
하다

★ accuse sb of ~ing
…가 …했다고 비난[고소]
하다

A: I think Chris stole my wallet.

B: It's not good to **accuse** people **of** things.

A: 크리스가 내 지갑을 훔쳐간 것 같아.
B: 사람들을 의심하는 것은 좋지 않아.

A: What did they **accuse** you **of** doing?

B: They accused me of tax evasion.

A: 그 사람들이 무엇 때문에 널 고소한거야?
B: 세금포탈을 했다고 고소한거야.

Talking Practice

1. 경찰은 그 용의자를 살인죄로 고소했어는

The police **accused** the suspect **of** murder.

2. 내 아내는 자기 몰래 바람폈다(cheat on)고 비난했어는

My wife **accused** me **of** cheating on her.

3. 내가 부정직하다고 비난하지말라고 할 때는

Don't **accuse** me **of** being dishonest!

One Point Lesson

the accused는 the+형용사[분사]가 (복수)명사가 되는 공식에 들어가는 표현으로 고소를 당한 사람, 즉 「피고소인」을 말한다. 그럼 반대로 고소한 사람, 즉 「고소인」은 accuser라고 하면 된다. 그 피고소인은 그 죄를 짓지 않았다고 주장한다는 The accused claims to be innocent of the crime, 고소인은 경찰과 면담을 하고 있어는 The accuser is being interviewed by police라고 하면 된다.

Do you have to **work on** a big project? 중요한 일을 해야 돼?

work on …일을 하다

work on 다음에는 사물이나 사람이 올 수 있다. work on sth은 주의를 기울여서 아직 끝내지 못한 일을 하고 있다는 의미로, 사물의 대상은 업무나 일 뿐만 아니라 음식물이 올 수도 있다. 또한 work on sb하게 되면 「치료하다」 혹은 「설득하다」라는 뜻.

Useful Expressions

★ **work on sth**
…일을 하다

★ **work on sb**
설득하다

★ **I'm working on it**
아직 하고 있어

★ **work on the coffee**
커피 아직 마시고 있다

★ **work on the homework**
숙제를 하다

A: I'm going to **work on** this stuff at home tonight.

B: If you have any problems give me a call.

  A: 오늘 밤 집에서 이 일을 할거야.
  B: 문제가 생기면 나한테 전화해.

A: Lisa needs to finish this report.

B: I'll **work on** her to get it done.

  A: 리사는 이 보고서를 끝내야 돼.
  B: 빨리 끝내라고 설득할게.

Talking Practice

1. 하루종일(all day long) 그 일을 하고 있다고 말할 때

I **have been working on** it all day long.

2. 네가 하고 있는 보고서 마치려면(finish) 한 10분 가량 걸릴거야는

It'll take you about ten minutes to finish the report you're **working on.**

3. 중요한 일을 해야 되는거야라고 상대방에게 물어볼 때

Do you have to **work on** a big project?

One Point Lesson

work on 다음 다양한 명사가 오지만 그렇다고 고지식하게 work on Christmas를 이 공식에 대입하려고 하면 안된다. 그냥 work+on+시간명사로 「…에 일하다」 라는 뜻이니 말이다. 그래서 직장 상사가 크리마스에 일을 하라고 하는 건 정말이지 불공평 하다고 하려면 It's really unfair of my supervisor to ask me to work on Christmas라고 하면 되고, 또한 못된 직장 상사가 토요일 아 니면 일요일에 일해야 돼라고 하려면You must work on Saturday or on Sunday라고 하면 된다.

You're not supposed to do that

너 그러면 안돼

be supposed to …하기로 되어 있다

실제 생활영어에서 무척 많이 쓰이는 표현 중 하나로 뭔가 「…하기로 예정되어 있다」라는 의미이다. 문맥에 따라 …하기로 되어 있으니 have to처럼 「…을 해야 된다」 부정으로 쓰면 「…하면 안된다」라는 금지의 표현으로도 쓰인다. 꼭 의미를 이해하고 암기해두어야 하는 문구이다.

Useful Expressions

★ You're not
supposed to do~
…하면 안되지

★ I'm supposed to
do~
난 …해야 돼

★ What am I
supposed to do?
내가 어떻게 해야 되지?

A: Do you know what time we're supposed to leave?
B: Come to think of it I don't.

> A: 우리가 몇 시에 떠나기로 되어있는지 아니?
> B: 생각해보니 모르겠는데.

A: When is he scheduled to arrive at the airport?
B: He's supposed to arrive tomorrow after lunch.

> A: 그 사람이 공항에 언제 도착할 예정이니?
> B: 내일 점심 후에 도착하게 되어 있어.

Talking Practice

1. 걔는 내일 점심 후에(after lunch) 도착하기로 되어 있다고 말할 때

She's supposed to arrive tomorrow after lunch.

2. 선생님을 유혹하면(hit on) 안되지라고 충고할 때

You're not supposed to hit on your teacher.

3. 내가 오늘 고객을 만나기로 되어있던가라고 확인할 때

Am I supposed to meet the client today?

 One Point Lesson

비슷한 표현으로 be expected to~가 있는데 이는 「…하기로 예상[기대]하다」, 「…하기로 되어 있다라는 뜻」. 그래서 난 아침 9시까지 거기에 가야 돼라고 하려면 I'm expected to be there at 9 am이라고 하면 된다. 다시 중요하니까 be supposed to~에 대한 한 마디 더. 「…해야 한다」 고 하면 should, must, have to 등의 동사(구)부터 떠오르지만, 그것이 「의무」 나 「필요」 에 의해서라기 보다는 사전에 그렇게 하기로 정해져 있기 때문인 경우에는 be supposed to~를 쓰게 된다. 특히 "He was supposed to go back to Seoul, but the accident prevented him"과 같이 과거형을 써서, 예정대로 되지 않은 일을 나타낼 때도 널리 사용된다.

He **was involved in** an accident.

걔가 사고를 당했어

be[get] involved in[with] …에 연루되다, 연관이 있다

무조건 공식적으로 「연루되다」라고 해석하면 좀 이상해지는 동사구이다. 연루되어 있는 모습을 상상해보면서 그 상황에 적합한 우리말을 찾아야 한다. 만약에 He's involved in banking이라고 하면 은행일에 연루되어 있다고 해석하기 보다는 은행 종사자이다라고 훨씬 부드러운 해석이 된다.

Useful Expressions

★ be[get] involved
in[with]
…에 연루되다

★ be related to
…와 관련이 있다

★ be unrelated to
sb[sth]
…와 전혀 상관이 없다

★ be connected
연관되어 있다, 연줄이 많다

A: My neighbor has a lot of money.
B: I think he**'s involved in** banking.

A: 내 이웃은 돈이 엄청 많아.
B: 은행 종사자인 것 같아.

A: Ray **was involved in** an accident.
B: Did you think he got hurt?

A: 레이도 사고를 당했어.
B: 걔가 다쳤다고 생각했어?

Talking Practice

1. 네가 여기에 엮이는걸 원치 않았어라고 말하려면

I didn't want you to **get involved in** this.

2. 이 영화는 실제 사건(real event)과 관련이 있다고 할 때

This movie **is related to** a real event.

3. 네 건강문제는 흡연(smoking)과 연관되어 있다고 충고할 때

Your health problems **are related to** smoking.

One Point Lesson

연루되다라는 단어에서 유추해볼 수 있듯이 남녀간의 관계를 말할 때도 쓴다. 그래서 get[be] involved with sb하게 되면 「사귀다」, 「…와 깊은 관계를 맺다」라는 의미가 된다. 난 걔와 사귀면 안된다는 것을 알고 있었어라고 하려면 I knew I shouldn't get involved with him라고 하면 된다. 우리 딸이 머저리 같은 놈과 사귀었어는 Our daughter was involved with a loser, 난 어떤 미친 여자와 엮였어 I got involved with a crazy woman라고 하면 된다.

Don't **stand in the way**

방해하지마

be in the way …의 방해가 되다

가는 길에 있다, 버티고 있다라는 의미로 비유적으로 「방해가 된다」라는 뜻으로 쓰인다. 살짝 어려운 표현으로 be 대신에 stand나 get을 써도 된다.

Useful Expressions

★ **get in the way**
방해가 되다

★ **stand in the way**
방해가 되다

★ **The bus is in the way**
버스가 가로막고 있어

A: Can you move? You're **in the way.**

B: Sorry, I didn't mean to block you.

> A: 비켜줄래? 네가 방해가 돼서.
> B: 미안. 너를 방해하려는 것은 아니었어.

A: This old sofa is too big.

B: I know, it just **gets in the way.**

> A: 이 낡은 소파는 너무 커.
> B: 알아, 그냥 걸리적 거릴 뿐이야.

A: Don't **stand in the way.**

B: I'll move to the side.

> A: 방해하지마.
> B: 옆으로 비켜설게.

Talking Practice

1. 네가 방해하고 있으니 비켜줘야(move)겠다고 할 때

You are **in the way** and need to move.

2. 책상이 선생님을 가로 막고 있었다고 할 때

The desk was **in the** teacher's **way.**

3. 어느 것도 진정한 사랑을 방해할 수는 없어라고 명언을 하려면

Nothing can **stand in the way** of true love.

One Point Lesson

in the way 대신 위의 두번째 예문처럼 be one's way라고 해도 된다. 그래서 내가 당신의 길을 막고 있나요?라고 물어보려면 Am I in your way?라고 하면 된다. 그럼 이렇게 길을 막고 방해가 될 경우 비키라고 할 때는 get out of the way라고 하면 된다.

Just **leave out** the boring details

지루한 세부사항을 제외해

leave out 제외하다(omit)

leave out = omit로 배웠던 아주 유명한 숙어. 뭔가 있는 것을 혹은 있어야 되는 것을 「빼놓다」「제외하다」라는 의미이다.

Useful Expressions

★ **leave sb[sth] out (of)**
제외하다, 포함시키지 않다

A: This report is too long.

B: Okay, let's **leave out** a few things.

A: 이 보고서는 너무 길어.
B: 알았어, 몇가지는 빼자.

A: Do you think Karen was being honest?

B: No, she **left out** some things intentionally.

A: 카렌이 솔직했다고 생각해?
B: 아니, 걘 일부러 몇가지 사실들을 누락했어.

Talking Practice

1. 지루한 세부적인 것들은 제외시키라고 할 때

Just **leave out** the boring details.

2. 성에 관련된 정보는 빼놓을까요라고 물어볼 때

Should I **leave out** the sexual information?

3. 그 보고서는 몇몇 중요한 사항들을 빠트렸어라고 할 때

The report **left out** some important stuff.

One Point Lesson

leave out이 수동태형으로 되고 동사 feel과 합세해서 feel left out하게 되면 어떤 집단이나 단체로부터 「소외되다」 라는 의미가 된다. 그래서 난 걔가 소외감을 느끼는 걸 원치 않아는 I don't want her to feel left out이라고 하면 된다.

Inform us of changes in the situation 상황변화에 대해 우리에게 알려줘

inform A of B ···에게 ···을 알리다

A에게 B에 대해 정보를 제공해주거나 공식적으로 말해주는 것을 말하는 것으로 inform sb of[about] sth의 형태로 쓰인다.

Useful Expressions

★ inform sb of
[about] sth
···에 대한 정보를 ···에게 말
해주다

A: I'm sorry, but Mrs. Paulson just died.

B: I'd better **inform** her husband **of** her death.

A: 유감입니다만, 폴슨 부인께서는 방금 돌아가셨어요.
B: 남편에게 사망소식을 알려야겠네요.

A: Apparently, he came by to **inform** us **of** his resignation.

B: That's too bad, he was a good man.

A: 듣자하니 그 사람, 우리한테 직장을 그만 둔다고 말하러 왔던 것 같아요.
B: 참 안된 일이네요. 좋은 사람이었는데.

Talking Practice

1. 경찰은 우리에게 그가 살해되었다(his murder)고 알려줬어라고 할 때

The police **informed** us **of** his murder.

2. 그 대학교는 걔에게 합격(his acceptance)통지를 했어는

The university **informed** him **of** his acceptance.

3. 상황변화에 대해 우리에게 알려줘라고 할 때

Inform us **of** changes in the situation.

One Point Lesson

inform의 명사형은 information으로 이를 이용할 때는 전치사가 on[about]가 뒤따르게 된다. 주로 쓰는 어구는 bring sb some information on~은 「···에 대한 정보를 좀 가져오다」, get some more information on~은 「···에 대한 정보를 더 얻다」 등으로 쓰인다. 참고로 그 정보 어디서 들었어라고 물어보려면 Where did you get that information?, 참고삼아 말하자면은 For your information이라고 한다.

Someone will **point** him **out**

누가 걔를 지목해줄거야

point out 지적하다, 언급하다

기본적으로 「가리키다」라는 뜻에서 발전하여 상대방이 몰랐던 것이나 생각해보지 못했던 것을 「말해주다」, 「언급하다」라는 뜻으로 쓰인다. point sth out, point out to sb, point out that S+V의 형태로 쓰인다.

Useful Expressions

★ **point sth out**
…을 언급하다

★ **point out to sb**
…에게 …을 말해주다

★ **point out that S+V**
…라 언급하다

A: What did Jim say to you?

B: He wanted to **point out** some important details.

A: 짐이 네게 뭐라고 했어?
B: 좀 중요한 세부사항을 언급하고 싶었었대.

A: Do you know what Tom looks like?

B: No, but someone will **point** him **out**.

A: 너 탐이 어떻게 생겼는지 알아?
B: 아니, 하지만 누군가가 걔를 가르켜줄거야.

Talking Practice

1. 이게 네게 어떻게 이로울거(benefit)라고 내가 언급했냐라고 물어볼 때

Did I **point out** how this will benefit you?

2. 걔네들은 그 문제들 중 일부를 언급하고 싶어해

They want to **point out** some of the problems.

3. 네게 새로운 사장을 가르켜줄게라고 할 때는

I'll **point out** the new president to you.

One Point Lesson

point는 기본적으로 손가락으로 뭔가를 가리키다라는 뜻으로도 쓰이는데 이때는 point sb[sth] (out) to sb의 형태로 사용된다. 「…에게 …을 가리키다」라는 의미이다. 예로 들어 난 걔에게 문을 손으로 가리켰다라고 하려면 I pointed the door out to him이라고 하면 된다. 난 형사에게 혈흔을 가리켰어라고 하려면 I pointed out the bloodstain to the detective라고 하면 된다.

Why did you **insist on** living here?

왜 여기에 살겠다고 고집폈어?

Useful Expressions

★ insist on sth
…을 강력하게 요구하다, 고집피다

★ insist on ~ing
…을 고집피다

★ insist on sb ~ing
…가 …할 것을 요구하다

insist on 주장하다, 요구하다

뭔가 강력하게 …할 것을 혹은 …이 사실임을 요구하거나 고집피는 것을 뜻한다.
insist on 다음에는 명사나 동사의 ~ing 형태가 오면 된다.

A: Sir, don't you like your hotel room?

B: No, and I **insist on** getting a nicer room.

A: 선생님, 호텔 방이 맘에 안드세요?
B: 네, 더 좋은 방으로 해주세요.

A: Why did you let Molly come with you?

B: She **insisted on** having breakfast with us.

A: 넌 왜 몰리를 데려온거야?
B: 걔가 우리와 함께 아침을 먹겠다고 고집폈어.

Talking Practice

1. 넌 왜 여기에 살겠다고 고집폈어라고 물어보려면

Why did you **insist on** living here?

2. 식당에서 창가좌석을 고집하는 사람들도 있어라고 하려면

Some people **insist on** a window seat in restaurants.

3. 걘 매일 아침 운동을 계속하고 있어라고 할 때

She **insists on** exercising every morning.

One Point Lesson

위의 마지막 예문처럼 insist on ~ing의 형태로 쓰이면 뭔가 짜증나고 불쾌한 일임에도 「계속 …을 하는 것」을 뜻할 때도 쓰인다.
레이는 아파트에서 트럼펫 연주를 계속하고 있어는 Ray insists on playing his trumpet in the apartment, 그리고 걘 밤새 우리를 계
속 못자게 하고 있어는 She insists on keeping us awake all night이라고 하면 된다.

I **majored** in Spanish

스페인어 전공했어

major in 전공하다

서로의 호구조사를 할 때 혹은 자기소개를 할 때는 꼭 필요한 동사구로 대학 등에서 전공으로 공부한 과목을 말한다. major in 다음에 전공한 과목을 말하면 된다. 대학에서 역사를 전공하다는 major in history in college, 수학을 전공하다는 major in math라고 한다.

Useful Expressions

★ **major in**
…을 전공으로 하다

★ **major in history in college**
대학에서 역사를 전공하다

★ **major in math**
수학을 전공하다

A: What did you study in school?

B: I **majored in** Spanish.

A: 너 학교에서 뭐 전공했어?
B: 스페인어 전공했어

A: So you decided to **major in** science?

B: Yes, I've always been interested in scientific experiments.

A: 그래 너 과학을 전공하기로 했어?
B: 응, 난 항상 과학실험에 관심을 가졌어.

Talking Practice

1. 걘 자기가 법을 전공할거라고 얘기한다고 할 때

He says he'll **major in** the study of law.

2. 대부분의 학생들은 자기들이 무엇을 전공할지 모르고 있는

Most students don't know what they'll **major in.**

3. 넌 왜 유럽역사를 전공한거야라고 물어볼 때

Why did you **major in** European history?

One Point Lesson

major는 명사로는 대학에서의 「전공」, 혹은 그 「전공자」를 말한다. 그래서 걔의 전공은 수학이야는 His major is math, 그리고 걘 수학 전공자야는 He's a math major라고 쓰면 된다. 또한 대학에서 전공을 왜 바꿨어?라고 물어보려면 Why did you change your major at university?라고 하면 된다. 참고로 또 다른 의미로는 군대에서의 「소령」, 형용사로는 「주요한」, 「심각한」이란 의미로 쓰인다는 것도 알아두면 금상첨화.

Please **fill** it **up**

가득 채워주세요

---

fill up 가득차다, 가득채우다

up은 「완전히」(completely)라는 뜻의 부사로 fill up은 「가득채우다」라는 의미. 특히 "Fill it up"은 주유소(gas station)에서 차에 기름을 「가득 채워달라」고 할 때 쓸 수 있는 말. 차는 보통 여기서처럼 it을 써서 나타내기도 하지만, "Fill 'er up"과 같이 여성으로 취급하기도 한다.

Useful Expressions

★ **fill up**
    가득차다, 가득채우다

★ **fill it up**
    기름을 가득채우다

A: Why didn't you **fill up** the water pitcher?

B: I'm sorry, I forgot it was empty.

A: 왜 물주전자에 물을 채워놓지 않았어?
B: 미안, 비었다는 걸 잊었어.

A: Hello. What would you like?

B: Regular unleaded. Please **fill it up**.

A: 안녕하세요. 어떻게 드릴까요?
B: 보통 무연휘발유로 가득 채워주세요.

Talking Practice

1. 커피잔을 가득 채워줄래라고 부탁할 때

Could you **fill up** my coffee cup?

2. 우리는 주유소에서 가득 주유하기 위해 멈췄어는

We stopped to **fill up** the car at the gas station.

3. 교실에는 새로운 학생들로 가득찼다고 말할 때는

The classroom **filled up** with new students.

One Point Lesson

기름을 넣을 때는 구체적인 양을 기준으로 "Just put in 20 liters," 혹은 넉넉치 않은 주머니 사정에 맞춰 「돈의 액수 + worth」의 형태를 써서 "$10 worth, please"와 같이 주문할 수도 있다.

170

I didn't **mean to** say that

그렇게 말하려는 게 아니었어

mean to …하려고 하다, …할 생각이다

여기서 mean은 「(의도적으로)… 하려고 하다」(intend to do something)라는 뜻
으로, I didn't mean to + V는 출근길 만원 지하철 안에서 얼떨결에 누군가의 발을
사정없이 밟고, 겸연쩍게 사과할 때처럼 남에게 해를 끼치거나 기분을 상하게 했지만
(upset or hurt someone) 의도적으로 그런 것이 아니니까 헤아려 달라고 용서를
구할 때 쓸 수 있다. 간단히 I didn't mean it이라고도 한다.

Useful Expressions

★ mean to+V
…하려고 하다, …할 생각야

★ I don't mean to+V
…할 생각은 없어

★ I didn't mean to+V
…하려고 한 건 아니었어

A: You told me that you didn't like Chris.

B: I didn't **mean to** say that.

A: 크리스를 싫어한다고 내게 말했잖아.
B: 그렇게 말하려는 게 아니었어.

A: How could you do this to me?

B: I really didn't **mean to** make you miserable.

A: 어떻게 내게 그럴 수 있어?
B: 널 비참하게 하려고 한 건 아냐.

Talking Practice

1. 방해할 생각은 없지만, 중요한 전화가 왔다고 말할 때

I didn't **mean to** interrupt, but you have an important phone
call.

2. 사태를 더 나쁘게 만들려는 것은 아니라고 말할 때

I don't **mean to** make things worse.

3. 걔가 그 파티에 대한 걸 사전에 알릴 생각(spill the beans)이었어라고 확인할 때

Did he **mean to** spill the beans about the party?

One Point Lesson

mean to+V는 정말 많이 쓰이는 동사구라 입에 착 달라붙을 정도로 열심히 학습해야 한다. 주의할 점은 mean to sb의 경우가 있는
데 여기서 mean은 동사가 아니라 형용사로 「야비한」, 「야박한」 이라는 의미이다. 그래서 넌 왜 그렇게 내게 야박하니라고 따지
려면 Why are you so mean to me?, 네 부인에게 야비하게 굴지마라는 Don't be so mean to your wife라 하면 된다.

How much do I **owe** you?

얼마예요?

owe A to B B에게 A를 빚지다

돈이나 도움 등 뭔가 상대방에게 빚졌다고 말할 때 쓰는 전형적인 표현. 형태는 기본적으로 owe sb sth 혹은 owe sth to sb라 쓰면 된다. 추가적으로 돈이 들어가는 이유까지 말하려면 owe sb sth(money) for sth이라 하면 된다.

Useful Expressions

★ **owe sb sth**
 …에게 …을 빚지다

★ **owe sth to sb**
 …에게 …을 빚지다

★ **owe much[a lot] to sb[sth]**
 …에 많은 신세를 지다

★ **get[be] in debt**
 빚지다

A: I heard you **owe** a lot of money.

B: Yes, I have no choice but to borrow it from my dad.

A: 많은 돈을 빚졌다며.

B: 어, 아버지에게 빌릴 수밖에 없어.

A: I **got in debt** using a credit card.

B: You'd better pay it off.

A: 신용카드를 쓰다 빚더미에 빠졌어.

B: 상환하는게 나을거야.

Talking Practice

1. 릭은 내게 빚진 돈을 갚아야(pay sb+money) 돼라고 할 때

Rick needs to pay me the money he **owes.**

2. 탐은 부인에게 위자료(alimony)와 양육비(child support)로 약 오천 달러를 줘야 되는

Tom **owes** about $5,000 **to** his wife for alimony and child support.

3. 난 나를 구해준 남자에게 목숨을 빚지고 있다고 할 때

I **owe** my life **to** the man who saved me.

One Point Lesson

빚지는 것은 꼭 돈에만 국한되는 것은 아니다. owe sb an apology하면 「…에게 사과를 해야 한다」는 뜻이다. 또한 How much do I owe you?하면 얼마예요?라는 뜻으로 가게에서 물건을 고른 다음 계산원에게 물어볼 때 사용하는 전형적인 표현이다.

Level 2

172

You should **apologize** to me

너 내게 사과해야지

apologize for …로 사과하다

sorry보다 좀 더 정중하고 무게있는 표현으로 미안한 행동을 사과할 때는 apologize for sth, …에게 사과하다는 apologize to sb라고 하면 된다. 합쳐서 apologize to sb for sth하게 되면 「…로 …에게 사과하다」가 된다.

Useful Expressions

★ **apologize for sth**
…에 대해 사과하다

★ **apologize to sb**
…에게 사과하다

★ **apologize to sb for sth**
…에게 …를 사과하다

A: I must **apologize for** my colleague's behavior.

B: Your apology is accepted.

A: 제 동료가 한 행동을 사과드립니다.
B: 용서해드리죠.

A: I'm sorry, but I don't know what to say.

B: Maybe you should **apologize** to me.

A: 미안하지만 뭐라 해야 할지 모르겠어.
B: 내게 사과해야지.

Talking Practice

1. 내가 하는 모든 어리석은 짓에 대해 네게 사과할 생각이야라고 말할 때

I think that I'm going to **apologize for** all of the stupid things I do.

2. 걔가 너에게 사과하도록 할게는

I'll get her to **apologize** to you.

3. 걘 가서 그녀에게 사과를 하지 않을거야라고 말하려면

He will not go **apologize** to her.

One Point Lesson

apologize는 동사로 이의 명사형은 apology이다. 이 apology를 이용하여 사과를 하고 사과를 받아줄 수도 있다. 제발 내 진심어린 사과를 받아줘요라고 할 때는 Please accept my sincere apologies라 한다. 물론 매우 formal한 표현이다. 상대가 이렇게 용서를 구할 때 사과를 받아주려면 Your apology is accepted(다 용서했어요)라고 하면 된다.

185

When did you **graduate from** university? 대학교 언제 졸업했어?

graduate from …을 졸업하다

graduate from은 「졸업하다」라는 기본 숙어. 항상 from이 따라나온다는 사실만 기억해 둔다. 참고로 undergraduate는 「대학생」 graduate는 「대졸자」 graduate student은 「대학원생」 그리고 graduate school은 「대학원」을 말한다.

Useful Expressions

★ graduate from+학교 (in+년도)
(…년도에 …를) 졸업하다
★ undergraduate
대학생
★ graduate
대졸자
★ graduate student
대학원생
★ graduate school
대학원

A: When did you **graduate from** university?
B: Quite some time ago!

A: 대학교 언제 졸업했어요?
B: 꽤 오래됐어요!

A: Are you going to get a job after you **graduate?**
B: No, I'm going to try starting up my own business.

A: 졸업 후엔 취업할거니?
B: 아니, 사업을 시작해볼까 해.

Talking Practice

1. 언제 고등학교를 졸업했니?라고 물어볼 때

When did you **graduate from** high school?

2. 정말이지 대학원에 진학하고 싶어는

I really want to go to **graduate school.**

3. 예일대를 졸업만 하면 내 인생이 활짝 필(go places) 것 같아라는 말은

I feel that I am going to go places after I **graduate from** Yale.

One Point Lesson

undergraduate는 아직 학부졸업을 못했으니 대학생을 뜻하고, graduate는 졸업한 사람, 즉 대졸자를 뜻한다. 그리고 graduate student는 졸업한 학생으로 대학원생을, 그리고 graduate school은 졸업한 학생들이 다니는 학교라는 뜻에서 대학원을 말한다.

You can **count on** me

내게 맡겨

count on 의지하다, 기대하다, 믿다

상대방이 자기가 원하는 것 등을 해줄거라 의지하거나 믿는다는 의미로 비슷한 의미의
depend on, rely on, rest on 등이 있다.

Useful Expressions

★ **count on sb**
 …을 기대하다, 의지하다

★ **count on sb for~[to+V]**
 …가 …하기를 기대하다

★ **count on sb ~ing**
 …가 …하기를 기대하다

★ **You can count on me**
 내게 맡겨

A: Please get it done right away.

B: Don't worry, you can **count on** me.

 A: 지금 당장 이것 좀 해줘.
 B: 걱정마. 나만 믿어.

A: Jane, how many times a week do you do it?

B: It **depends on** how Peter's job is going.

 A: 제인, 일주일에 몇 번 해?
 B: 피터의 일 상황에 따라 달라.

Talking Practice

1. 널 믿어도 될 줄 알고 있었어라고 하려면

I knew I could **count on** you.

2. 넌 아무나 정직하다고 믿어서는 안돼는

You can't **count on** anyone to be honest.

3. 난 네가 날 도와줄거라 믿는다고 할 때

I **count on** you to help me out.

 One Point Lesson

특히 It[That] depends on~의 형태로 많이 쓰이는데 이는 「on 이하의 상황에 따라 달려 있다」 라는 의미이다. 사장이 자리에 없
자 일찍 퇴근할까 고민하는 사람들에게 그건 사장이 어디에 있느냐에 달려 있어라고 하려면 That depends on where the boss is, 그
리고 언제쯤 올 수 있냐고 물어보는 상대방에게 교통상황에 달려 있다라고 하려면 That depends on the traffic conditions라고 하면
된다.

Do you **suffer from** back pain?

요통에 시달려?

suffer from …로 시달리다, 고통받다

주로 from 다음에 심신의 병들, 즉 불면증, 허리통증, 당뇨병 등이 목적어로 와서 그 병으로 고생을 하고 있다고 말할 때 사용한다. 물론 비유적으로 병과 같이 뭔가 안좋은 상황으로 시달리다라고 할 때도 사용된다. 그래서 suffer from serious pollution 하면 「심각한 오염에 시달리다」라는 의미가 된다.

Useful Expressions

★ suffer from+병
  …을 앓다, …로 고생하다

★ suffer from the cold
  감기로 고생하다

A: Do you **suffer from** back pain?

B: Only if I lift heavy objects.

  A: 요통에 시달립니까?
  B: 무거운 물건을 들어올릴 때만 그래요.

A: Does anyone in your family **suffer from** diabetes?

B: Yes, my father had diabetes before he died.

  A: 가족 중에 당뇨병 걸린 사람이 있나요?
  B: 네, 아버님이 돌아가시기 전 당뇨병이 있었어요.

Talking Practice

1. 불면증에 시달리나요?라고 물어보려면

  Do you **suffer from** insomnia?

2. 설사가 있으신가요?라고 물어보려면

  Are you **suffering from** diarrhea?

3. 저런 고통을 맛보고 싶진 않아요라고 하려면

  I don't want to **suffer** like that.

  suffer from sth으로 sth에 병이 오지 않으면 앞서 언급했듯이 「좋지 않은 경험을 하다」, 「…을 겪다」라는 의미가 된다. 그래서 내 노트북은 많이 닳았어라고 하려면 My notebook computer has suffered a lot of wear and tear라고 하면 된다.

Does he **belong to** your club?

걔 너희 클럽소속이야?

belong to …의 것이다, …에 속하다

belong to는 주어의 소유나 소속을 의미할 때 사용한다. belong to sb하게 되면 주어는 「…의 것이다」 belong sth하게 되면 「…의 소속이다」라는 의미가 된다. 이때 sth에는 학교나 기관 등의 명사가 오게 마련이다.

Useful Expressions

★ **belong to sb**
…의 것이다

★ **belong to sth**
…의 소속이다

A: Does he **belong to** your club?

B: Yes, he's been a member ever since I can remember.

A: 걔 너희 클럽소속이야?
B: 음, 내가 기억하는 한 계속 멤버였어.

A: Who left their shoes on my floor?

B: I think they **belong to** Jennifer.

A: 누가 바닥에 신발을 벗어놓고 간거야?
B: 제니퍼꺼 일거야.

Talking Practice

1. 그건 틀림없이 전 주인 것일거야라고 말할 때

It must **belong to** the previous owner.

2. 걔가 어디 소속이라고 말하지 말라고 할 때

Don't tell me where she **belongs.**

3. 걔네들이 네 소속일 가능성이 얼마나 돼냐고 물어볼 때

What are the odds they **belong to** you?

 One Point Lesson

belong이 들어가는 중요표현으로는 You don't belong here하게 되면 넌 여기에 어울리지 않아라는 의미. 또 하나 belongings처럼 명사복수형을 쓰면 몸에 지니고 있는 「소지품」을 말하며 좀 더 구체적으로 personal belongings라고 쓰기도 한다. 그래서 잊지 말고 모든 개인 소지품을 머리 위의 물품보관함에서 가져가라고 할 때는 Please remember to take all your personal belongings from the overhead locker라고 하면 된다.

I'd **go with** the Cajun chicken dinner 케이준식 닭고기 요리로 할게요

go with 함께 가다, 포함되다, 어울리다 선택하다, 연애하다

「…와 함께 가다」라는 아주 기초적인 의미부터, 비유적으로 「포함되다(딸려나오다)」 「어울리다」, 「…로 선택하다」 등 어려운 의미로도 쓰이는 중요한 표현이다. 물론 go with sb하게 되면 「연애하다」라는 뜻이 된다.

Useful Expressions

★ **go with sb**
함께 가다, 연애하다

★ **go with sth**
포함되다, 어울리다, 선택하다

A: I heard that you have to meet our manager.
B: That's true. Will you **go with** me?

    A: 저희 관리책임자를 만나야겠다고 하셨다면서요.
    B: 맞아요. 같이 가주실래요?

A: This coffee tastes great.
B: Let me get you a piece of pie to **go with** it.

    A: 커피 맛 좋네.
    B: 커피랑 같이 먹도록 파이 한 조각 갖다줄게.

Talking Practice

1. 내가 너랑 같이 갈까라고 상대방의 의사를 물어볼 때

Would you like me to **go with** you?

2. 식사에 와인을 곁들이시겠습니까라고 물어볼 때

Would you like to choose a wine to **go with** your meal?

3. 고객들이 타사와 거래할 것 같다고 말할 때

I think our clients are going to **go with** another company.

One Point Lesson

with를 without로 바꿔서 go without sth하게 되면 「…이 없이 견디다」, 「…이 없이 지내다」 라는 뜻이 된다. 며칠간은 음식없이도 지낼 수 있다고 할 때는 It's possible to go without food for a few days라고 하면 된다. 참고로 It goes without saying that S+V하면 뭔가 명백한 것을 말할 때 사용하는 친숙한 표현으로 「…은 두말할 필요도 없다」 라는 뜻이 된다.

I **got** you **mixed up with** someone else 널 다른 사람과 혼동했어

mix up with 혼동하다

mix up은 「…을 뒤죽박죽 섞어서 혼란스럽게 만들다」 혹은 「혼동하다」라는 뜻이 된다. 특히 혼동하다라는 의미로 쓰일 때는 혼동이 되는 대상과 함께 쓰이는데 이때는 mix up with~로 쓰면 된다.

Useful Expressions

★ **mix up**
혼란스럽게 만들다, 혼동하다

★ **mix up with**
…와 혼동하다

★ **get mixed up**
혼동하다

A: Why weren't you at the meeting?

B: I **mixed up** that time **with** another meeting.

> A: 너 왜 회의에 참석하지 않았어?
> B: 다른 미팅시간과 혼동했어.

A: You didn't turn in your homework.

B: Sorry, it **got mixed up with** other papers.

> A: 넌 숙제를 제출하지 않았어.
> B: 죄송해요, 다른 과제물과 혼동했었어.

Talking Practice

1. 널 다른 사람으로 혼동했어라고 하려면

I got you **mixed up with** someone else.

2. 우리 예약이 다른 손님꺼와 혼동됐어라고 하려면

Our reservation was **mixed up with** another guest.

3. 걔를 다른 학생들과 혼동하지말라고 할 때

Don't **mix** him **up with** other students.

One Point Lesson

a mix-up하게 되면 혼동으로 야기된 「실수」나 「문제」를 의미한다. 넌 실수로 초대를 받지 못했어는 You weren't invited because of a mix-up, 혼동으로 직원들에게 문제를 야기했어는 The mix-up created problems for the staff, 그 소포는 실수로 인한 혼동으로 도착하지 않았어는 The package never came due to a mix-up라고 하면 된다.

I have to **meet with** my boss

사장과 만나야 돼

meet with 만나다

meet with가 meet와 다른 점은 뭔가 논의하기 위한 만난다는 그래서 좀 formal하다는 점이다. 반면 up을 추가해서 meet up with하게 되면 우연히 혹은 약속대로 만나다라는 뜻이 된다.

Useful Expressions

★ **meet with** sb
논의하기 위해 만나다

★ **meet up with** sb
우연히 혹은 계획대로 만나다

A: I'd like to **meet with** you this afternoon.

B: What time would be good for you?

A: 오늘 오후에 만나고 싶은데요.
B: 몇시가 좋으시겠어요?

A: Why are you so nervous?

B: I have to **meet with** my boss.

A: 왜 그렇게 초조해 하는거야?
B: 사장과 만나야 돼.

Talking Practice

1. 이렇게 만나줘서 정말 감사해요라고 말할 때

We're very grateful that you agreed to **meet with** us.

2. 교장선생님을 만나는게 두렵다고 말할 때

I'm afraid to **meet with** the principal.

3. 존, 내일 아침에 만나서 우리의 자산 선택 절차를 논의할 수 있을까?라고 말하려면

John, can you **meet with** me tomorrow morning to discuss our portfolio selection process?

One Point Lesson

만나다는 meet으로 알고 있었는데 영어를 배울수록 meet with나 meet up with의 표현들이 나오면서 헷갈리게 한다. 역시 가장 일반적인 표현은 meet이고 meet with는 좀 더 formal한 표현으로 만남자체가 공식적인, 정식인 냄새가 나는 표현이다. 이 사이에 up를 넣어서 meet up with하게 되면 meet with보다 좀 더 캐주얼한 표현이 된다.

That woman **is coming on to** me

저 여자가 내게 수작을 걸고 있어

come on to 유혹하다, 수작걸다

come on to sb하게 되면 성적인 목적으로 이성에게 수작걸다라는 의미가 된다. 비슷한 표현으로는 hit on이 있다.

Useful Expressions

★ come on to
유혹하다, 수작걸다

★ hit on
유혹하다, 수작걸다

★ Are you hitting on me?
수작거는거야?

A: That woman **is coming on to** me.

B: What did she do to make you think that?

A: 저 여자가 내가 수작을 걸고 있어.
B: 어떻게 했길래 그렇게 생각하는거야?

A: She rubbed her hips against me.

B: Did Chris **come on to** you at all?

A: No, he acted like a perfect gentleman.

A: 내 엉덩이에 자기 엉덩이를 비벼댔어.
B: 크리스가 네게 수작을 걸었어?
A: 아니, 걘 완전 신사처럼 행동했어.

Talking Practice

1. 걘 과음을 한 후에 우리에게 수작을 걸었다고 말할 때

He came on to us after drinking too much.

2. 내가 외출할(go out) 때 남자들이 어찌나 내게 추근대는지 참을 수가 없어라고 할 때

I can't stand how guys come on to me when I go out.

3. 내 남친에게 그만 좀 치근덕거릴래라고 항의할 때

Will you stop hitting on my boyfriend?

One Point Lesson

역시 동사구는 바로 명사로도 쓰이는데 '-'를 붙여 come-on하게 되면 「유혹하는 것」을 뜻한다. 그래서 give sb the come-on하면 이 역시 「수작걸다」라는 뜻이 된다. 그 칭찬들은 네게 건 수작였어는 The compliments he gave you were just a come-on, 너날 좋아하는거야 아니면 수작거는거야라고 확인할 때는 Do you like me, or is that a come-on?이라고 하면 된다.

You really **can't stand to** lose

넌 지는 걸 참지 못해

can't stand to~ …을 참을 수 없다

stand to+V 앞에 can't을 붙여 can't stand to+V하게 되면 「너무 싫어서 …을 도 저히 참을 수 없다」라는 의미로 쓰이는 빈출 동사구이다. can hardly처럼 not 대신 다른 부정어가 와도 된다.

Useful Expressions

★ **can't stand to+V**
도저히 …을 참을 수 없다

★ **can hardly to+V**
…을 참을 수 없다

★ **can't stand ~ing**
…하는 것을 참을 수 없다

★ **can't stand how~**
…하는 것을 참을 수 없다

A: Why did you give that bum money?

B: I **can't stand to** see people begging.

A: 넌 왜 그 놈팽이에게 돈을 준거야?
B: 난 사람들이 구걸하는걸 볼 수가 없어.

A: I **can't stand** waiting in lines like this.

B: Me, neither, do you want to leave?

A: 이렇게 줄서서 기다리는 건 못 참겠어.
B: 나도 그래. 다른 데로 갈래?

Talking Practice

1. 난 걔랑 도저히 같이 못 다니겠어라고 말하려면

I can hardly **stand to** be with him.

2. 넌 지는 걸 못참지, 그지?라고 확인할 때

You really **can't stand to** lose, can you?

3. 사무실 사람들이 날 쳐다보는 방식에 참을 수 없다고 할 때

I **can't stand** how all the guys at work stare at me.

One Point Lesson

I can't stand~ 다음에 to+V 대신에 도저히 참을 수 없는 명사를 넣어 싫어함을 표현할 수도 있다. 사무실에 새로 들어온 신입사원 이 너무 잘난 척하면 I can't stand that new guy at the office, 이렇게 춥고 습한 날씨는 견딜 수가 없라고 하려면 I can't stand this cold, wet weather라고 하면 된다.

I **fell for** her shortly after we met

우리가 만난 후에 난 걔에게 홀딱 반했어

fall for 속아 넘어가다, 홀딱 반하다

for 다음에 넘어가다라는 의미로 두가지 뜻만 알아두면 된다. 첫째는 fall for sth의 형태로 사기나 속임수 등에 속아 넘어가다라는 뜻이고, 다른 하나는 fall for sb의 형태로 sb에게 반해서 홀딱 넘어가다, 사랑에 빠지다(fall in love with)라는 뜻이다.

Useful Expressions

★ fall for sth
…에 속아 넘어가다

★ fall for sb
…에 홀딱 반하다

A: Why is it that every man I **fall for** turns out to be a queer?

B: Maybe it's because they're safer than straight men.

A: 내가 홀딱 사랑에 빠진 남자들은 다 왜 게이일까?
B: 이성애자보다 더 안전하기 때문일지도 몰라.

A: How did your mom lose so much money?

B: She **fell for** some investment scam.

A: 네 엄마는 어쩌다 그렇게 많은 돈을 잃었어?
B: 엄마는 투자사기에 속아넘어갔어.

Talking Practice

1. 신디는 해외에서 만난 남자에게 홀딱 반했어라고 할 때

Cindy **fell for** a man she met overseas.

2. 난 우리가 만난 후에 크리스에게 홀딱 반했어라고 할 때

I **fell for** Chris shortly after we met.

3. 걔가 하는 달콤한 말에 넘어가지마라고 충고할 때

Don't **fall for** the sweet things she says.

One Point Lesson

fall from grace는 사람들의 「신임을 잃다」, 「눈밖에 나다」 라는 의미이고 fall guy는 「희생양」 이라는 뜻이다. 랜디는 사기치다 걸려서 사람들의 신뢰를 잃었어는 Randy fell from grace after being caught cheating, 연속해서 실수를 하는 바람에 그녀는 눈밖에 났어는 A series of mistakes led to her fall from grace, 그리고 걔는 사업실패의 희생양이었어라고 하려면 He was the fall guy for the failure of the business라고 하면 된다.

My life **is falling apart**

내 인생이 엉망야

fall apart 망가지다, 무너지다

fall apart는 조각조각 떨어져나가는 것을 말하는 것으로 비유적으로 자기 감정을 통제하지 못하고 어떤 안 좋은 신체적, 경제적, 정신적 상황에 대처하지 못한 채 무너지는 것을 의미한다. 주어로는 사람이 올 수도 있고 marriage, life 등의 사물명사가 올 수도 있다.

Useful Expressions

★ fall apart
망가지다, 조각나다, 무너지다, 엉망이 되다

A: Anderson and Vera are always arguing.
B: Do you think their marriage **is falling apart?**

A: 앤더슨하고 베라는 늘상 다퉈.
B: 걔네들 결혼이 파국으로 갈 것 같아?

A: The old bridge is beginning to tip over.
B: It's likely to **fall apart** soon.

A: 오래된 다리가 넘어지기 시작하고 있어.
B: 곧 무너질 것 같은데.

Talking Practice

1. 내 인생이 엉망야. 문제가 너무 많아라고 할 때

My life **is falling apart**. I have so many problems.

2. 그 거래는 초기에 결딴이 났어라고 할 때

The deal **fell apart** early on.

3. 우리 오래된 차가 망가지기 시작하고 있어라고 할 때

Our old car is beginning to **fall apart**.

One Point Lesson

I'm falling apart(너무 힘들어는)는 경제적, 정신적으로 문제들이 너무 많아 더 이상 어떻게 컨트롤 할 수 없게 된 상황이 되었을 때 사용하면 되는 표현. 또한 건강에 문제가 생겨서 몸 전체가 엉망이야라고 말할 때는 My entire body is falling apart라고 하면 된다.

I plan to **start up** my own business
난 내 신생회사를 시작할 계획이야

start up 새로 회사를 시작하다

시작하다. 자동차의 시동을 걸다라는 의미에서 발전해서 「회사를 시작하다」, 「창업하다」라는 의미로 많이 쓰인다. 「회사를 창업하다」는 start up the company, 「자기 자신의 회사를 차리다」는 start up one's own business라고 하면 된다.

Useful Expressions

★ **start up the engine**
자동차 시동을 켜다

★ **start up the company**
회사를 창업하다

★ **start up one's own business**
자신의 회사를 세우다

A: Do you have enough money to **start up** the company?

B: I do, but I can only keep the company afloat for three months.

A: 회사를 창업할 만한 돈은 충분히 갖고 있는거니?
B: 응, 하지만 3개월쯤 버틸 수 있을 정도야.

A: No one is willing to invest in the new firm.

B: You can't **start up** a company without money.

A: 아무도 그 새로운 회사에 투자하려고 하지 않아.
B: 돈없이는 신생회사를 시작할 수 없어.

Talking Practice

1. 우리가 안으로 들어갈(be inside) 때까지 차시동을 켜지마라고 할 때

Don't **start up** the car until we are inside.

2. 난 내 신생회사를 시작할 계획이야라고 할 때

I plan to **start up** my own business.

3. 너 혼자 힘으로 이 식당을 시작한거야라고 물어볼 때

Did you **start up** this restaurant by yourself?

One Point Lesson

앞에서 여러번 언급했듯이 동사구를 그대로 품사전환하여 명사로 사용하는데, start up 역시 start(-)up의 형태로 명사로 쓰인다. 의미는 새로 창업한 「신생기업」을 뜻하고 혹은 형용사로 쓰이기도 하여 「신생기업」을 start-up company라고 쓰기도 한다.

My car **broke down**

내 차가 고장났어

break down 고장나다, 망가지다

break down은 여러개로 쪼개져 망가져버리다라는 뜻으로 주로 기계나 차량이 고장이 나는 경우를 말한다. 도로를 달리다보면 차가 퍼져있는 경우, 아침 출근길에 차량이 문제가 있어 제때 오지 않는 경우를 연상해보면 된다. breakdown이라고 붙여 쓰면 「고장」이라는 뜻.

Useful Expressions

★ 차량, 기계+**break down**
고장나다

A: Did your car **break down** again?

B: It did, and that's the third time in two weeks.

A: 네 차 또 고장났어?
B: 응, 두 주 동안 이번이 세 번째야.

A: Would you mind if I use your car to visit that client? Mine **broke down** this morning.

B: That's fine. Just remember to put gas in it when you are done with it.

A: 그 고객한테 가봐야 해서 그러는데 네 차 좀 써도 될까? 내 차가 오늘 아침에 고장이 났거든.
B: 좋아. 다 쓰고 나서 기름 채워놓는거만 잊지 않으면 돼.

Talking Practice

1. 차가 고장나서 올 수 없었어라고 하려면

I couldn't come because my car **broke down.**

2. 미안 늦었어. 차가 고장났어라고 지각변명을 할 때

I'm sorry I was late. My car **broke down.**

3. 오늘 아침에 출근 길에(on the way to work) 차가 고장났어라고 하려면

This morning my car **broke down** on the way to work.

One Point Lesson

break down은 그밖에 「실패하다」, 좀 어렵지만 이해하기 어려운 문제를 여러개로 조각내서 「알아듣기 쉽게 설명하다」 라는 뜻으로도 쓰인다는 점을 알아두자. 또한 shut down은 가게나 회사 등이 (망해서) 문을 닫거나 혹은 컴퓨터 등의 작동을 멈추게 하다, 즉 끄다라는 의미가 된다. 그래서 옆의 직장 동료가 퇴근하려고 컴퓨터를 끄고 책상을 깨끗이 치웠다라고 하려면 He shut down his computer and cleared his desk라고 하면 된다.

Robbers **broke in to** the bank

강도들이 은행에 침입했어

break in 침입하다, 길들이다

break in은 건물이나 집에 뭔가 훔치기 위해 몰래 들어가는 것을 뜻한다. break into 라고 해도 된다. break sth in하게 되면 특히 신발이나 옷이 발에 몸에 맞게 길들이다 라는 뜻이 되고, break into의 경우에는 새로운 직업이나 분야에 뛰어드는 것을 말한 다는 것을 참고사항으로 알아둔다.

Useful Expressions

★ **break in(to)+건물, 집**
강제적으로 침입하다

★ **break sth in**
…을 길들이다

★ **break into**
새로운 분야에 진출하다

A: Robbers **broke in to** the bank.

B: We had to **break in to** get our money back.

A: 강도들이 은행에 침입했어.
B: 우리 돈을 되찾으러 우리도 들어가야 했어.

A: Why are the cops gathered outside?

B: Someone **broke into** the apartment beneath ours.

A: 왜 경찰들이 밖에 모여 있는거야?
B: 우리집 아래 아파트에 누군가가 침입했어.

Talking Practice

1. 누군가가 내 아파트에 침입을 하려고 했어라고 하려면

Someone tried to **break in to** my apartment.

2. 수사관들은 그 사람들이 어떻게 불법 침입할 수 있었는지 알아냈는지 물어보려면

Did the investigators find out how they were able to **break in?**

3. 새롭게 시장을 공략하기는 어렵겠구나라고 동조하려면

Sounds like it would be a tough area to **break into.**

One Point Lesson

break out은 친숙한 표현으로 주로 전쟁이 언제 「발발했다」 라는 의미로 배웠던 동사구이다. 따라서 break out의 주어자리에 주로 오는 명사는 war, fire, fighting 등 별로 안좋은 일들을 나타내는 부정적인 단어가 오게 마련이다. 또한 break out of~가 되면 「…에 서 도망치다」, 「달아나다」 라는 의미가 된다. 그래서 오늘밤 몇몇 죄수들이 탈옥했다고 하려면 They say several prisoners broke out tonight이라고 하면 된다.

You can **bring** it **back** here

그거 이리로 가져와

bring back 돌려주다

bring back이 가장 많이 쓰이는 경우는 「돌려주다」, 「다시 데려다 주다」 등 원래 있던 장소로 사람이나 사물을 갖고 가는 것을 뜻한다. 그래서 「…에게 …을 돌려주다」는 bring sth back for sb, 혹은 bring sb back sth이라고 하면 된다.

Useful Expressions

★ bring back sth[sb]
…을 돌려주다, 다시 데리고
가다

★ bring sth back
for sb, =bring sb
back sth
…에게 …을 돌려주다

A: Where do I take it for service?

B: You can **bring** it **back** here.

A: 서비스는 어디서 받죠?
B: 이곳으로 가져오시면 됩니다.

A: I want you to **bring back** a snack.

B: Really? What do you want to eat?

A: 과자 좀 가지고 와.
B: 정말? 어떤 걸 먹고 싶은데?

Talking Practice

1. 그거 다 쓰고나면 가져와, 알았지?라고 하려면

Bring that back when you're done with it, OK?

2. 제이슨이 내 우산을 다시 가져왔냐고 물어볼 때

Did Jason **bring back** my umbrella?

3. 내걸로 커피 한 잔을 가져와라고 할 때

Bring back a cup of coffee for me.

One Point Lesson

bring back은 비유적으로 사용하게 되면 「…을 기억나게 하다」, 「떠올리게 하다」 라는 의미로 주어자리에는 기억을 나게 하는 사물명사가 주로 오게 된다. 기억상실증에 걸린 환자의 보호자에게 수술해도 기억이 되살아나는 걸 보증하진 못해요라고 하려면 There's no guarantee the surgery's going to bring back her memory라고 하면 된다.

I'm through with you

너랑은 끝났어

be through 끝나다, 끝내다

be through는 단독으로 「끝나다」「끝내다」라는 의미로 쓰이지만 뒤에 sb가 와서 be through with sb하게 되면 「…와 관계를 끝내다」 be through sth하게 되면 「…을 다 사용하다」「그만두다」라는 의미가 된다.

Useful Expressions

★ **be through**
끝나다, 끝내다

★ **be through with sb**
관계를 끝내다

★ **be through with sth**
다 사용하다, 그만두다

★ **I'm through with you**
너랑은 끝났어

A: Make sure that you log off when you're **through**.

B: Don't worry, I will.

A: 끝나면 접속을 끊는거 잊지마.
B: 걱정마, 그럴게.

A: I haven't seen Glenda and Art lately.

B: She told me their relationship **is through**.

A: 난 최근에 글렌다와 아트를 보지 못했어.
B: 걔가 그러는데 그들 사이가 끝났다고 그랬어.

Talking Practice

1. 내가 일 끝나면 너희 사무실에 들를게라고 하려면

I'll come by your office when I'm **through**.

2. 서류 정리 거의 다 끝나간다고 말하려면

I'm almost **through with** the docs.

3. 신경쓰지마. 이제 너랑 끝났으니라고 말하려면

Forget it. I'm **through with** you now.

One Point Lesson

through가 들어가서 헷갈리는 표현들을 모아본다. put sb through는 「전화를 바꿔주다」, go through는 「…을 통과하다」, 「경험하다」, get through는 「…을 이겨내다」, 「극복하다」라는 뜻으로 쓰인다. 또한 talk through는 「대화로 해결하다」, make it through는 「힘든 시간을 헤쳐 나가다」라는 뜻이 된다.

I **have fallen behind** on my bills

난 청구서를 내지 못해 밀렸어

fall behind 뒤지다, 늦어지다

fall behind는 「뒤로 처진다」는 것으로 다른 사람에 비해 상대적으로 뒤처지거나 예정된 일 등이 늦어지다로 쓰이며, 특히 fall behind with sth하게 되면 지불해야 될 돈을 지급하지 못하다라는 아픈 동사구가 된다. fall 대신 get을 써도 된다.

Useful Expressions

★ **fall behind sb**
…에 뒤지다

★ **fall behind with~**
지불해야 될 돈을 지급못하다, 늦어지다

A: How did you get lost overseas?

B: I **fell behind** the people in my tour group.

    A: 어떻게 해외에서 길을 잃었어?
    B: 내가 속한 관광그룹 사람들보다 뒤처졌어.

A: I really don't understand my homework.

B: Don't **fall behind** or you'll regret it.

    A: 난 정말 내 숙제가 이해가 되지 않아.
    B: 늦어지지마 아니면 너 후회하게 될거야.

Talking Practice

1. 네가 하는 공부에 뒤처지는 것은 쉬운 일이야라고 할 때

It's easy to **fall behind** on your studies.

2. 난 청구서를 내지 못하고 밀려있다고 할 때

I **have fallen behind** on my bills.

3. 닐은 다른 주자들에 비해서 뒤처졌어라고 할 때

Neil **fell behind** the other runners.

One Point Lesson

참고로 leave ~ behind라는 표현이 있는데 이는 「…을 뒤에 놔둔 채로 가다」, 비유적으로 「…을 훨씬 앞서다」라는 의미로 쓰이는 동사구이다. fall[get] behind처럼 「뒤처지다」라는 의미로 쓰려면 be[get] left behind라고 하면 된다. 그래서 친구가 예전의 그 오토바이 아직도 갖고 있느냐고 물어볼 때, 시카고로 이사갈 때 두고 갔다라고 하려면 I left it behind when I moved to Chicago라고 하면 된다.

I'm with you there

그 점에 있어서 너와 같은 생각이야

be with ···와 함께 있다, ···을 지지하다

be with~의 일차적인 의미는 글자 그대로 「···와 함께 있다」라는 의미이고, 비유적으로 「···와 함께 있다」는건 추상적으로 「···와 의견을 같이하다」 즉 「···을 지지하다」, 「···와 같은 편이다」 등의 의미로 쓰인다.

Useful Expressions

★ **be with sb**
···와 함께 있다

★ **be with sb**
···와 같은 생각이다

★ **be with sb there**
그 점에 있어서 같은 생각이다

★ **be with sb all the way**
전적으로 같은 생각이다

A: He's really bad at following directions.

B: That's why I always drive when I**'m with** him.

A: 그 사람은 교통법규를 정말 안 지켜.
B: 그래서 함께 가면 항상 내가 운전하잖아.

A: I think we need to get our air-conditioner fixed.

B: I**'m with** you there.

A: 에어컨을 고쳐야겠어.
B: 그 점에 있어서 너와 같은 생각이야.

Talking Practice

1. 너랑 빨리 함께 있고 싶다고 말할 때

I can't wait to **be with** you!

2. 난 정말 지금 네가 옆에 없어도 된다고 말할 때

I just really need to not **be with** you right now.

3. 전적으로 당신 편이에요. 걔에게 얘기하러 갑시다라고 할 때

I**'m with** you all the way! Let's go talk to him.

One Point Lesson

I'm with you는 「동감야」, 「알았어」라는 의미로 상대방의 말에 동의를 표현하는 것. 특히 '그점'에 동의한다고 할 때는 I'm with you there이라고 하면 된다. 유사한 표현으로는 I'm on your side(난 네 편이야), I'm like you(너랑 같은 생각이야), I'm for it(난 찬성이야), I feel the same way(나도 그렇게 생각해) 등이 있다.

I **can't help loving** that girl

그 여자애를 사랑하지 않을 수 없어

can't help ~ing …하지 않을 수 없다

나도 어찌할 수 없는 상황임을 말할 때 사용하는 표현. 어쩔 수 없이 하게 되는 일을 구체적으로 말하려면 I can' help 다음에 ~ing를. I can't help but 다음에는 동사를 이어주면서 구체적으로 말하면 된다.

Useful Expressions

★ **I can't help it**
어쩔 수가 없어

★ **I can' help but+V**
…하지 않을 수 없다

A: Your sister has gotten fat.
B: She **can't help eating** so much.

> A: 네 누나 살쪘어.
> B: 어쩔 수 없이 많이 먹게 되나봐.

A: I just **can't help putting** off my homework. I hate to do it.
B: You should make a plan to do it every day when you get home.

> A: 숙제하는거 미룰 수밖에 없겠어요. 정말 하기 싫거든요.
> B: 매일 집에 오면 숙제하는 습관을 들여야 돼.

Talking Practice

1. 난 저 소녀를(that girl) 사랑하지 않을 수가 없어라고 할 때

I can't help loving that girl.

2. 내 친구들을 보고 싶어 하지 않을 수가 없다고 할 때

I can't help but miss my friends.

3. 걔한테 미안해할 수밖에 없었어는

I couldn't help feeling sorry for her.

One Point Lesson

비슷한 표현으로 have no choice but to+V가 있으며, 의미는 「…할 수 밖에 없다」 이다. 주의할 점은 I can' help but~다음에는 동사원형이 오지만 have no choice but~다음에는 to+V가 온다는 점이다. 친구가 너 빚이 많다며(I heard you owe a lot of money)라고 했을 때 난 아버지한테서 돈을 빌릴 수밖에 없어라고 하려면 I have no choice but to borrow it from my dad라고 하면 된다.

He's been cheating on you

그는 너 몰래 바람폈어

cheat on 몰래 바람피다

cheat on sb하게 되면 sb 몰래 바람을 피다라는 뜻으로 일상생활에서 무척 많이 쓰이는 표현. 바람핀 상대를 함께 말하려면 cheat on sb with~라고 하면 된다.

Useful Expressions

★ cheat on sb (with)
…를 속이고 (…와) 바람 피우다

★ You cheated on me with sb
넌 날 속이고 …와 바람폈어

A: Did you hear the rumor about Terry?
B: What rumor are you talking about?
A: The guys in the office say he **is cheating on** his wife.

> A: 너 테리에 관한 소문 들었어?
> B: 무슨 소문 얘기하는거야?
> A: 사무실 사람들이 그러는데 걔 아내 몰래 바람핀대.

A: Would you ever **cheat on** your girlfriend?
B: Never! I love her too much to do that to her.

> A: 여친 몰래 바람핀 적 있어?
> B: 전혀! 걔한테 그렇게 하기에는 너무 사랑해.

Talking Practice

1. 제리가 캐런을 두고 바람을 폈다니 믿을 수가 없다고 말할 때

I don't think it's true that Jerry **cheated on** Karen.

2. 내가 남편 몰래 바람이나 피는 그런 여자로 보이냐고 따져 물을 때

Do I look like the kind of woman that would **cheat on** her husband?

3. 네가 나를 속이고 애널리스트와 바람을 피는지 확인할 때

I hear you're **cheating on** me with an analyst.

One Point Lesson

바람을 피다라는 의미로 cheat on이 유명해져서 그렇지 원래 cheat은 「사기치다」, 「시험에서 부정행위를 하다」라는 뜻으로 사용된다. 그래서 사람들 사기쳐서 돈을 뺏는 것은 안돼라고 하려면 It's not okay to cheat people out of money, 그리고 컨닝하다 들키면 낙제하게 될 수도 있을거야라고 하려면 If I get caught cheating, I could end up failing the class라고 하면 된다.

We should **keep kissing**

우리 계속 키스하자

keep ~ing 계속 …하다

「계속하다」는 continue이지만 keep ~ing 또한 일상생활영어에서 무척 많이 쓰인다. keep on~ing이라고 써도 된다. 사용되는 형태는 일반문장에서 뿐만 아니라 Keep going!(계속해)처럼 명령형으로도 많이 사용된다.

Useful Expressions

★ **Keep going!**
계속해!
★ **Keep talking!**
계속 말해봐!

A: You look healthy.

B: I **keep exercising** during my free time.

A: 너 건강해 보여.
B: 시간날 때 계속 운동을 해.

A: Those girls **keep looking** over at us.

B: Let's try to meet them.

A: 저 여자애들이 계속 우리 쪽을 쳐다보고 있어.
B: 걔네들을 만나보도록 하자.

Talking Practice

1. 난 크리스가 좋다고(say yes) 할 때까지 계속 조를거야라고 하려면

I'm going to **keep asking** Chris until he says yes.

2. 네가 그렇게(like that) 술을 마셔대면, 넌 배가 나올(get a potbelly)거야라고 할 때

If you **keep drinking** like that, you're going to get a potbelly.

3. 뭔가 바보같은 일이 일어날거라(come up)는 생각이 계속 들어는

I **keep thinking** that something stupid is gonna come up.

One Point Lesson

상대방에게 격려하거나 재촉할 때 특히 Keep ~ing~의 명령문 형태로 많이 쓰인다. 계속해, 너 잘하고 있어는 Keep going. You're doing fine, 계속 방청소를 하는 Keep cleaning the room, 그리고 계속 최신 정보를 확인해봐는 Keep checking for updates라 하면 된다.

It **makes sense** to me

난 이해가 돼

make sense 이해되다, 말이 되다

이 표현의 특징은 주어는 항상 사물이 되어야 하며, 주어가 「말이 되다」, 「이치에 닿다」라는 의미이다. 「누구에게 말이 되느냐」는 make sense to sb라고 하면 된다.

Useful Expressions

★ **Does it make any sense?**
그게 말이 되기나 해?

★ **It makes sense to me**
난 이해가 돼

★ **That makes sense**
그거 말이 되네

A: What do you think about his excuse?

B: It **makes sense** to me.

　A: 그 사람이 한 변명에 대해 어떻게 생각해?
　B: 나름대로 일리가 있는 걸.

A: I'm not sure if I should accept the job.

B: It doesn't **make sense** to sign a contract there.

　A: 내가 이 일을 받아들여야 할지 모르겠어.
　B: 거기 계약서에 사인하는 것은 말도 안돼.

Talking Practice

1. 걔의 이상한 행동(strange behavior)은 이해가 되지 않는다고 할 때

His strange behavior doesn't **make sense**.

2. 이 기사(this article)가 너한테는 말이 되냐고 물어볼 때

Does this article **make sense** to you?

3. 돈을 전부 다 쓰는 것은 말도 안돼라고 하려면

It doesn't **make sense** to use all of the money.

One Point Lesson

위의 3번째 예문처럼 It doesn't make sense to+V는 「…는 말도 안돼」라는 의미로 많이 쓰인다. 그래서 네 사장을 비난하는 것은 말도 안돼는 It doesn't make sense to blame your boss, 온종일 침대에 있는 것은 말도 안돼는 It doesn't make sense to stay in bed all day, 수업을 빼먹는 것은 말도 안돼는 It doesn't make sense to skip classes라고 하면 된다.

What do you **have in mind?**

뭐할 생각인데?

have ~ in mind …을 염두에 두다

주어가 뭔가 특별히 마음에 두고 있다라는 의미로 주로 의문으로 많이 쓰인다. Do you have anything in mind?(뭐 특별히 생각해둔거 있어?) 경우처럼 말이다. 또한 have~ in mind는 「…을 기억하고 있다」는 단순한 뜻으로도 쓰인다.

Useful Expressions

★ **Do you have anything in mind?**
뭐 특별히 생각해둔거 있어?

★ **What do you have in mind?**
생각해둔게 뭐야?

A: I **have** a present **in mind** for Grandma.

B: Really? Tell me about it.

> A: 할머니 드릴 선물을 염두에 두고 있어.
> B: 정말? 뭔지 말해봐.

A: Do you have any plans tonight?

B: Possibly. What do you **have in mind?**

> A: 오늘 밤에 무슨 계획이라도 있어?
> B: 어쩌면 생길 지도 몰라. 뭐할 생각인데?

Talking Practice

1. 걔는 아주 중요한(important) 프로젝트를 마음에 두고 있다라고 할 때

She **had** an important project **in mind.**

2. 너한테 딱 맞는(work perfectly for sb) 아이디어 하나를 염두에 두고 있다고 할 때

I **have** an idea **in mind** that will work perfectly for you.

3. 맘에 둔 색깔이 있나요?라고 물어볼 때

What color did you **have in mind?**

One Point Lesson

have~ in mind까지는 잘 알려진 동사구이지만 그 용도를 함께 말하는 have ~ in mind for sth은 그리 잘 눈에 띄지 않는다. 무슨 목적으로 「…을 염두에 두고 있다」고 물어볼 때 사용하면 된다. 예를 들어 그 일을 할 사람 누구 맘에 둔 사람있냐고 물어볼 때는 Do you have anyone in mind for the job?이라고 하면 된다.

I'll **have** my secretary work on it

비서보고 그거 하도록 할게

have sb+V …에게 …하라고 하다[시키다]

have sb 다음에 동사원형이나 ~ing가 오면 목적어가 능동적으로 뭔가를 하게끔 주어가 시킨다는 의미. 같은 의미로 have 대신에 get을 쓸 수가 있는데 이 때는 get sb to+동사처럼 to가 들어간다는 점이 have와 다르다.

Useful Expressions

★ have sb+V
…에게 …하라고 하다

★ I'll have sb call you back
…에게 전화하라고 할게

A: I'm sorry, he's on another line at the moment.

B: That's all right. Just **have** him return my call.

A: 죄송합니다만 지금 다른 전화 받고 계시는데요.
B: 괜찮습니다. 전화 좀 해달라고 하세요.

A: I'll **have** her call you back as soon as she gets in.

B: Thank you.

A: 걔가 들어오는 대로 전화하라고 할게.
B: 고마워요.

Talking Practice

1. 내 비서보고 그 일을 하도록(work on) 할게라고 하려면

I will **have** my secretary work on it.

2. 가능한 한 빨리 걔보고 전화하라고(return one's call) 해달라고 부탁할 때

Please **have** her return my call as soon as possible.

3. 걔한테 점심하고 디저트도 사주라고 할 때

You take her to lunch and **have** her get dessert.

One Point Lesson

get의 경우에는 have와는 달리 원형부정사가 아니라 동사 앞에 to가 나와 get+사람+to+V의 형태가 된다. 의미는 동일하여 「…에게 …을 하게 하다」라는 뜻. 걔가 너에게 사과하도록 할게는 I'll get her to apologize to you, 걔에게 레포트를 제출하도록 했어는 I got him to turn in the report, 그리고 걔가 웃는 걸 그치도록 해!는 You got her to stop crying!이라고 하면 된다.

Let me **make sure** one thing

한가지 확실히 할게

make sure 확실히 하다

잘 사용하면 네이티브와 회화하는데 많은 도움이 되는 표현. 특히 Let me make sure that S+V의 형태로 자신 없는 부분을 확인할 때, 반대로 상대방에게 「…을 확실히 하다」 「…을 꼭 확인해」라고 할 때는 Please make sure that S+V라 하면 된다.

Useful Expressions

★ Let me make
   sure (that)~
   …을 확인해볼게

★ I'll make sure~
   …을 확인해볼게

★ (Please) Make
   sure (that)~
   …을 확실히 해

★ I want to make
   sure~
   …을 확실히 하고 싶다

★ I want you to
   make sure~
   네가 …을 확실히 해라

A: We told Cindy to leave our group.

B: I want to **make sure** she stays away.

> A: 우리는 신디에게 우리 그룹에서 빠지라고 했어.
> B: 걔가 얼씬거리는지 확인할테야.

A: Please **make sure** that Jerry gets this note.

B: I'll give it to him the moment he walks in.

> A: 제리가 이 쪽지를 꼭 받게 해주세요.
> B: 그 사람이 들어오자마자 전해 줄게요.

Talking Practice

1. 엄마가 나갈(leave) 준비가 되었는지(be ready to) 확인해볼게는

Let me **make sure** Mom is ready to leave.

2. 수잔이 내일 내 파티에 반드시 오도록(come to one's party) 하라고 할 때

Please, **make sure** that Susan comes to my party tomorrow.

3. 일과가 끝나면(at the end of the day) 열쇠를 제출하도록 하세요는

Make sure that you turn in your keys at the end of the day.

One Point Lesson

특히 명령문의 형태인 (Please) Make sure S+V의 형태가 많이 쓰인다. 몇 문장 더 연습을 해본다. 내일 정시에 도착하라고는 Make sure that you arrive on time tomorrow, 절대로 일을 망쳐서는 안돼는 Make sure that you don't screw it up, 존에게 내일 너 대신 교 대근무를 해달라고 확실히 부탁해 놔는 Make sure you ask John to cover your shift tomorrow라고 하면 된다.

I'm fed up with his behavior

난 걔의 행동에 넌더리가 나

be fed up with 질리다

be fed up with은「질리다」「싫증나다」라는 표현. 비슷한 표현은 get sick은「아프다」라는 뜻이 되지만 문맥에 따라 get[be] sick of하면「넌덜리나다」「지겹다」「질린다」라는 뜻으로 쓰인다.

Useful Expressions

★ be[get] fed up with~
…에 싫증나다

★ I'm sick of this
이거 정말 지겨워

A: Why are Jack and Brooke fighting?

B: Brooke **is fed up with** Jack's behavior.

　　A: 왜 잭하고 브룩이 싸우는거야?
　　B: 브룩이 잭의 행동에 넌더리가 난대.

A: I'm **really getting sick of** spring.

B: I don't like spring all that much myself.

　　A: 난 정말 봄이 지겨워.
　　B: 나도 봄이 그렇게 좋지는 않아.

1. 난 걔를 기다리는데(wait for) 질렸다라고 할 때

I got sick of waiting for him.

2. 저 소음(noise)에 질리지 않았어?라고 물어볼 때

Don't you get sick of that noise?

3. 나 요즘 내가 받고 있는 대학교육에 아주 넌더리가 난다고 할 때

I'm totally fed up with my college education these days.

One Point Lesson

…하는 것이 지겹다라고 지겨운 행위를 ~ing형태로 이어쓰려면 be fed up (with) ~ing라고 하면 된다. with를 써도 되고 생략도 가능하다는 것을 기억해둔다. 그래서 우리는 걔가 불평하는 소리에 질렸다라고 할 때는 We're fed up with hearing her complaining, 그리고 난 학대받는거에 질렸어는 I'm fed up with being abused라고 하면 된다.

199

Let me **pay for** it with my credit card 카드로 결제할게요

pay in cash 현금으로 내다

신용카드의 시대에 현금을 낼 일이 거의 없지만 「현금으로 내다」라고 할 때는 pay in cash, 반대로 「카드로 결제할」 때는 pay by credit이라고 한다.

Useful Expressions

★ **pay by credit card**
신용카드로 결제하다

★ **pay for sth with a credit card**
…을 카드로 결제하다

★ **pay by check or credit card**
수표나 카드로 결제하다

★ **use one's credit card**
카드로 결제하다

★ **pay for sth**
…에 대해 돈을 지불하다

A: You'll get a discount if you **pay in cash.**

B: I didn't bring any cash.

A: 현금으로 지불하시면 할인받으실 수 있습니다.
B: 현금은 하나도 안 가져 왔는 걸요.

A: How would you like to **pay for** this?

B: With my credit card, if it's all right.

A: 어떻게 계산하시겠습니까?
B: 괜찮다면 신용카드로 내겠어요.

Talking Practice

1. 이거 현금으로 하실거예요 아니면 수표로(by check) 하실거냐고 물어볼 때

Will you **pay for** this **in cash** or by check?

2. 그거 신용카드로 결제할게요(Let me~)라고 할 때

Let me **pay for** it with my credit card.

3. 내가 원하지도 않는 서비스에 돈 내게 하려구 하잖아는

They're trying to make me **pay for** a service that I don't want.

charge는 「비용을 청구하다」라는 뜻으로 charge it to one's credit card하게 되면 「…을 카드로 결제하다」, Charge it, please는 카드로 할게요, 그리고 Cash or charge?는 현금으로 하실래요 아니면 카드로 하실래요?라고 물어보는 문장이 된다.

Who **is available** now?

누가 손이 비나요?

be available 이용할 수 있는, 시간이 되는

사물이 available하다고 할 때는 이용할 수 있거나, 쓸모있는, 그리고 사람이 available하다고 할 때는 「시간을 내어 …을 할 수 있다」, 「시간이 있어 약속이 가능하다」라는 의미로 쓰인다. 살짝 어려워 보이지만 아래 예를 보면서 특히 사람이 available하다는 용법에 익숙해지도록 한다.

Useful Expressions

★ Who is available now?
누가 손이 비나요?

★ Is sb available?
sb가 지금 있나요?

★ be available Monday
월요일에 시간이 되다

★ Are you available tonight?
오늘 저녁 시간 돼?

A: When would you **be available** to start the job?

B: I could start as early as tomorrow if you like.

A: 언제 출근할 수 있으세요?
B: 원하신다면 내일부터라도 시작할 수 있어요.

A: Please come to John's farewell party this Friday.

B: I'm not sure if I **am available** Friday, but I will check with my wife.

A: 이번 주 금요일에 존의 송별회에 오세요.
B: 금요일에 시간이 되는지 모르겠지만 아내한테 확인해볼게요.

Talking Practice

1. 크리스가 가능하다면 그와 통화하고(speak with) 싶은데요라고 말하려면

I'd like to speak with Chris, if he **is available.**

2. 피터가 지금 너를 공항에 데려다(take sb to~) 줄 수 있어라고 할 때

Peter **is available** to take you to the airport now.

3. 그냥 지금 바쁘다고 하라고 하려면

Just tell them that I'm not **available** at the moment.

One Point Lesson

특히 전화영어에서 전화해서 「…누구 통화가능해요?」, 「…있나요?」 라고 물어볼 때 많이 사용되는데 Is Greg Henderson available?, Is Bill available?라고 간단히 하면 된다.

I'll **keep** that **in mind**

그거 명심할게

keep ~in mind 명심하다

have~ in mind에서 have가 keep으로 바뀐 동사구로「…을 명심하다」라는 의미이다. 특히 상대방이 뭔가 주의나 팁을 줄 때 명심할게라고 할 때의 I'll keep that in mind가 아주 많이 쓰인다.

Useful Expressions

★ keep ~ in mind
  명심하다
★ I'll keep that in
  mind
  그거 명심할게

A: I haven't saved any money.

B: You'd better **keep** your retirement **in mind.**

  A: 난 돈을 전혀 저축하지 않았어.
  B: 너 퇴직을 명심해두는게 나을거야.

A: Let me know if you have any questions.

B: I'll **keep** that **in mind.**

  A: 물어 보고 싶은 게 있으시면 알려 주세요.
  B: 그렇게 할게요.

Talking Practice

1. 여행할 때 네 일을 잊지 않도록 하라고 할 때

Keep your work **in mind** as you travel.

2. 새로운 일자리에 패티를 잊지 않도록 하라고 할 때

Keep Patty **in mind** for the new job.

3. 내 약속을 명심하도록해 잊지 않도록 말아는

Keep your promise **in mind** so you don't forget.

One Point Lesson

keep ~in mind를 이용한 또 다른 빈출구문은 Let's keep in mind (that) S+V의 형태로「…을 명심해두자」라는 의미이다. 그래서 개가 범죄자로 유죄판결을 받았다는 것을 명심해두는 Let's keep in mind that he was convicted of a crime이라고 하면 된다.

네이티브나 쓰는 걸로 겁먹었던 표현들

LEVEL 3

202-301

I'll make it up to you

Don't pass up your chance

What does it stand for?

Pick out some that you like

Don't **pass up** your chance

기회를 놓치지 마라

pass up (기회 등을) 놓치다

pass up은 단순한 동사구로「…할 기회를 잡지 못하고 놓치다」라는 의미로 사용된다. 따라서 pass up 다음에는 주로 chance, opportunity, offer 등의 단어가 오게 된다.

Useful Expressions

★ **pass up~**
기회 등을 날리다, 놓치다

A: Should I take the promotion?

B: Never **pass up** a chance for a better job.

A: 승진을 받아들여야 할까?
B: 더 좋은 자리로 가는 기회를 절대로 놓치지마.

A: Do you think I should go to study in China?

B: Sure I do. Don't **pass up** your chance to see the world.

A: 내가 공부하러 중국에 가야 한다고 생각해?
B: 물론 그렇지. 견문을 넓힐 수 있는 기회를 놓치지마.

Talking Practice

1. 그런 기회를 놓치다니 넌 바보임에 틀림없어라고 하려면

You've got to be nuts to **pass up** an opportunity like that.

2. 아무도 좋은 기회를 놓치고 싶어하지 않아

No one wants to **pass up** a chance for good luck.

3. 넌 걔의 제안을 놓쳐서는 안된다고 조언할 때

You shouldn't **pass up** her offer.

One Point Lesson

비슷한 표현으로는 miss out on+기회라고 쓸 수 있다. 그래서「…할 기회를 놓쳤다」라고 하려면 She missed out on a chance to+V 라고 하면 된다. 걔는 사장을 만날 기회를 놓쳤다는 She missed out on a chance to meet the president, 걔는 많은 돈을 벌 기회를 놓 쳤어는 She missed out on a chance to make a lot of money라고 하면 된다.

I had to **break up with** her

난 걔와 헤어져야 했어

break up (with) (…와) 헤어지다

남녀사이를 말할 때 아주 많이 나오는 표현중 하나로 서로 사귀다가 헤어지는 것을 말한다. break up은 「헤어지다」 break up with sb는 「…와 헤어지다」이다.

Useful Expressions

★ **break up**
헤어지다

★ **break up with sb**
…와 헤어지다

A: I heard you had some trouble with your girlfriend.

B: I had to **break up with** her. We were fighting a lot.

    A: 너 여친하고 문제가 좀 있다며.
    B: 난 걔와 헤어져야 했어. 우린 많이 싸웠거든.

A: I'm sorry but I have to **break up with** you.

B: You're kidding me.

    A: 미안하지만 너랑 헤어져야 겠어.
    B: 농담마.

Talking Practice

1. 걔와 헤어질 때가 된 것 같구나라고 하려면

It seems like it's time to **break up with** her.

2. 걔는 탐과 헤어질 것 같아라고 말하려면

It looks like she's going to **break up with** Tom.

3. 나 걔랑 헤어지기로 결정했어라고 말하려면

I've decided to **break up with** him.

 One Point Lesson

break up with의 과거형은 많이 쓰이기 마련이다. 조시는 데이트하던 남자와 헤어졌어는 Josie broke up with the guy she was dating, 그리고 걔가 왜 나랑 헤어졌는지 모르겠어는 I wonder why she broke up with me, 마지막으로 여친하고 이번 주말에 헤어졌어라고 하려면 My girlfriend broke up with me this weekend라고 하면 된다.

I'll **get back to** you

내가 나중에 연락할게

get back to 나중에 얘기를 다시 하다

get back to는 기본적으로 「…으로 되돌아가다」라는 의미. 먼저 get back to sb가 되면 지금 바쁘거나 기타의 이유로 상대방과 얘기를 할 수 없으니 「나중에 얘기를 다시 하자」는 의미. 특히 전화에서 많이 쓰인다. 반면 get back to sth하면 「잠시 처음의 화제로 다시 되돌아가서 토의하자」는 의미.

Useful Expressions

★ **get back to sb on sth**
나중에 …에게 …에 대해 얘기를 하다

★ **get back to basics**
중요한 문제로 돌아가 다루다

★ **get back to sb as soon as possible**
가능한 한 빨리 …에게 연락하다

A: I'll **get back to** you when you're not so busy.
B: If you catch me at the end of the day, I'll have more time to talk.
  A: 바쁘시지 않을 때 다시 연락할게요.
  B: 퇴근무렵에 전화하면 더 얘기할 수 있을거예요.

A: Can you take a phone call?
B: No, tell them I'll **get back to** them as soon as possible.
  A: 너 전화받을 수 있어?
  B: 아니. 가능한 빨리 연락하겠다고 말해줘.

Talking Practice

1. 내가 스케줄 확인하고(check the schedule) 연락줄게라고 하려면

Just let me check the schedule and I'll **get back to** you.

2. 언제 우리가 얘기하고 있던(talk about) 것을 다시 할 수 있을까요는

When are we going to **get back to** what we were talking about?

3. 그거 나중에 말해줄게. 다른 일이 있을지도 모르거든이라고 말할 때

I'll **get back to** you on that. I might have other plans.

One Point Lesson

get back to 다음에 장소명사가 오면 「…로 다시 돌아가다」라는 의미가 되니까 잘 구분해야 한다. 그래서 사무실로 돌아가야 돼는 I need to get back to the office, 그리고 처녀파티에 다시 돌아가야 돼라고 하려면 I got to get back to the bachelorette party라고 하면 된다.

You **deserve to** be happy

넌 행복해할 자격이 있어

deserve to ···할 자격이 있다

deserve to+V는 그만한 노력 등의 행동을 했기 때문에 어떤 좋은 결과를 받을 자격이 있다라는 의미로 쓰인다. 상대방을 칭찬할 때는 You deserve to+V(···할 자격이 있어)라고 하고, 「난 ···할 자격이 없어」라고 자아반성을 할 때는 I don't deserve to+V라고 하면 된다.

Useful Expressions

★ **deserve to~**
···할 자격이 있다

★ **You deserve to+V**
넌 ···할 만해

★ **I don't deserve to+V**
난 ···할 자격이 안돼

A: You **deserve to** get the highest award.

B: I was just doing my job, sir.

A: 넌 최우수상을 받을 자격이 있어.
B: 전 그냥 제 일을 한 것뿐인데요.

A: Terry **deserves to** have a few days off.

B: He's been working hard for months.

A: 테리는 며칠 휴가갈 자격이 있어.
B: 오랫동안 열심히 일을 했어.

Talking Practice

1. 상대방이 시험에서 A를 받을만하다고 축하할 때

You **deserve to** ace it. Congrats.

2. 너 화난 것을 이해해. 너는 화가 날만하지라고 이해해줄 때

I get that you're mad. You **deserve to** be mad.

3. 너는 이 관계가 어떻게 될런지 알 자격이 돼라고 말하려면

You **deserve to** see where this relationship could go.

One Point Lesson

deserve는 원래 바로 명사를 받아 쓰는데, 상대방이 I just got promoted라고 할 때 넌 그럴 자격이 있어라고 하려면 You deserve it 이라고 하고, 아부꾼이 승진했을 때 걘 승진할 자격이 없었어라고 말하려면 He didn't deserve that promotion이라고 하면 된다. 또한 단순히 「···할 자격이 돼」라는 말이 심심할 때 "너는 그 이상 받을 자격이 돼"라는 의미로 더 강조하려면 You deserve more than that이라고 쓰면 된다.

Level 3

206

I **can't wait to** sleep with her

걔하고 자고 싶어

can't wait to[for] 빨리 …하고 싶다

무언가를 몹시 하고 싶을 때, 안달이 나 있을 때 사용할 수 있는 표현으로 I can't wait to+V를 사용한다. …하기를 기다릴 수 없을 정도로 바로 하고 싶다는 뜻으로 be eager to+동사, be dying to+동사와 같은 뜻이다.

Useful Expressions

★ I **can't wait for**+N
몹시 …가 기다려지다

★ I **can't wait to**+V
몹시 …하고 싶다

A: I **can't wait for** the school holiday.

B: What will you do with your free time?

A: 빨리 방학이 되었으면 해.
B: 방학 때 뭐 할건데?

A: I **can't wait to** see the results of the test.

B: They should be here by Monday.

A: 시험 성적을 알고 싶어 죽겠어.
B: 월요일까지는 알게 될거야.

Talking Practice

1. 크리스마스가 빨리 왔으면 좋겠어라고 할 때

I **can't wait for** Christmas.

2. 이번 주말에 당신 아버님을 만나뵙는 게 너무 기다려진다고 할 때

I **can't wait to** meet your dad this weekend!

3. 여기서 나가고 싶어 죽겠어라고 하려면

I **can't wait to** get out of here.

One Point Lesson

I can't wait to+V는 내가 몹시 V를 하고 싶다는 얘기지만, 상대방이나 제 3자가 어서 빨리 V하기를 바란다고 할 때는 I can't wait for A to+V라고 쓰면 된다. 네가 걔 빨리 만났으면 좋겠어라고 하려면 I can't wait for you to meet her, 네가 빨리 이걸 했으면 좋겠는 I can't wait for you to try this, 그리고 체육관이 빨리 열었으면 좋겠어는 I can't wait for the gym to open이라고 하면 된다.

I'm looking forward to seeing you soon 곧 너를 만나보고 싶어

look forward to …을 기대하다

휴가나 월급날을 손꼽아 기다릴 때, 연인과의 만남을 기대할 때 등과 같이 앞으로 일어날 어떤 일에 대해 학수고대할 때 쓸 수 있는 표현. 업무상 조속한 답장(speedy reply)을 요하는 business letter의 전형적인 결구로 자주 등장한다. 이때, 전치사 to 뒤에는 동명사나 명사를 써야 한다는 것에 유의하자.

Useful Expressions

★ look forward
  to+N[~ing]
  …을 몹시 기대하다

★ I am looking
  forward to ~ing
  …하길 기대해

A: **I'm looking forward to** our vacation.

B: We should have a great time.

> A: 방학이 무척 기다려져.
> B: 재미있을거야.

A: **I'm looking forward to** getting to know you.

B: Take it easy. We have a lot of time.

> A: 널 빨리 알게 되고 싶어.
> B: 진정하라고. 우린 시간이 많잖아.

Talking Practice

1. 금요일 밤이 기다려져라고 말할 때

I'm really **looking forward to** Friday night.

2. 저녁 좀 먹기를 정말 기다렸는데라고 하려면

I'm really **looking forward to** eating some dinner.

3. 졸업해서 취직하길 기대하고 있어라고 말하려면

I'm **looking forward to** graduating and getting a job.

One Point Lesson

위에서 눈치챘겠지만 look forward to~가 주로 진행형으로 쓰이지만 진행형으로만 쓰이는 것은 아니다. 상대방이 여행가서 엽서를 보내겠다고 할 때 엽서 받을 날을 기다릴게라고 할 때는 I look forward to receiving it, 상대방에게 언젠가 함께 일하게 되기를 바란다고 할 때는 I look forward to doing business with you in the future, 그리고 우린 기대하는 뭔가가 있었어는 We had something to look forward to, 사람들은 크리스마스를 기다려는 People look forward to Christmas라고 하면 된다.

We'll **set out** for LA on Friday

우린 금요일에 LA를 향해 출발할거야

set out 출발하다

set은 기본단어이지만 set이 만드는 동사구는 이해하기에 만만치 않다. set out은 기본적으로 여행 등을 하기 위해 「출발하다」라는 의미이다. 여기서 발전하여 어떤 목적을 달성하기 위해 「…을 하기 시작하다」라고 하려면 set out on, set out to+V의 형태를 쓰면 된다.

Useful Expressions

★ **set out**
출발하다, 여행을 시작하다

★ **set out for**
…로 향하다

★ **set out on~**
…을 시작하다

★ **set out to+V**
…을 하기 시작하다

A: I **set out** to become a successful businessman.

B: Well, I would say you've achieved your goal.

A: 성공한 비즈니스맨이 되기 위해 뛰기 시작했어.
B: 넌 네 목표를 달성할거야.

A: Where did Marge go this morning?

B: She **set out** for her mother's house.

A: 마지는 오늘 아침에 어디에 갔어?
B: 걘 자기 엄마 집으로 갔어.

Talking Practice

1. 우리는 금요일에 뉴욕을 향해 출발할거야라고 할 때

We'll **set out** for New York on Friday.

2. 걘 한 시간 전에 바를 향해 출발했다고 할 때

He **set out** for the bar an hour ago.

3. 난 유명해지려고 뛰기 시작하지 않았어라고 할 때

I didn't **set out** to become famous.

One Point Lesson

참고로 set를 이용한 표현 중에 잘 알려진 것으로는 be set to+V의 형태가 있는데 이는 「…할 준비가 되다」라는 의미로 get ready to 와 같은 의미가 된다. 여기서 set은 set의 과거분사형이다. 강조하기 위해 be all set to~로 쓰기도 한다. 난 크리스와 동거할 준비가 됐어라고 하려면 I'm all set to move in with Chris, 짐이 출장갈 준비 다 됐냐고 물어보려면 Is Jim all set to leave for his business trip?라고 하면 된다.

I'm headed to the library

나 도서관으로 가고 있어

head for …를 향해 출발하다

head는 동사로 특정 방향을 향해서 가는 것을 뜻한다. head 다음에는 for, towards 등의 방향 전치사와 함께 쓰인다. 또한 수동태형인 be headed to, be headed off to~로도 많이 쓰인다. 그래서 어디가냐고 물어볼 때를 제외하고는 평서문일 경우에는 전치사 다음에는 특정의 장소[목적]명사가 주로 오게 된다.

Useful Expressions

★ head for
 [towards]
 …로 향하다

★ be headed to
 …로 향하다

A: Let's **head for** the bar, I need a drink!

B: I can't, I have a date.

 A: 바에 가자, 술 한잔 해야겠어!

 B: 안돼, 나 데이트있어.

A: By the way, what are you doing tonight?

B: **I'm headed to** the library.

 A: 근데, 오늘 밤에 뭐하실거예요?

 B: 도서간에 가려고요.

Talking Practice

1. 크리스는 출장으로 중국에 간다고 할 때

Chris is **headed to** China for business.

2. 어디를 그렇게 서둘러 가는거냐고 상대방에게 물어볼 때

Where are you **headed off to** in such a rush?

3. 너의 이웃들이 일하러 갔다고 말해줄 때

Your neighbors **were headed to** work.

One Point Lesson

head for는 「…를 향해서 출발하다」는 의미로 달리 표현하자면 start for와 같은 의미이고, 특히 Where are you headed?하면 낯설어하지 말고 상대방에게 어디에 가냐고 물어볼 때 쓰는 표현이라는 것을 기억해둔다.

I can **deal with** it

감당할 수 있어

deal with 처리하다

deal with~는 기본적으로 「…을 감당하다」, 「처리하다」, 「다루다」라는 뜻으로 deal with~ 다음에는 sb나 sth이 올 수 있다. 의미상 sb나 sth은 감당해야 될 문제나 문제가 있는 사람이 오게 된다.

Useful Expressions

★ **deal with sth[sb]**
감당하다, 다루다

★ **I can deal with it**
감당할 수 있어, 처리할 수 있어, 그래 가능해

A: I have a big problem.

B: How will you **deal with** it?

A: 큰 문제가 생겼어.
B: 어떻게 처리할건데?

A: This computer has been broken for a week.

B: I can **deal with** it. It's not hard to fix the problem.

A: 이 컴퓨터는 일주일간 고장 나 있었어.
B: 내가 처리할 수 있어. 수리하는게 어렵지 않아.

Talking Practice

1. 이 혼란(this mess)을 처리할 시간이 없다라고 말할 때

There is no time to **deal with** this mess.

2. 선생님은 사고친 학생(troubled student)을 다루어야 했어라고 할 때

The teacher had to **deal with** a troubled student.

3. 깨친 유리창을 처리했냐고 물어볼 때

Did you **deal with** the broken window?

One Point Lesson

I can deal with~의 부정어로 I can't deal with~하게 되면 「…을 할 수가 없다」, 「…을 먹지 못하다」라는 의미로 쓰인다. 이혼을 앞둔 사람이 다시 또 독신으로 살 수는 없다고 절규할 때 I can't deal with being single all over again, 그리고 스시먹어봤냐(Have you ever eaten sushi?)고 물어보는 상대에게 날 음식을 못먹는다고 할 때 I can't deal with the raw stuff라고 하면 된다.

Level 3
211

Do you **take after** your mom or dad? 넌 엄마 닮았니 아니면 아빠를 닮았니?

take after 닮다

take after sb는 특히 주어와 sb가 신체적으로나 혹은 행동이 가족을 포함한 친척과 닮았을(resemble) 경우에 쓰는 표현이다. 당연히 sb는 주어보다 나이가 많은 사람이다. 아버지가 아들을 닮을 수는 없는 법이니.

A: You certainly **take after** your father.
B: I'll take that as a compliment.

    A: 넌 정말 너희 아버지를 꼭 닮았어.
    B: 칭찬으로 알게.

A: Have you seen Charlie's little son?
B: Yeah, he really **takes after** his father.

    A: 너 찰리의 작은 아들 봤어?
    B: 응, 걔 아버지를 정말 빼닮았어.

Talking Practice

1. 어린(little) 시에라는 자기 엄마를 빼닮았어라고 할 때

Little Sierra **takes after** her mother.

2. 넌 아빠를 닮았어 아니면 엄마를 닮았냐고 물어볼 때

Do you **take after** your mom or dad?

3. 페넬로페는 걔 외가쪽을 닮았어라고 말할 때

Penelope **takes after** her mom's family.

One Point Lesson

참고로 be after~하면 「…을 찾다」(look for)라는 뜻이지만 한 단계 발전하여 사람의 것을 「노리다」라는 의미로 사용된다. 경찰이 be after sb하게 되면 sb를 찾는 것이고, Tom is after my job하면 톰이 내 자리를 노린다라는 의미가 된다. 걔는 남편의 돈만을 노려는 She is only after her husband's money, 마크는 자기 공부를 도와줄 사람을 찾고 있어는 Mark is after someone to help him study라고 하면 된다.

Level 3
212

Did you **make out** after the dance ended? 댄스파티가 끝난 다음에 애무했어?

make out 이해하다, 알아보다, 애무하다

make out은 중요 동사구로 여러가지 의미로 쓰인다. 가장 먼저 알아두어야 하는 의미는 「이해하다」, 「알아보다」이고, 다음은 의문문 형태에서 「성공하다」, 「잘 해나가다」라는 뜻이다. 그리고 구어체에서는 섹스를 포함한 각종 애무를 하는 것을 말한다.

Useful Expressions

★ **make out**
이해하다, 알아보다

★ **How is ~ making out~ ?**
...가 ...에서 잘 해나가고 있어?

★ **make out (with)**
(...와) 애무하다

A: Can you **make out** what it says on the map?

B: I can't. The type is too small.

　A: 지도에 뭐라고 써있는지 알아보겠어?
　B: 아니. 글자가 너무 작아.

A: How did you **make out** at the lawyer's office?

B: In the end everything worked out for the best.

　A: 그 변호사 사무실에서 어떤 식으로 일이 됐어?
　B: 결국에는 모든 일이 가장 좋게 해결됐어.

Talking Practice

1. 걔는 부모에게 남친과 애무하는 장면을 들켰어라고 하려면

Her parents caught her **making out** with her boyfriend.

2. 댄스파티가 끝난 다음에 애무했냐고 물어볼 때

Did you **make out** after the dance ended?

3. 걔와 난 절대로 애무를 하지 않았다고 네게 말했잖아라고 할 때

I told you that she and I never **made out**.

One Point Lesson

make out은 의문형태로 특히 How~로 시작하는 의문문으로 주어가 어떻게 지냈는지, 잘해가는지 등을 물어볼 때 사용한다. 주로 How is S making out~ ? 혹은 How did you make out this morning?처럼 쓰인다. 그래서 네 남친은 어떻게 지내느라고 물어볼 때는 How is your ex-boyfriend making out?, 테리는 새로운 직장에서 어떻게 지내냐고 물어볼 때는 How is Terry making out in her new job?이라고 하면 된다.

226

He **made love** to me

걔와 난 사랑을 나눴어

make love 사랑을 나누다

make love는 딱 두가지만 알아두면 된다. make out과 달리 기타 애무를 말하는 것이 아니라 오직 섹스를 언급한다는 것이며 또한 누구든 상관없이 섹스행위에 초점을 둔 have sex와 달리 사랑하는 사람과 「사랑을 나누는 것」을 뜻한다는 점이다.

Useful Expressions

★ **make love (to sb)**
사랑하는 사람과 사랑을 나누다

A: That girl was pretty hot.
B: I **made love** to her all night long.

> A: 저 여자애 정말 섹시했어.
> B: 난 밤새 내내 걔랑 사랑을 나누었어.

A: What is your biggest wish?
B: I want to **make love** to Eva Green on a beach in Acapulco!

> A: 너의 가장 큰 바람은 뭐야?
> B: 아카풀카의 해변에서 에바 그린과 사랑을 나누고 싶어!

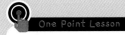

1. 걔 밤새(all night long) 너랑 사랑을 나눌 수 있어?라고 물어보려면

Can he **make love** to you all night long?

2. 내가 섹스를 한다고 했지, 사랑을 나눈다고 하지는 않았다고 말하려면

I said I'd have sex. I didn't say I'd **make love.**

3. 난 네가 지금 여기서 바로 내게 키스해주고 사랑해주길 바래라고 간절히 말하려면

I just want you to kiss me and **make love** to me right here, right now.

One Point Lesson

중요한 표현이니 예문을 좀 들어보자. 아이들이 없으니 오늘 밤 우리가 좀 사랑을 나눌 수 있을까 바랬어라고 말하려면 The kids are away. I was sort of hoping we could make love tonight, 그리고 넌 아직도 크리스랑 사랑을 나누고 싶어?라고 말하려면 You still want to make love to Chris?라고 하면 된다.

We decided to **hold back** on that

우린 연기하기로 했어

hold back 연기하다, 억제하다

hold back은 뭔가 하려던 것을 「연기하다」, 「참다」라는 의미이다. 특히 hold back from ~ing하면 「…하는 것을 망설이다」, hold sb back from ~ing하게 되면 「… 가 …하는 것을 망설이게 하다」라는 뜻이 된다.

Useful Expressions

★ **hold back (on)**
  …을 연기하다, 참다

★ **hold back from ~ing**
  …하는 것을 망설이다, …하 는 것을 참다

A: Did you buy a new car?

B: No, we decided to **hold back** on that.

    A: 새 차 뽑았어?
    B: 아니, 우린 연기하기로 했어.

A: I thought you'd wait to buy a new phone.

B: I tried, but I couldn't **hold back.**

    A: 난 네가 신형폰을 사려고 기다리는 줄 알았어.
    B: 그랬는데 참을 수가 없었어.

Talking Practice

1. 아무런 제안도 하지 않도록 해라고 할 때

Hold back from making any offers.

2. 걔네들은 내가 인터뷰하는 것을 자제하라고 했어는

They told me to **hold back** from doing interviews.

3. 넌 네가 더 침착해질 때까지 기다려야 된다고 할 때

You should **hold back** until you are calmer.

One Point Lesson

put sth back은 「…을 뒤로 미루다」, 따라서 be put back to~하게 되면 「연기되다」라는 뜻이 된다. 물론 일차적인 의미로 「…을 다시 갖다 놓다」라는 뜻으로도 쓰인다. 휴가를 나중에 가려고 한다고 할 때는 I'm going to put off my vacation, 그 커플은 결혼날짜를 뒤로 미루었어는 The couple put the date of their wedding back, 그리고 우리는 널 위해 회의시간을 뒤로 미루었어는 We'll put back the time of the meeting for you라고 하면 된다.

You need more money to get ahead 넌 성공하려면 더 많은 돈이 필요해

get ahead 다른 사람보다 더 앞서가다, 성공하다

get ahead는 「앞서가다」라는 의미로 get ahead of sb하게 되면 「…보다 더 앞서가다」 「성공하다」라는 의미로 쓰인다. 어느 분야에서 앞서가다, 성공하다라고 하려면 get ahead in~이라고 하면 된다. 영화산업에서 성공하다는 get ahead in the movie business라고 하면 된다.

Useful Expressions

★ be ahead of me [us]
내(우리) 앞에 …가 있다

★ get ahead of sb~
…을 앞서가다

★ get ahead in~
…에서 두각을 나타내다, 성공하다

★ Let's not get ahead of ourselves
너무 앞서서 생각하지 말자

A: Shall we leave early?

B: Yes, let's **get ahead** of the other people.

A: 일찍 출발할까?
B: 어, 다른 사람보다 앞서가자고.

A: Is there any way to **get ahead** at this company?

B: You're going to have to work very hard.

A: 이 회사에서 성공할 무슨 방법이 있어?
B: 넌 열심히 일해야 할거야.

Talking Practice

1. 다들 인생에서 앞서가기를 꿈꾼다(dream of)고 말할 때

Everyone dreams of **getting ahead** in life.

2. 넌 성공하기 위해서는 더 많은 돈이 필요하다고 할 때

You need more money to **get ahead**.

3. 걘 사장의 딸과 결혼으로 성공했다고 할 때

He **got ahead** by marrying the daughter of the boss.

One Point Lesson

go ahead하면 레벨 1에서 배웠듯이 「먼저 가다」, 「시작하다」라는 의미로 서로 의미차이를 생각해보면서 입에 익히도록 한다. 또한 go straight ahead until~ 이란 표현이 자주 나오는데 이는 길을 안내할 때 쓰는 전형적인 표현으로 「…할 때까지 계속 쭈욱 가라」는 말이다. 그래서 표지판이 나올 때까지 앞으로 쭈욱 가세요는 Go straight ahead until you see the sign이라고 하면 된다. 그리고 go ahead of sb는 「먼저 하다」라는 뜻이고 get ahead of sb는 좀 비겁한 짓을 해서라도 일등이 되기 위해 노력하는 것을 말한다.

Pick out some that you like

맘에 드는거 좀 골라

pick out 고르다, 선택하다, 분간하다

여러 개 중에서 잡아서(pick) 밖으로(out) 빼내는 장면을 연상하면 쉽게 이해할 수 있다. 즉 「선택하다」 「고르다」라는 의미로 한 단어로 하자면 choose라 할 수 있다.

Useful Expressions

★ Pick out whatever you want
뭐든 원하는 걸 골라

★ Why don't you go pick out~
가서 …을 골라봐

★ I'm here to pick out~
…을 고르러 여기 왔어

A: How did you **pick out** your car?

B: It was the most expensive car available.

A: 네 차는 어떻게 고른거야?

B: 구할 수 있는 가장 비싼 차였어.

A: This store has many beautiful clothes.

B: **Pick out** some that you like.

A: 이 가게에는 예쁜 옷이 많아.

B: 맘에 드는거 좀 골라.

Talking Practice

1. 내가 오늘 오후에 드레스 고르는 것 도와줄게(help you+V)는

I'm going to help you **pick out** dresses this afternoon.

2. 디저트로 먹을 것(dessert to eat)을 골라보라고 할 때

Please **pick out** a dessert to eat.

3. 원하는 거 아무것나 고르라고 말할 때

Feel free to **pick out** whatever you need.

 One Point Lesson

pick out for~하게 되면 「…로 선택하다」 「…을 위해 선택하다」라는 뜻이 되어, 금년도 산타클로스로 새로운 사람들 가운데 한 명을 뽑다라고 하려면 pick one of the new people out for Santa Claus this year이라고 하면 된다. 또한 「…중에서 뽑다」라고 하려면 pick out of~라고 하면 돼서, 반 여자애들 중에서 제인을 선택하다는 pick Jane out of all the girls in class라고 하면 된다.

Take me to lunch!

점심 사주라!

take sb to~ …을 …로 데리고 가다

외식을 시켜주러 가든 영화를 보러 데리고 가든 sb를 다른 장소로 데려간다고 할 때 take sb to+장소의 형태로 써주면 된다. 귀에 익은 take me home이란 구절도 이에 속하는데 to+장소의 부사구 대신 home이 온 경우이다. take 다음에 꼭 sb가 아니라 sth이 올 수도 있다.

Useful Expressions

★ take sb to lunch
…을 데리고 가 점심을 사주다

★ take sb to the hospital
…을 병원에 데려가다

★ Take me home right now
당장 날 집으로 데려다 줘

★ take sb there
…을 그곳으로 데려가다

A: I've got to **take** Ron **to** the courthouse.

B: You can use my car.

A: 난 론을 법정에 데려가야 돼.
B: 내 차를 써라.

A: Could I possibly ask you to **take** this **to** the front desk?

B: I can take when I leave for a smoke.

A: 이것을 프론트데스크로 가져다 줄래?
B: 담배 피우러 나갈 때 가져갈게.

Talking Practice

1. 크리스에게 내가 널 집에 데려다 줄까(do you want me to~)라고 물어볼 때

Chris, do you want me to **take** you home?

2. 난 걔를 공항에 데려다 줄 시간이 된다(be available)고 할 때

I'm available to **take** her **to** the airport.

3. 아내가 아파서 의사한테 데려가야 했습니다라고 말할 때

My wife got sick and I had to **take** her **to** the doctor.

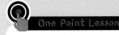

비슷한 표현으로 「take sb out for+먹을 것」이란 형태로 써도 된다. 즉 「sb를 데리고 나가 …을 먹다」라는 의미이다. 예를 들어 주말에 짐을 데리고 나가서 한잔 해야 할 것 같은데는 Maybe we can take him out for a drink on the weekend, 그리고 승진한 친구에게 내가 일 끝나고 축하하는 의미로 맥주 한잔 살게라고 하려면 I'll take you out for a beer to celebrate after work라 하면 된다.

I **passed out** when I hit my head

머리를 부딪혔을 때 실신했어

pass out 실신하다

너무 덥거나 피로하거나 등등의 이유로 정신을 잃고 졸도하는 것을 말한다. 한 단어로 하자면 faint. 비슷한 의미의 black out은 「정전되다」, 「의식을 잃다」라는 뜻으로 pass out과는 약간 의미가 다르다.

Useful Expressions

★ pass out behind
the wheel
운전하다 의식을 잃다

A: What happened when you told her the bad news?

B: She was shocked and she **passed out.**

A: 네가 걔에게 안좋은 소식을 말했을 때 어땠어?
B: 충격을 받고 의식을 잃었어.

A: You want me to get you another beer?

B: No, I'll **pass out** if I drink any more.

A: 맥주 한잔 더 사줄까?
B: 아니, 더 마시면 졸도할거야.

Talking Practice

1. 날씨가 너무 더워서(cause sb to~) 걔는 정신을 잃었다고 할 때

The hot weather caused her to **pass out.**

2. 내가 머리를 부딪혔을(hit one's head) 때 졸도했다고 할 때

I **passed out** when I hit my head.

3. 걘 지금은 안그러지만 취해서 현관 앞에 졸도하곤 했었어라고 말하려면

She used to get drunk and **pass out** on our porch.

One Point Lesson

비슷한 의미로 black out이 있다. 이는 pass out처럼 의식을 잃고 졸도하는(faint) 것을 뜻한다. 술을 너무 먹고 완전히 정신을 잃었어라고 하려면 I totally blacked out이라고 하면 된다. 또한 black out의 의미는 전기가 끊기는 「정전되다」라는 의미로도 쓰인다.

I'm here to **pick up** Jane

제인 데리러 왔어요

pick up 고르다, 가져오다, 차로 데려오다, 사다, (건강, 상황 등이) 좋아지다

pick up은 거의 우리말화된 표현으로 기본적으로 차로 픽업하는 것을 뜻하는 표현으로 가장 많이 쓰인다. 또한 「가져오다」, 「고르다」라는 의미에서 비유적으로 「…을 사다」라는 의미로도 사용된다. 그밖에는 뭔가 상황이 improve된다는 의미로 쓰인다.

A: What time are you getting **picked up** tonight?

B: Sally is supposed to pick me up around ten o'clock.

   A: 오늘 밤 몇시에 널 데리러와?
   B: 샐리가 10시 경에 날 픽업하기로 했어.

A: Can you **pick up** dinner on the way home?

B: No, I don't have time to get it.

   A: 집에 오는 길에 저녁을 사올 수 있니?
   B: 아니, 그럴 시간 없어.

Talking Practice

1. 너 샐리를 마중나가야 하잖아라고 말할 때

You're supposed to **pick up** Sally.

2. 우리는 사장님 모시러 공항에 가는 길이야라고 할 때

We are on our way to the airport to **pick up** the boss.

3. 집에 오는 길에(on one's way home) 저녁을 사가지고 올 시간이 없어는

I don't have time to **pick up** dinner on my way home.

One Point Lesson

또 다른 pick up의 뜻으로는 pick sb up하게 되면 「성적인 관계를 목적으로 이성을 낚는 것」을 말한다. 그리고 pick up the tab하면 계산서를 집어들다, 즉 「계산을 하다」라는 뜻이 된다. 마지막으로 pick up on sth하게 되면 「…을 알아채다」(notice)라는 뜻으로 너 앤드류에게 얘기할 때 뭔가 알아챘어라고 물어보려면 Did you pick up on anything when you were talking to Andrew라고 하면 된다.

Could you **take out** the garbage bag? 쓰레기봉투 좀 내갈테야?

take out 꺼내다, 제거하다

잡아서(take) 밖으로(out) 꺼내는 것을 말하는 것으로 「꺼내다」 「제거하다」 「인출하다」라는 의미 등으로 쓰인다. 특히 식당에서 포장해서 가지고 나가는 음식 또한 takeout이라고 한다는 점을 기억해두자.

Useful Expressions

★ **take out the money**
돈을 인출하다

★ **take a loan out**
대출받다

A: The papers are in my briefcase.

B: Well, **take out** the important ones.

A: 서류들은 내 서류가방에 있어.
B: 어, 중요한 것들만 꺼내봐.

A: Is there anything else that I have to do before I can go home?

B: Yes. Sweep the floor and **take out** the trash.

A: 집에 가기전에 해야할 일이 더 있습니까?
B: 바닥을 닦고 쓰레기를 치우라고.

Talking Practice

1. 쓰레기(garbage) 좀 밖에 내놓으라고 상대방에게 말할 때

Can you **take out** the garbage?

2. 오늘 저녁먹을(for dinner) 음식 좀 포장해가지고 오라고 말할 때

Take out some food for dinner tonight.

3. 쓰레기봉투 좀 내갈테야라고 물어볼 때

Could you **take out** the garbage bag?

One Point Lesson

take(-)out이라고 하면 집에 가져가서 먹을 「포장된 음식」을 뜻한다. 그래서 「포장음식을 사가다」는 get takeout이라고 하면 된다. 그래서 리사는 중국식당에서 음식을 포장해왔어는 Lisa got takeout from the Chinese restaurant이라고 하면 된다. 또다른 표현으로는 to go가 있는데, 빅맥 하나 포장해주세요는 I'd like a Big Mac to go라고 하면 된다. 햄버거와 음료수를 포장해달라고 할 때는 I'd like a hamburger and a soda to go, 이 주문한 것은 포장해주세요는 I'd like this order to go, please라고 하면 된다.

He wants to **show off** his new car

걘 새로 뽑은 차를 자랑하고 싶어해

show off 자랑하다, 과시하다

자부심을 느끼는 것을 자랑하거나 다른 사람들 배아파라고 드러내놓고 과시하는 행동을 뜻하는 표현으로 한 단어로 하자면 boast. 따라서 문맥에 따라서는 부정적인 단어로 사용되는 경우도 있다는 것을 알아둔다.

Useful Expressions

★ **want to show off**
…을 자랑하고 싶어하다

★ **be dying to show off~**
…을 몹시 자랑하고 싶어하다

A: Allen is coming over.

B: He wants to **show off** his new car.

A: 앨런이 들를거야.
B: 걘 새로 뽑은 차를 자랑하고 싶어해.

A: Why did Bob come to your house?

B: He wanted to **show off** his new car.

A: 왜 밥이 네 집에 온거야?
B: 걘 새로 뽑은 자기 차를 자랑하고 싶어했어.

Talking Practice

1. 걔는 자신의 약혼반지(engagement ring)를 자랑했다고 말할 때

She **showed off** her engagement ring.

2. 네가 과시할 때 사람들이 열받는다(make people angry)고 할 때

It makes people angry when you **show off**.

3. 내 누이는 새로 산 옷(outfit)을 자랑했다고 할 때

My sister **showed off** her new outfit.

 One Point Lesson

show off 역시 a show-off의 형태로 명사로 사용된다. 다른 사람들이 부럽게 만들게 자기 자랑을 늘어놓는 사람을 뜻한다. 부정적인 뉘앙스를 풍긴다. 새로 입사한 사람 어떻냐고 상대방이 물어볼 때(What do you think of the new guy?), 좀 잘난 척 하지만 자기 일을 잘해놓더라고 하려면 She's a bit of a show-off, but she gets the job done이라고 하면 된다.

We **got into** a fight

우리 싸웠어

get into …하기 시작하다, …에 빠지다, …에 들어가다

만능동사 get의 위력을 다시 한번 느낄 수 있는 표현 좀 어려워보이지만 get into~는 into 이하의 상태에 빠지거나, 휘말리거나, 규칙적으로 하다라는 등 다양한 의미로 쓰인다. 이런 표현은 여러 의미를 개별적으로 외우는 것도 좋지만 그 개념을 느끼고 문맥에 따라 이해하면 훨씬 빨리 습득할 수 있다.

Useful Expressions

★ **get into a fight**
싸우다

★ **get into an accident**
사고를 당하다

★ **get into Yale University**
예일 대학에 들어가다

★ **get into the sex**
흥분해서 섹스하기 시작하다

A: What happened between you and Carrie?

B: Well, we **got into** a fight.

A: 너하고 캐리 사이에 무슨 일야?
B: 어 싸웠어.

A: Did he let you **get into** the sex?

B: No, he went too fast and I didn't feel a thing.

A: That is so typical of men.

A: 걔가 섹스할 때 널 흥분시켜줬어?
B: 아니, 걘 빨리 끝냈고 난 아무것도 느끼지 못했어.
A: 전형적인 남자들 같구만.

Talking Practice

1. 크리스와 정치에 관한 흥미있는 토론(interesting discussion~)을 나누었다고 말할 때

I got into an interesting discussion about politics with Chris.

2. 그 소년들이 장남감 문제로 싸웠다고 할 때

The boys **got into** a fight over the toy.

3. 내가 하버드에 갈 수 있을 것 같아?라고 말하려면

Do you think I can **get into** Harvard University?

One Point Lesson

특히 not get into that[this]~의 형태로 얘기를 지금 하고 싶지 않으니 「나중에 얘기하자」는 의미로 자주 쓰인다. 예로 들어 I can't get into that right now는 지금은 그 얘기를 나누고 싶지 않아, 즉 나중에 이야기하자라는 말이 된다. 또한 지금 당장 그 문제를 따지고 싶지 않아는 I don't want to get into that right now, 지금 당장 그 문제를 이야기하지 말자는 Let's not get into that right now라고 하면 된다.

He's **into** flying toy airplanes

걘 모형비행기 날리는데 빠져있어

be into …에 빠지다, 관심갖다, …을 하다

어떤 장소나 공간 「안으로」 들어간다는 뉘앙스를 풍기는 전치사 into가 be 동사와 결합하여, 뒤에 오는 대상에 대해 「관심이 많다」, 「열중하다」, 「푹 빠져 있다」는 의미를 나타낸다. 평소에 전치사의 기본개념을 확장하여 생각하는 연습을 해두면, 간혹 모르는 표현이 나온다 해도 대강의 문맥은 파악된다. 그게 어마어마한 스트레스가 된다면, 새로운 용례가 나올 때마다 그냥 외워야지 뭐!

Useful Expressions

★ **be into sth**
…에 열중하다, 심취하다

★ **be into sb**
…에 푹 빠져있다

A: You have a lot of comic books.

B: Yeah, I'm **into** animation.

  A: 너 정말 만화책 많다.
  B: 어, 애니메이션에 관심이 엄청 많아.

A: Do you want to go to that hip new bar after work?

B: I'm **into** it.

  A: 퇴근 후에 새로 문 연 끝내주는 술집에 갈래?
  B: 거, 끌리는데.

Talking Practice

1. 걘 모형 비행기를 날리는데 빠졌어는

He's **into** flying toy airplanes.

2. 난 정원가꾸기와 조경에 관심이 많아는

I'm **into** gardening and landscaping.

3. 내 아들은 최신 컴퓨터 게임에 빠져있어라고 할 때

My son **is into** the newest computer games.

 One Point Lesson

be into sth의 한 형태로 I'm into this stuff하면 「이런 걸 정말 좋아해」 혹은 요새 「이거에 빠졌어」라는 의미이고, 반대로 관심이 없어서 난 그런거 안해라고 하려면 I'm not into it이라고 하면 된다. 특히 be into sb를 활용하여 나 너한테 푹 빠져있다고 고백할 때는 I'm so into you라고 하면 된다.

How would you like to **pay for** this? 어떻게 계산하시겠습니까?

pay for …에 대한 비용을 치르다

pay for 다음에는 돈을 지불해야 되는 명사가 오게 된다. 「저녁식사비를 내다」는 pay for dinner, 「주차비를 내다」는 pay for the parking 처럼 말이다. 돈을 지불하는 사람까지 함께 쓰려면 pay sb for sth이라고 하면 된다.

Useful Expressions

★ **pay for sth**
…에 대한 비용을 내다

★ **pay sb for sth**
…에게 …의 비용을 내다

★ **How do you pay for~?**
…을 어떤 식으로 지불하시겠어요?

★ **pay the bill**
청구서를 지불하다

A: How would you like to **pay for** this?
B: With my credit card, if it's all right.

A: 어떻게 계산하시겠습니까?
B: 괜찮다면 신용카드로 내겠어요.

A: I think that marriage is the price men **pay for** sex.
B: Well, I think that sex is the price women **pay for** marriage.
A: I guess we're both right.

A: 난 결혼생활이란 남자가 섹스를 마음대로 하는 데에 따르는 대가라고 생각해.
B: 글쎄, 난 섹스란 여자가 결혼을 해서 안락한 생활을 하는 데에 치러야 되는 대가라고 생각하는데.
A: 둘 다 맞는 거 같아.

Talking Practice

1. 우리는 우리 식사(our meal)비를 내야 된다고 말할 때
We need to **pay for** our meal.

2. 난 걔에게 텔레비전 비용을 치뤘어라고 할 때
I **paid** her for the television.

3. 나갈 때 주차비를 내면 되나요?라고 물어보려면
Can I **pay for** the parking when I leave?

One Point Lesson

이번에는 얼마를 냈는지 말하려면 pay+돈+ for sth라고 하면 된다. 즉 「…에게 …에 대한 돈을 지불하다」라는 의미이다. 새로운 신발을 신고 오니 친구가 얼마짜리야(How much did your shoes cost?)라고 물어볼 때 이 때 신발사는데 백달러 들었어라고 하려면 I paid a hundred dollars for them이라고 하면 된다. 구체적인 액수를 말하지 않고 그냥 많이 들었다고 하려면 I paid a lot for it이라고 하면 된다.

I'm not ready to **move in with**
you 너랑 동거할 준비가 안됐어

move in with 동거하다

move in하면 새로운 집으로 이사들어가는 것을 말하지만 여기에 with를 붙여서
move in with sb하게 되면 「…와 함께 살다」 「동거하다」라는 뜻이 된다.

Useful Expressions

★ **move in**
이사들어가다

★ **move in with sb**
함께 살다, 동거하다

A: How about I **move in with** you?

B: Well, that would be great.

A: 내가 들어가 살면 어때?
B: 어, 그럼 좋지.

A: I want you to **move in with** me.

B: That is so sweet.

A: 나하고 함께 살자.
B: 정말 고마워.

Talking Practice

1. 내가 직장을 잃으면 부모님과 살아야 해라고 말하려면

If I lose my job, I have to **move in with** my parents!

2. 난 너와 동거할 준비가 되지 않았어라고 동거를 미룰 때는

I'm not ready to **move in with** you.

3. 난 여친과 동거하지 않기로 했어는

I decided not to **move in with** my girlfriend.

One Point Lesson

그냥 move in하게 되면 지금 살던 곳이 아닌 다른 곳으로 이사들어오는 것을 말하는 것으로 마크는 새로운 아파트로 이사왔어라고
하려면 Mark moved in to a new apartment, 담달까지는 이사하지 않을거야는 I won't move in until next month라 하면 된다.

What does it **stand for**?

그건 뭘 뜻하는거야?

stand for …을 나타내다

"What does FBI stand for?"라는 문장에서 보듯 stand는 특히 약어 등이 무얼 상징하냐, 무얼 뜻하냐라고 물어볼 때 쓰는 필수표현이다. 이때는 represent의 뜻.

Useful Expressions

★ **stand for**
  …을 뜻하다, …을 참다

★ **What does A stand for?**
  A는 뭘 뜻해?

A: Why do churches have crosses on them?

B: They **stand for** the Christian religion.

A: 왜 교회에는 십자가가 있는거야?
B: 십자가는 기독교를 상징하잖아.

A: Jason is being thrown out of his apartment.

B: I don't think he will **stand for** that.

A: 제이슨은 자기 아파트에서 쫓겨나.
B: 걔는 그걸 참고 있지 않을거야.

Talking Practice

1. 이 상징은 삼성을 나타낸다고 할 때

This symbol **stands for** the Samsung Company.

2. 걘 그런 허접한 대접을 받아들이지 않을거야는

He won't **stand for** such poor treatment.

3. 걔네들은 대접받은 형편없는 음식에 가만있지 않기로 했어는

They decided not to **stand for** the lousy food they got.

One Point Lesson

stand for는 약어의 풀네임을 물어볼 때 뿐만아니라 어떤 특정한 생각이나 가치 혹은 원칙 등을 「지지하다」라는 뜻으로도 쓰인다. 그래서 너희 클럽의 가치는 뭐야?(What are your club's values?)라고 물어봤을 때 우리 클럽은 근면과 정직을 지지한다고 하려면 Our club stands for hard work and honest라고 하면 된다.

What do you want to **do with** it?

그걸 어떻게 하고 싶어?

do with …을 어떻게 하다

"What're you going to do with your bonus?"에서 보듯 주로 의문문에서 with 이하를 어떻게 할 것인가 상대방에게 물어볼 때 쓰는 표현이다. 물론 have to do with, could do with~ 등 do with는 다양하게 쓰이지만 여기서는 what~과 함께 어울리는 표현들만 살펴보도록 한다.

Useful Expressions

★ **do with**
…을 어떻게 하다

★ **What're we going to do with~?**
우리 …을 어떻게 하지?

★ **What do you want to do with it?**
그걸 어떻게 하고 싶어?

★ **What did you do with~?**
…를 어떻게 한거야?

A: What are you going to **do with** the offer?

B: I'm pretty sure I'm going to turn it down.

A: 그 제안을 어떻게 할거야?
B: 거절하게 될 게 분명해.

A: What did you **do with** my history book?

B: I put it on the shelf above the desk.

A: 내 역사책 어떻게 한거야?
B: 책상 위 책꽂이에 올려났어.

Talking Practice

1. 걔가 여기 오면(get here) 걔를 어떻게 할거야?

What are you going to **do with** her when she gets here?

2. 여유 돈(extra money)으로 뭘 할거야?

What will you **do with** your extra money?

3. 정오에 여기서 만나기로 한 고객을 어떻게 하죠?라고 물어보려면

What should we **do with** the client that is meeting us here at noon?

One Point Lesson

what과 결합하지 않는 do with의 경우로는 have something[anything, nothing] to do with(…와 관련이 있다, 없다), 그리고 뭔가 필요하다고 할 때의 could do with sth의 경우가 있다. 그래서 뭔가 마실게 있었으면 해는 I could do with something to drink, 걔는 더 멋진 옷장이 필요하다고 하려면 She could do with a nicer wardrobe이라고 하면 된다.

You need to **get** it **back**

너 그거 가져와야겠다

get ~ back 돌려받다

원래 자기가 갖고 있던 것을 다시 돌려받을 때 사용하는 것으로 이때는 돌려달라를 어렵게 영어로 영작하려하지 말고 간단하게 get ~ back, have~back 등 동사+(목적어)+back을 쓰면 된다. 물론 목적어로는 사물 뿐만 아니라 사람도 올 수 있다.

Useful Expressions

★ get[have] ~ back
돌려받다

★ want ~ back
돌려받기를 바라다

★ need ~ back
돌려받아야 한다

★ take ~ back
돌려받다

★ hand~ back
돌려주다

A: I left my book in the classroom.

B: You need to **get** it **back.**

  A: 교실에 책을 두고 왔어.
  B: 너 그거 가져와야겠다.

A: I **want** my money **back.**

B: I'll have to pay it to you later.

  A: 내 돈 돌려줘.
  B: 나중에 갚아야 될 것 같아.

Talking Practice

1. 상대방에게 핸드폰 돌려받았냐고 물어볼 때

Do you have your cell phone back?

2. 네가 운전면허증을 돌려받는 것을 도와주고 싶다(help sb V)고 말할 때

I want to help you get your driver's license back.

3. 왜 내가 네가 돌아오길 바란다고 생각하냐고 물어볼 때

What makes you think I even want you back?

One Point Lesson

위의 형태에서 아주 유명한 표현으로 take it back이 있는 이는 자기가 뱉은 말을 취소한다는 의미이다. 좀 뚱뚱해진 여친이 남친에게 너 작년에 내가 아름답다고 했잖아(You said I was beautiful last year)라고 항의할 때, 솔직한 남친이 그 말 취소할게, 너 살이 좀 쪘어(I take it back. You've gotten kind of fat)라고 할 수 있다. 취소하겠다고 사과하려면 I'm sorry, I'm just gonna have to take it back, 이를 받아들이지 못할 때는 한번 뱉은 말은 취소할 수 없다고 강하게 밀어붙이려면 You can't take it back. You already said it 라고 하면 된다.

You'll have to **turn** it **in** soon

너 이제 곧 제출해야 될거야

turn in 제출하다, 반납하다

turn in은 기본적으로 give하는 행위인데 받는 사람이 특히 달라고 지시하였거나 어떤 책임자 혹은 원래 소유자이거나 등일 경우에 쓰이는 동사구이다. 선생님에게 숙제를 제출하거나 직장 상사에게 보고서를 제출하는 것을 말한다.

Useful Expressions

★ turn in sth to sb
제출하다, 반납하다

A: I haven't finished my homework.

B: You'll have to **turn** it **in** soon.

A: 숙제를 끝내지 못했어.
B: 너 이제 곧 제출해야 될거야.

A: Make sure that you **turn in** your keys at the end of the day.

B: I'll leave them with the secretary.

A: 일과가 끝나면 열쇠를 제출하도록 하세요.
B: 비서한테 맡겨 놓겠습니다.

Talking Practice

1. 사람들한테 다 얘기해서 가지고 있는 영수증을 제출하라고 할게는

I'll ask everyone to **turn in** the receipts that they have.

2. 넌 내일까지 일을 제출해야 돼라고 하려면

You need to **turn in** the work by tomorrow.

3. 걘 여분의 키세트를 전혀 제출하지 않았어는

He never **turned in** his extra set of keys.

One Point Lesson

turn sb in (to the police)하게 되면 「고발하다」, turn oneself in은 「자수하다」라는 뜻이 되며 또한 turn in은 구어체로 「잠자리에 들다」라는 뜻으로도 쓰인다. 너만 괜찮으면 지금 잠자리에 들래라고 하려면 I think that I'm going to turn in right now, if you don't mind라고 하면 된다. 그리고 누군가 그 살인범을 경찰에 신고했어는 Someone turned the killer in to the cops라고 하면 된다.

It's time to **hand in** your exams

시험지를 제출할 시간이다

hand in 건네주다, 제출하다

학교에서 학생이 선생님에게, 직장에서 직원이 상사에게, 호텔에서 열쇠를 프론트에 주는 것처럼 개인이 전체를 관리하고 책임지는 사람에게 「제출하는」 것을 뜻하는 것으로 turn in과 같은 의미이다. 한 단어로 하면 submit. 참고로 hand over는 「건네주다」라는 의미이다.

Useful Expressions

★ hand in one's homework
숙제를 제출하다

★ hand in one's keys
열쇠를 맡기다

★ hand over
건네주다, 양도하다

A: Where are you going right now?

B: I've got to **hand in** some library books.

A: 너 이제 어디가는거야?
B: 도서관 책 반납해야 돼.

A: You can take my car to work.

B: Great. **Hand over** your keys.

A: 내 차 갖고 출근해.
B: 좋아. 키 좀 줘.

Talking Practice

1. 네 연필(pencils) 좀 건네달라고 할 때

Please **hand in** your pencils.

2. 시험지(exams) 제출해야 된다고 말할 때

It's time to **hand in** your exams.

3. 작업시간표(time sheet)를 제출하는 걸 또 잊었냐고 물어볼 때

Did you forget to **hand in** your time sheet again?

One Point Lesson

turn in, hand in처럼 뭔가 제출하다라는 뜻으로도 쓰이지만 특히 경쟁이나 경기 등을 포기한다고 할 때 give in을 쓰기도 한다. 그래서 그게 어려울 수도 있지만 난 절대로 포기하지 않을거야는 It may get tough, but I'll never give in, 래리는 그 과목에서 낙제했을 때 포기했어라고 하려면 Larry gave in when he failed the course라고 하면 된다.

I'll **stay away from** her for a while 잠시 걔근처에 얼씬하지 않을게

stay away from 가까이 하지 않다, 멀리하다

stay away는 멀리 떨어져 있다. 즉 가까이 하지 않다라는 의미로 여기에 from을 붙여 stay away from하면 「접근하지 않다」, 「관여하지 않다」라는 의미로 쓰인다. from 다음에는 sb나 sth이 오게 된다.

Useful Expressions

★ stay away from sb[sth]
가까이 하지 않다, 멀리하다

A: Mindy is really angry at you.

B: I'll **stay away from** her for a while.

A: 민디는 정말 너한테 화났어.
B: 잠시 걔근처에 얼씬하지 않을게.

A: Rachel is so beautiful.

B: She's trouble. **Stay away from** her.

A: 레이첼은 정말 아름다워.
B: 걔 골칭덩어리야. 가까이 하지마.

Talking Practice

1. 저 이웃사람은 가까이 하지말라고 조언할 때

Stay away from that neighborhood.

2. 엄마는 저 남자를 멀리하라고 말하셨어는

Mom told me to **stay away from** that guy.

3. 술을 너무 마시는 사람을 멀리해라고 충고해줄 때

Stay away from people who drink too much.

One Point Lesson

stay away는 명령문의 형태로 자신에게 가까이 오고 있는 사람에 더 이상 가까이 오지 말라고 소리지를 때 사용하기도 한다. Stay away! 혹은 Stay away from me!라고 외치면 된다. 그래서 내게 다가오지마! 나 질린다고!라고 할 때는 Stay away from me! I've had enough!, 그리고 가까이 가지마! 이곳은 위험해라고 하려면 Stay away! This place is dangerous라고 하면 된다.

How did your meeting **turn out**?

네 회의는 어떻게 됐어?

turn out …로 판명나다, 전열기구를 끄다

turn out은 특히 turn out to be~의 형태로 「…로 판명나다」라는 뜻으로 쓰이며, 또한 turn sth out하게 되면 전열기구 등과 같은 것을 「끄다」라는 뜻이 된다.

A: Why did you break up with Chris?

B: He **turned out** to be just another two-timer.

> A: 너 왜 크리스하고 헤어졌어?
> B: 걘 바람둥이에 지나지 않았어.

A: Let's make it a rule to **turn out** the lights every night.

B: That's a good idea.

> A: 밤에는 언제나 전등을 끄기로 합시다.
> B: 좋은 생각이군요.

Talking Practice

1. 네 회의는 어떻게 됐냐고 물어볼 때

How did your meeting **turn out**?

2. 모든 일이 결국에(in the end) 다 좋게 됐어라고 할 때

Everything **turned out** okay in the end.

3. 너의 아이들이 괜찮을거라 생각해라고 물어볼 때

Do you think your kids will **turn out** good?

 One Point Lesson

turn out 다음에 alright, well, badly 등의 부사가 와서 「…게 되다」라는 의미로 많이 쓰인다. 모든게 다 괜찮아는 Everything turned out alright, 그건 내가 예상했던 것보다 잘 만들어졌어는 It turned out better than I expected라고 하면 된다. 또한 turn out for the best란 표현이 있는데 「최선의 결과가 생기다」라는 뜻이 된다. 그래서 상대방이 이 어려운 시기를 헤쳐나갈 지 모르겠어(I'm not sure we can get through this difficult time)라고 할 때 걱정마 다 잘될거야라고 하려면, Don't worry. Things always turn out for the best라고 하면 된다.

We're **running out of** time

우리 시간이 없어

run short of 부족하다, 모자르다

run short는 「…을 다써버리다」(to use up almost all of something), 즉 「부족하다」 「모자르다」라는 표현이고 무엇이 모자르는지 언급하려면 run short of~라 써주면 된다. short 대신 low를 써서 run low of라고 해도 된다.

Useful Expressions

★ We're running short of~
우리는 …가 부족해

★ run low on
…가 부족하다

★ fall short of
기대치에 이르지 못하다

A: I'm afraid of **running out of** money.

B: So get a better job.

    A: 돈이 바닥날까봐 걱정돼.
    B: 그럼 더 나은 직장을 가져.

A: Did Jerry get into Princeton University?

B: No, he **fell short of** getting in.

    A: 제리가 프린스턴대학에 들어갔어?
    B: 아니, 들어갈 자격이 안됐어.

Talking Practice

1. 미안하지만, 맥주가 부족하다고 말할 때

Sorry, we're **running short of** beer.

2. 우리가 피크닉 가서(during the picnic) 음식이 모자르지 않기를 바란다고 할 때

I hope we don't **run short of** food during the picnic.

3. 어서! 서둘러! 시간이 없다고! 재촉할 때

Come on! Hurry! We're **running out of** time!

One Point Lesson

run 대신 be를 써서 be out라고 써도 「…이 부족하다」, 「…에 미치지 못하다」라는 뜻이 된다. 그래서 상대방이 커피한잔 줄래?(Could I have a cup of coffee?)라고 했을 때 커피가 떨어졌다고 할 때는 Sorry, we are out of coffee라고 하면 된다. 그리고 복사기 종이가 떨어졌다고 할 때는 We ran[We are] out of paper for the copier라 한다.

My friends **stood up for** me

내 친구들이 나를 지지해줬어

stand up for …을 옹호하다, 지지하다

stand up은 자리에서 일어나다. 여기에 목적의 전치사 for를 붙여서 stand up for~하게 되면 「…를 지지하다」 「옹호하다」라는 뜻이 된다. for 다음에는 사람이나 사물이 올 수 있다. 특히 공격을 받거나 비난을 받을 때 for ~이하를 옹호하다라는 뜻으로 쓰인다.

Useful Expressions

★ stand up for sb[sth]
지지하다, 옹호하다

★ stand up for oneself
자립하다

A: I heard someone wanted to fight you.

B: Yes, but my friends **stood up for** me.

  A: 어떤 사람이 너와 겨루고 싶어 했다며.
  B: 어, 하지만 내 친구들이 나를 지지했어.

A: People are always picking on Jerry.

B: He needs to **stand up for** himself.

  A: 사람들은 계속해서 제리를 놀려대
  B: 걘 스스로 자립해야 돼.

Talking Practice

1. 다음 번엔(the next time) 당신이 내 편을 들어줬으면 좋겠어라고 말하려면

I need you to **stand up for** me the next time.

2. 걔네들은 자신들의 믿음(belief)을 옹호해라고 말하려면

They **stood up for** their beliefs.

3. 닉은 언제나 자기 친구들을 옹호해라고 할 때

Nick always **stands up for** his friends.

One Point Lesson

for를 to로 살짝 바꿔서 stand up to~라고 하면 부당한 대우를 하는 사람 등에 맞서는 것을 뜻한다. 그래서 난 크리스에게 맞서는게 두렵지 않아라고 하려면 I'm not afraid to stand up to Chris라고 하면 된다.

I could **end up** failing the class

과락하게 될 수도 있어

end up 결국 …하게 되다

결국 「…로 끝난다」, 결국에는 「…하게 되다」라는 의미. 어떠한 상황이나 행동에 의해 「결말지어진 것」을 의미한다. end up 다음에 명사나 ~ing을 붙여 쓰면 된다. 동의어로는 wind up이 있다.

A: What kind of phone did you **end up** getting?

B: I got the best of the best.

<blockquote>
A: 결국은 어떤 전화기를 산거니?

B: 최고 중에서 최고의 것을 샀지.
</blockquote>

A: I'll wait before I choose my meal.

B: You'll **end up** with a meal no one else wants.

<blockquote>
A: 좀 기다렸다가 식사를 고를려고

B: 누구든 원치않는 식사를 하게 될거야.
</blockquote>

Talking Practice

1. 지난 밤(last night)에 네 여자 친구랑 끝내 집까지 갔었니라고 물을 때

Did you **end up** going home with your girlfriend last night?

2. 여행은 결국 계획했던 것보다 비용이 두 배나 더 들었다(cost us~)고 할 때

The trip **ended up** costing us twice as much as we had planned.

3. 만일 걸리면, 난 이 수업 낙제하게 될거야라고 걱정할 때

If I get caught, I could **end up** failing the class.

One Point Lesson

비슷한 표현으로 end in sth하게 되면 「…하게 끝이나다」라는 뜻이 된다. 다섯 쌍이 결혼하게 되면 한 쌍은 이혼으로 끝난다라고 하려면 One in five marriages ends in divorce라 한다. 또한 연인이 계속 싸우기만 한다면 그들의 관계는 슬프게 끝날거야라고 말할 때는 Their relationship will end in sadness라고 하면 된다.

You have to **get used to** it

너 그거에 적응해야 돼

get used to 익숙하다, 적응하다

어느 일정기간에 걸쳐 경험을 통해 익숙해지는(to gradually become used to something over a period of time) 것을 말한다. get used to+ sth[~ing]의 형태로 사용되면 주로 새로운 장소나 직업 혹은 생활방식(way of life)에 적응한다고 할 때 많이 애용된다. 과거의 습관을 말하는 used to와 헷갈리면 안된다.

Useful Expressions

★ **I'm getting used it**
나 점점 적응하고 있어

★ **You have to get used to it**
너 그거에 적응해야 돼

A: How do you like your new apartment?

B: It took a while to **get used to** it.

    A: 새 아파트 어때?
    B: 익숙해지는데 좀 시간이 필요했어.

A: I can't stand this cold, wet weather.

B: I'm sorry to say I'**m getting used to** it.

    A: 이렇게 춥고 습한 날씨는 견딜 수가 없어.
    B: 미안한 말이지만 난 이제 적응이 되고 있어.

Talking Practice

1. 나 이 일정(schedule)에 적응할 수가 없다고 할 때

    I can't **get used to** this schedule.

2. 상대방보고 넌 이 곳(this place)에 익숙해질거야라고 할 때

    You'll **get used to** this place.

3. 이거 적응하는데 어느 정도 시간이 걸릴 것 같아라고 말하려면

    I guess it'll take while to **get used to** this.

One Point Lesson

get used to가 나오면 항상 함께 동의 표현으로 나오는 표현이 있다. get[be] accustomed to+N[~ing]이다. 의미는 동일하게 「…에 익숙해지다」라는 의미이다. 큰 아파트에 사는데 친구가 놀러와서 아파트 참 넓다(What a large apartment)라고 감탄하면 조금은 거만하게 나 큰 집에서 사는데 익숙해져있어라고 하려면 I've gotten accustomed to living in a big place라고 하면 된다.

Don't worry, he'll **turn up**

걱정마, 곧 올거야

turn up 나타나다, 오다

앞서 배운 show up과 같은 의미로 어떤 장소에 「도착하다」, 「나타나다」라는 의미이다. 물론 TV 등의 볼륨을 줄이다인 turn down의 반대의 의미로 「볼륨 등을 키우다」라는 의미로도 쓰인다.

Useful Expressions

★ **turn up**
　나타나다, 도착하다

A: Your brother never called me.

B: Don't worry, he'll **turn up.**

　A: 네 형은 내게 절대로 전화하지 않았어.
　B: 걱정마, 곧 올거야.

A: Why was the room so crowded?

B: Some unexpected guests **turned up** at the party.

　A: 왜 방에 사람들이 가득했던거야?
　B: 예상치 못한 손님들이 파티에 나타났어.

Talking Practice

1. 잃어버린(missing) 보석류가 나타날거야 확신한다고 할 때

I am sure the missing jewelry will **turn up.**

2. 재니스는 위원회에 참석했어라고 할 때

Janis **turned up** at the committee meeting.

3. 네 형이 지난밤에 왔냐고 물어볼 때

Did your brother **turn up** last night?

One Point Lesson

turn up의 일차적 의미는 「소리 등을 키우다」라는 의미이다. 소리 좀 키워줄래라고 하려면 Can you turn the volume up a bit?이라고 하면 되고, TV소리를 키우지 마라고 할 때는 Don't turn the TV up이라고 하면 된다. 반대로 TV 소리 좀 키워줄래는 Could you turn up the volume of the TV?라고 하는데 이때 상대방이 키운 소리에 만족하는지 물어보려면 Is it loud enough for you now?이라고 하면 된다.

How did you **get by** without a job?
직업도 없이 어떻게 버티고 살아간거야?

get by 그럭저럭 해나가다

get by는 뭔가 충분하지는 않고 겨우 버티고 살아가다라는 의미. 돈이나 물품, 혹은 지식 등 자신이 원하는 것을 할 수 있는 「최소한으로 지내다」라는 의미이다. 뒤에 전치사는 on이나 with 등이 온다.

Useful Expressions

★ **get by on**+돈
   …로 그럭저럭 살아가다

★ **get by with sth**
   …으로 간신히 지내다[버티다]

A: It was difficult for people long ago.

B: They **got by** growing their own food.

A: 예전 사람들은 힘들었을거야.
B: 곡식을 재배하며 간신히 지냈어.

A: Why are you working as a laborer?

B: I'm just doing this job to **get by.**

A: 넌 왜 노동일을 하는거야?
B: 그럭저럭 헤쳐나가기 위해 이 일을 하는거야.

Talking Practice

1. 너는 적은 돈으로(on little money) 헤쳐나가야 될거야라고 할 때

You'll have to **get by** on little money.

2. 넌 직업도 없이(without a job) 어떻게 버티고 살아간거야라고 물을 때

How did you **get by** without a job?

3. 그럭저럭 살아갈 돈이 충분히 있어는

There is enough money to **get by.**

One Point Lesson

비슷한 분위기의 표현으로 come by sth이 있는데 이는 「뭔가 얻기 어려운 것을 얻다」라는 의미의 동사구이다. 한 단어로 하자면 obtain이라고 할 수 있다. 그래서 사기 어려운 신상을 샀다고 자랑하려면 I came by some new clothes라고 하면 된다. 앞에서도 언급했다시피 come by+장소명사는 drop by, stop by처럼 예고없이 「잠시 들르다」라는 뜻이라는 점을 다시 한번 새겨둔다.

Check it out!

한번 봐봐!

check out 체크아웃하다, 확인하다

check out은 호텔에서는 「퇴실 절차를 밟고 나가는」(pay a hotel bill and leave) 것, 「도서관에서 책을 대출하는」(borrow books from a library) 것을 뜻하지만 일반적 의미로는 「꼼꼼하게 점검하는」(examine closely) 것을 말한다. 회화에서 많이 쓰이는 Check it out은 「한번 봐봐」라는 뜻.

Useful Expressions

★ **check out**
체크아웃하다, 확인하다

★ **Check it out!**
한번 봐봐!

★ **I'm going to check it out**
내가 확인해볼게

A: We have got to **check out** those new cell phones.

B: Let's do it right now.

A: 우리 저 새로 나온 핸드폰을 확인해봐야겠어.
B: 지금 확인해보자.

A: Are you surfing through the cyber-porn again?

B: Yes. **Check out** this orgy!

A: 너 또 인터넷 포르노를 검색하는거니?
B: 그럼. 여기 집단 섹스장면 좀 봐!

Talking Practice

1. 야, 저 여자봐봐! 정말 섹시하다(hot)고 할 때

Hey, **check out** that girl! She is really hot!

2. 투숙객(guests)은 오전 11시까지 체크아웃해야 된다고 할 때

Guests need to **check out** by 11:00 am.

3. 가서 전시회를 볼 가치가 있다라고 말하려면

It's worth a trip to **check out** the exhibit.

One Point Lesson

반대로 check in하게 되면 호텔에서 「체크인하다」, 「공항에서 탑승절차를 밟다」라는 의미로 쓰인다. 그밖에 스마트폰을 이용해서 소셜 미디어로 통해서 자기가 어디에 도착했다는 것을 알리는 용도로 사용한다. When a person uses an app on their smartphone (or iPad) to "check-in" at a business, destination, or popular point of interest. If a person checks-in, it usually lets other people know where they're at via a social media channel such as Yelp, Foursquare, Facebook, and in some cases Twitter. 물론 check into라고도 하는데 이 check into는 「뭔가 정보를 확인하다」라는 의미로도 쓰인다.

How can I **get in touch with** him? 어떻게 걔에게 연락할 수 있을까요?

get in touch with 연락을 취하다

전화 등의 통신수단을 통해 sb와 「연락을 하다」라는 동작을 뜻한다. 한 단어로 하자면 contact과 같은 의미이지만 get in touch with는 연락을 오랜 간만에 하는 경우에 특히 쓰인다. 또한 「연락을 하고 지내고 있다」는 정적인 의미의 표현을 쓰려면 동사만 be, keep 혹은 stay로 바꿔주면 된다.

Useful Expressions

★ You can get in touch with sb by calling+전화번호
…로 전화해서 연락을 취할 수 있어

★ How can I get in touch with sb?
어떻게 …에게 연락을 할 수 있나요?

A: How can I **get in touch with** him?
B: You can leave me your name, and I'll tell him you called.
A: 연락할 수 있는 방법이 없을까요?
B: 성함을 말씀해주시면 전화하셨다고 전해드리겠습니다.

A: I heard that John is coming to town this weekend.
B: Did you **get in touch with** him?
A: 이번 주에 존이 올라온데.
B: 연락해 봤어?

Talking Practice

1. 샘에게 연락을 계속 취해봐(Keep trying to~)라고 할 때
Keep trying to **get in touch with** Sam.

2. 계속 연락하고 지내자. 내 이메일주소(e-mail address)는 sillage@nate.com이다라고 할 때
Let's keep in touch. My e-mail address is sillage@nate.com.

3. 뉴욕에 있는 내가 전에 다니던 직장의 사장한테 연락을 해보라고 할 때
Why don't you **get in touch with** my former employer in New York?

One Point Lesson

동사를 정적인 keep, stay로 바꾸면 「연락을 하고 지내다」라는 의미가 된다. 상대에게 나하고 연락하는 사이로 지낼래요라고 제안할 때는 Would you keep in touch with me?라고 하면 된다. 특히 keep[be] in touch with sth처럼 with 다음에 사물이 오면 「…을 잘 알고 있다」라는 뜻이 된다. 그래서 많은 어려운 일을 겪는 친구에게 네 감정들을 차분히 되돌아봐봐라고 하려면 You need to get in touch with your feelings라고 하면 된다.

The murderer **made a** clean **get away** 살인범은 완전히 빠져 나갔어

get away 도망가다, 빠져나가다, 휴가가다

get away는 멀리 떨어지다라는 의미로 일차적으로는 get away from sb[sth]의 형태로 「…로 도망가다」, 「빠져나가다」라는 뜻으로 쓰인다. 여기서 나아가 비유적으로 직장 등의 「일상에서 벗어나 휴식을 취하다」라는 뜻으로도 사용되어 getaway하면 명사로 「휴가」를 의미하기도 한다.

Useful Expressions

★ get away
도망가다, 휴가가다

★ getaway
휴가

★ make a get away from
도망가다

A: Why are there cops all over?

B: A prisoner **made a get away** from the jail.

A: 왜 이 경찰들이 쫙 깔린거야?

B: 죄수 하나가 탈주했대.

A: I haven't seen you for a few days.

B: We **were on a get away** over the weekend.

A: 며칠간 너 보이지 않더라.

B: 주말동안 휴가갔었어.

Talking Practice

1. 그 살인범(murderer)은 완벽하게 빠져나갔다고 할 때

The murderer made a clean get away.

2. 이 지겨운(boring) 파티에서 빠져나가자고 할 때

Let's make our get away from this boring party.

3. 경찰이 오기 전에 도망갈 수 있을 것 같아라고 할 때는

I think we can get away before the cops come.

One Point Lesson

명령문의 형태로 Get away!하면 「꺼져!」라는 말이고 쫘금 길게 말하라면 Get away from me!라고 소리치면 된다. What's wrong with you? Why are you so angry?라고 물어오는 친구에게 만사가 귀찮으면 Just get away from me!(날 좀 내버려둬)라고 하면 된다. 참고로 You'll never get away with it은 「절대로 그렇게 되지 않을거야」라는 의미로 통채로 외워둔다.

John **inquired about** a new job

존은 새로운 일자리에 대해 문의했어

inquire about 문의하다

inquire는 「묻다」, 「알아보다」라는 의미로 inquire about하게 되면 어떤 정보를 알고자 문의하는 것이고, inquire into하면 「조사하다」, 「물어서 알아보다」라는 뜻이 된다.

A: I'm calling to **inquire about** a job I saw advertised in the newspaper.

B: Just a minute, please. I'll put you through to Human Resources.

A: 신문 광고에 난 일자리에 대해 문의하려고 전화했는데요.
B: 잠시만 기다리세요. 인사과에 연결시켜 드릴게요.

A: I'd like to **inquire into** getting a job here.

B: I'm afraid we are not hiring.

A: 여기 일자리를 얻으려 문의하고 싶은데요.
B: 죄송하지만 채용계획이 없는데요.

Talking Practice

1. 지금은 더이상 그것에 대해 묻지 않을게라고 말할 때

I'm not gonna **inquire about** that right now.

2 투어에 대해 좀 물어보려구요라고 하려면

I'd like to **inquire about** some tours.

3 존은 새로운 일자리에 대해 문의를 했어는

John **inquired about** a new job.

One Point Lesson

inquire 다음에 after를 붙이면 …가 뭘 하는지, 어떻게 지내는지 등을 물어보는 것으로, 즉 「…의 안부를 묻다」라는 의미가 된다. 누구로라의 건강에 대해 물어봤냐고 물어볼 때는 Did anyone inquire after Laura's health?, 걔는 소녀들 중 한명에 대해 안부를 물었다는 He was inquiring after one of the girls라고 하면 된다.

You need to **pay back** the money

넌 그 돈을 갚아야 돼

pay back 갚다. 상환하다

기본적으로 빌린 돈을 「돌려주다」, 즉 「갚다」라는 의미로 pay sb back, 갚는 돈까지 말하려면 pay sb sth back이라고 하면 된다. 물론 빌린 돈만 갚는게 아니라 상대방 으로부터 받은 「고통과 아픔을 갚아주다」라는 의미로도 쓰인다.

Useful Expressions

★ **pay sb back**
　…에게 빌린 돈을 갚다

★ **pay sb sth back**
　…에게 …를 갚다

★ **pay sb back with interest**
　이자쳐서 돈을 갚다

A: Do you promise to **pay** me **back?**

B: You have my word.

　　A: 돈 갚는다고 약속하는거지?
　　B: 내 약속할게.

A: What are you doing with the money?

B: I need to **pay back** the credit card company.

　　A: 그 돈갖고 뭐할거야?
　　B: 카드사에 돈을 갚아야 돼.

Talking Practice

1. 너는 그 돈을 갚아야 된다(need to)라고 말할 때

You need to **pay back** the money.

2. 네 부모님께 돈을 갚았냐고 물어볼 때

Did you **pay back** your parents?

3. 우리는 네게 한 푼도 빠짐없이 다 갚을게 정말이라고 다짐할 때

We're gonna **pay** you **back** every cent. I promise.

One Point Lesson

pay off 또한 「빚을 청산하다」라는 뜻이 된다. 그래서 상대방에게 우리 빚을 확실히 갚을 수 있냐고 물어보려면 Are you sure you can pay off our debts?라고 하면 된다. pay off는 이렇게 빚을 청산하다라는 의미에서 발전하여 「…에 대한 대가나 보상을 받다」, 「성과 를 올리다」라는 뜻이 되어, 열심히 일하면 언젠가 성과가 나타나는건 당연한거지라고 말하려면 I knew all that hard work would pay off someday라고 하면 된다.

I'll **go on** working here

난 여기서 계속 일할거야

go on with 계속 …하다

go on이 단독으로 쓰이면 happen으로 사용되지만, go on with~ 혹은 go on
~ing처럼 뒤에 with나 ~ing가 연결되면 「계속해서 …하다」라는 지속성을 뜻하는 동
사구가 된다.

Useful Expressions

★ go on with~
계속해서 …하다

★ go on ~ing
계속해서 …하다

A: Are you planning to quit?

B: No, I'll **go on** working here.

A: 너 그만 둘 생각이야?
B: 아니, 여기서 계속 일할거야.

A: Did your son **go on with** the basketball team?

B: Yes, they are playing in the championship this year.

A: 네 아들 농구팀에서 계속 뛰었어?
B: 응. 금년에 챔피언쉽에서 운동하고 있어.

Talking Practice

1. 네가 하고 있던 일을 계속하라고 할 때

Just **go on with** the work you were doing.

2. 난 이 관계를 계속할 수가 없다고 할 때

I can't **go on with** this relationship.

3. 넌 네 공부를 계속해야 될거야라고 할 때

You'll have to **go on with** your studies.

One Point Lesson

앞에서 나온 적도 있지만 go on이 happen, continue외에 go on+sth의 형태로 어떤 행동을 시작하다라는 뜻으로도 쓰인다는 점은
다시 확인해둔다. 「다이어트하다」는 go on a diet, 「파업하다」는 go on a strike, 「산책하다」는 go on a walk, 그리고 「여행을 가다」는
go on a trip이라고 하면 된다. 간단히 종합해보면 go on은 happen, continue, start ~ing의 세가지 의미로 알고 있으면 된다.

I'm done with it

나 그거 끝냈어

be done with ...을 끝내다, ...을 처리하다

「...끝내다」, 「마치다」하면 finish이지만 be done with 또한 많이 사용된다. be done with는 일반적인 일이나 업무 외에도 「음식을 다 먹다」, 「사람과 헤어지다」 등 다양한 의미로 사용된다. 물론 with 없이 강 be done이라고 쓰기도 한다.

Useful Expressions

★ I'm done with it
나 그거 끝냈어

★ I'm not done with~
...을 끝내지 않았어

★ Are you done with~?
...을 끝냈어?

★ You done?
다했어?, 다 끝냈어?

A: **Are** you **done with** the Internet?
B: Yeah, you can shut off the computer.

　A: 인터넷 다 썼어?
　B: 어, 컴퓨터 꺼도 돼.

A: Can I take away your plate?
B: No, I'm not **done with** my snacks.

　A: 접시 치울까?
　B: 아니, 과자 아직 다 못먹었어.

Talking Practice

1. 이 집 청소하는(clean up) 거 끝냈다고 할 때

I am done with cleaning up this house!

2. 오늘 저녁에 먹을(for tonight) 요리 다 했냐고 물어볼 때

Are you done with cooking for tonight?

3. 이 지시사항을 이해 못하겠어. 그만할테야!라고 할 때

I can't understand these directions. I'm done with this!

One Point Lesson

Are you done?에서 Are를 생략하고 그냥 간단히 You done?이라고 쓸 때가 많다. 「끝냈어?」라는 말로 Have you finished? 혹은 Are you through?와 같다고 보면 된다. 그래서 너랑 나갈려고 기다리고 있어. 다했니?는 I've been waiting to go out with you. You done?, 다했어? 몇 가지 말을 더하고 싶어는 Are you through? I want to add a few comments, 그리고 서류 정리 거의 다 끝나가요는 I'm almost through with the docs라고 하면 된다.

I didn't **figure** it **out**

난 못 알아냈어

figure out 생각해내다, 알아내다

생각을 한 후에 뭔가 「이해하거나」, 「알아내거나」 혹은 어떤 문제점을 「해결하다」라는 의미로 쓰이는 표현. 대상은 사물, 사람 모두 올 수 있으며 특히 figure out 의문사~ 형태가 많이 쓰인다.

Useful Expressions

★ **figure out why**
그 이유를 생각해내다

★ **I'm trying to figure out why S+V**
왜 ...한지를 알아내려고 하다

A: Did you solve the puzzle?

B: No, I didn't **figure** it **out**.

　A: 그 퍼즐 풀었어?
　B: 아니, 난 못 알아냈어.

A: Do you know who the murderer is?

B: No. Even Sherlock Holmes couldn't **figure** it **out**!

　A: 그 살인자가 누구인지 알아?
　B: 아니, 셜록 홈즈라도 알아내지 못했을거야.

Talking Practice

1. 팀과 나 모두 처음엔(at first) 이해못했지만(not get it) 나중에 이해하게 되었다는

Tim and I didn't get it at first either, but then we **figured** it **out**.

2. 이 프린터 뭐가 문제인지(be wrong with) 알아내는데 좀 도와주라고 할 때

I'd like you to help me **figure out** what's wrong with this printer.

3. 이 보고서를 이해할 수가 없어서. 이것 좀 설명해줄래?라고 할 때

I can't **figure out** this report. Would you mind explaining it to me?

One Point Lesson

figure가 들어가는 중요한 표현으로는 That[It] figures가 있는데 의미는 뭔가 안좋은 일이 일어났을 때 충분히 예상했다고 말할 때 사용하면 딱인 표현이다. 우리말로는 「그럴 줄 알았어」에 해당된다. 지하철에서 산 우산이 망가졌다(The umbrella I bought on the subway broke)라고 했을 때 내 그럴줄 알았어라는 의미로 It figures라고 하면 된다.

We can **work out** at the gym

우리는 체육관에서 운동할 수 있어

work out 운동하다

work out은 「해결하다」 「…게 되다」 등 다양한 중요한 의미로 쓰이지만 여기서는 「운동하다」라는 뜻으로 쓰이는 경우를 살펴본다. 특히 매일 gym이나 fitness club 등에 가서 규칙적으로 건강이나 몸매를 위해 운동하는 것을 뜻한다. 명사로 workout 역시 운동이란 의미.

Useful Expressions

★ **work out at the gym**
체육관에서 운동하다

★ **workout**
운동

A: A little exercise will do you good.

B: I know that. I'm trying to **work out** every day.

> A: 조금만 운동을 해도 도움이 될거야.
> B: 알아. 난 매일 운동하려고 해.

A: How have you been? You look great!

B: Yeah, I lost some weight because I go to a gym to **work out.**

> A: 어떻게 지냈어? 근사해 보이는데?
> B: 어, 체육관에 가서 운동을 해서 살이 좀 빠졌어.

Talking Practice

1. 우리는 체육관에서(at the gym) 운동할 수 있다고 할 때

We can **work out** at the gym.

2. 몸매유지하려면(stay in shape) 운동을 해야된다고 충고할 때

You need to **work out** to stay in shape.

3. 캐리는 거의 매일 아침 운동을 하라고 할 때

Carrie **works out** almost every morning.

One Point Lesson

그럼 work out과 exercise의 차이점은 뭘까…. 둘다 자주 쓰이는 표현이지만 work out은 특히 근육훈련 등 체육관에서 운동을 한다고 할 때 쓰이고 exercise는 특정한 곳으로 한정되지 않고 많은 다양한 방식으로 건강해지기 위해서 운동을 하는 것을 말한다.

He **came down with** a cold

갠 감기 걸렸어

come down with (병 등에) 걸리다

with 이하의 「병에 걸렸다」는 의미의 표현으로 주로 치명적이지 않은 병에 걸렸을 때 이 표현을 쓰면 된다. 그래서 come down with 다음에는 illness가 와야지 disease가 오지는 않는다. 물론 두 단어는 비슷한 의미로 쓰이지만 엄밀하게 말하면 heart disease과 같은 중병이나 혹은 전염되는 병은 illness라고 하지는 않는다.

Useful Expressions

★ come down with
the flu
독감에 걸리다

★ come down with
a cold
감기에 걸리다

A: Where's Randy today?

B: He **came down with** a cold and called in sick.

    A: 오늘 랜디는 어디 있니?
    B: 그 친구 감기에 걸려서 병가냈어.

A: Is he sick?

B: Yeah. He's **coming down with** a really bad cold.

    A: 걔가 아파?
    B: 어, 심한 독감에 걸렸어.

Talking Practice

1. 하루 종일 재채기를 했어(sneeze). 감기에 걸린 게 분명해(must be)라고 말할 때

I have been sneezing all day, I must be coming down with a cold.

2. 우리 선생님은 독감(flu)에 걸렸다고 말할 때

Our teacher came down with the flu.

3. 편두통이 오는 것 같아라고 말하려면

I think I'm just coming down with a migraine.

One Point Lesson

기본단어로 개발하다라고만 알고 있는 develop은 일상생활에서는 병에 걸리다, 병이 생기다라는 의미로도 사용된다. develop은 come down with와 달리 가벼운 illness 뿐만 아니라 중한 병인 disease도 목적어로 받을 수 있다. 프랜은 여행중에 열이 났었어는 Fran developed a fever while he traveled, 조심해 그렇지 않으면 감기에 걸릴거야는 Careful or you will develop a cold라고 한다.

I can't **keep up with** him

난 걔를 따라 잡을 수가 없어

keep up with …에 뒤떨어지지 않다, 따라잡다, 연락하다

keep up with는 뒤떨어지지 않고 계속 따라잡는다는 개념에서 keep up with~하게 되면 「…에 뒤지지 않다」, 「…을 잘 알다」, 「…와 연락하고 지내다」라는 의미로 사용된다. 따라서 with 다음에는 sb나 sth이 올 수 있다.

Useful Expressions

★ **keep up with**
…을 따라잡다, …을 잘 알고 있다

A: I can't **keep up with** him.

B: Why is that?

A: 난 그 사람을 따라 갈 수가 없어.
B: 뭐 때문에?

A: Fred and Sue just bought a big yacht.

B: You'll never be able to **keep up with** your rich friends.

A: 프레드와 수는 큰 요트를 구입했어.
B: 넌 절대로 네 부자친구들을 따라잡지 못할거야.

1. 난 너를 따라잡을 수가 없다고 할 때

I can't keep up with you.

2. 그 전학생(new student)은 다른 친구들을 따라잡을 수가 없었다고 할 때

The new student couldn't keep up with the others.

3. 너무 바빠서 학교숙제를 따라갈 수가 없다구?라고 확인할 때

Too busy to keep up with your schoolwork?

One Point Lesson

keep up with를 이용한 관용구로 keep up with the Joneses가 있다. 여기서 Joneses는 가장 흔한 이름 중의 하나인 Jones의 복수형으로 비유적으로 일반적인 「남」을 뜻한다. 그래서 결국 keep up with the Joneses하게 되면 남에게 뒤지지 않으려 하다, 뒤처지지 않다, 즉 「남부럽지 않게 살다」라는 의미가 된다. 주로 물리적인 것이든 추상적인 것이든 남이 소유하고 있는 것을 자기도 가지려 할 때 사용한다. 그래서 남부럽지 않게 살려면 돈이 많이 들어라고 하려면 It's so expensive to keep up with the Joneses라고 한다.

He's going through a hard time

걘 어려운 시기를 보내고 있어

go through 경험하다, 살펴보다

뭔가 관통하여(through) 지나가다라는 뜻으로 뭔가 「안좋은 경험을 하다」 혹은 「자세히 …을 살펴보다」라는 의미로 각각 쓰인다. go through with sth은 「불쾌한 일을 거치다」라는 의미.

Useful Expressions

★ go through a hard time
어려운 시기를 겪다

★ go through the photo album
사진첩을 살펴보다

★ go through with sth
불쾌한 일을 하다

A: We lost everything we owned in the fire.

B: I hope I never **go through** that.

A: 화재로 우리가 갖고 있던거 모든 걸 잃었어.
B: 그런 것을 겪지 않기를 바래

A: I haven't seen Chris around lately.

B: He's **going through** a hard time and feels sad these days.

A: 최근에 크리스를 못 봤어.
B: 걘 어려운 시기를 겪고 있어. 요즘 슬픔에 잠겨 있어.

Talking Practice

1. 이 파일들을 검토하는데 많은 시간이 걸릴거야라고 할 때

It will take a long time to **go through** the files.

2. 걔는 남편이 죽었을 때 온갖 시련을 겪었다고 말할 때

She **went through** hell when her husband died.

3. 네가 겪는 어려움을 안다고 말할 수는 없지라고 할 때

I can't say I understand what you're **going through**.

One Point Lesson

누구이 얘기하자면 go through=경험하다라고 머리에 고착화시키면 안된다. 경험하다는 비유적 의미이고 그 전에 일차적인 의미로 쓰이는 경우가 많기 때문이다. go through 또한 「…을 통해서 지나가다」라는 뜻으로 쓰이는 경우가 있다. 누가 다가와 이 근처에 화장실이 있냐고(Is there a toilet around here?) 물어볼 때 쇼핑센터를 통과해서 가시면 하나 보일거예요라고 하려면 Go through the shopping center. You'll find one이라고 하면 된다.

I'll **make it up to** you

내가 보상해줄게

make sth up (to sb) 보상하다

make up은 「화해하다」 「화장하다」 등의 뜻이 있지만 여기서는 상대방에 끼친 「피해를 보상한다」는 뜻으로 쓰이는 경우를 살펴본다. make+보상할 것+up to +보상받을 사람의 형태로 쓰면 된다. make up for라고 해도 된다.

Useful Expressions

★ make it up to~
   ...에게 보상하다

★ make up for
   ...에 대해 보상하다

A: He'll have to **make up** for the time he's been away.

B: He said he'll **make it up** this weekend.

   A: 그 사람은 자기가 비운 시간을 보충해야 할거야.
   B: 그 사람 얘기가 이번 주에 자기가 못한 시간만큼 일을 하겠대.

A: Here is a present for you.

B: It doesn't **make up** for your bad behavior.

   A: 이거 너 선물이야.
   B: 네 못된 행동을 이게 보상해주진 못해.

Talking Practice

1. 우리는 다음주에 빠진 수업(missed class)을 보충할거다라고 말할 때

We'll **make up** for the missed class next week.

2. 네 생일을 깜빡했지만(forget) 보상해주겠다고 다짐할 때

I forgot your birthday, but I'll **make it up to** you.

3. 한번만 더 기회를 주면 꼭 보상할게라고 다짐할 때

If you give me a second chance, I swear I'll **make it up to** you.

make up은 기본적으로 화장하다, 꾸며대다, 그리고 싸우고 화해하다라는 뜻으로 쓰이는 동사구이다. 그래서 니콜은 지금껏 본 것 중 최악의 화장을 하고 있어라고 하려면 Nicole is wearing the ugliest make-up I've ever seen, 그 얘기는 내가 꾸며낸거야는 I made up a story about that, 그리고 우리 키스하고 화해한거야라고 확인하려면 Have we kissed and made up?이라고 하면 된다.

He **reminds** me **of** my brother

걔보면 내 형이 생각나

remind A of B A에게 B를 생각나게 하다

주어를 보니 A가 B가 생각난다라는 표현. 전치사 of에 주의해야 한다. 비슷한 형태의 remind A about은 「A에게 …을 기억나게 하다」, remind A to+V는 「A가 to~ 이하를 하도록 기억나게 하다」라는 의미이다.

Useful Expressions

★ **remind A of B**
A에게 B를 생각나게 하다

★ **That reminds me of~**
그걸 보니 …가 생각나

★ **Do I have to remind you (that) S+V?**
내가 …을 기억나게 해줘야 되겠어?

A: You seem to like Ken.

B: He **reminds** me **of** my brother.

A: 넌 켄을 좋아하는 것 같아.
B: 걔보면 내 형이 생각나.

A: This is a picture of Toronto.

B: That **reminds** me **of** my hometown.

A: 이거 토론토 사진이야.
B: 그러고 보니 고향이 생각나네.

Talking Practice

1. 병원예약(doctor's~)한 거 내가 기억나게 해달라고 할 때

Remind me **about** the doctor's appointment.

2. 너는 걔한테 걔가 한 약속을 기억하게 하라라고 말할 때

You can **remind** him **of** his promise.

3. 이 상황이 얼마나 심각한지 상기시켜줘야 돼?라고 물어볼 때

Do I have to **remind** you how serious this situation is?

One Point Lesson

상대방에게 뭔가 알려줄 소식이 있을 때는 Let me remind you of~ 혹은 Let me remind you that S+V의 형태로 쓴다. 우리말로는 「…을 알려줄게」라는 뜻. 직원이 위아래 없이 건방지게 굴 때 내가 여기 사장이라는거 명심해라고 하려면 Let me remind you that I am the boss here라고 하면 된다.

Stay out of this!

상관하지마!

stay out of …에 관여하지 않다

「…로부터(out of) 벗어나 있다」(stay)라는 말로 뭔가 안좋은 일이나 주어가 반대하는 일에 「개입하거나 끼지 말라」는 의미이다. of 다음에는 sth가 오게 되고 주로 명령형의 형태로 많이 쓰인다.

Useful Expressions

★ Stay out of this, Chris!
크리스, 관여하지말라고!

★ Stay out of my face!
꺼지라고!

A: What did the old man say?

B: He told us to **stay out of** his driveway.

A: 저 나이든 분이 뭐라고 했어?
B: 자기 드라이브웨이에 가까이 오지 말라고 했어.

A: The Johnsons are having marital problems.

B: Just **stay out of** their personal lives.

A: 존슨 씨네 집은 부부문제가 있어.
B: 개인사에는 관여하지마.

Talking Practice

1. 그 고가(old house)에 가까이 가지 말라고 할 때

Stay out of that old house.

2. 내가 이거에 관여하지 말라고 했잖아(ask sb to)라고 할 때

I asked you to stay out of this.

3. 뭘 모르면 끼어들지 말라고 경고 내지 충고할 때

If you don't know enough about something, stay out of it.

One Point Lesson

특히 stay out of~ 다음에 trouble을 붙여서 stay out of trouble하게 되면 「말썽에 휘말리지 않다」라는 의미. 주로 명령문으로 Stay out of trouble!하게 되면 「문제 일으키지마」, 「말썽 피지마」라고 경고하거나 주의를 줄 때 사용하는 빈출표현이다. 문제아인 아들이 부모님께 말썽 안핀다고 약속했어라고 하려면 I made a promise to my parents that I'd stay out of trouble이라고 하면 된다.

I'm going to **bring up** a new topic

내가 새로운 주제를 꺼낼게

bring up 양육하다, 화제를 꺼내다

어린 애를 끼우는, 즉 「양육하다」(raise)라는 의미로 기본적으로 쓰이지만 주로 어떤 대화의 「화제를 꺼내다」라는 의미로 자주 쓰인다. 이때 목적어는 sth이나 sb 다 올 수 있다.

Useful Expressions

★ **I don't want to bring this up**
이 얘기를 꺼내기 싫지만

★ **Don't bring up what~**
…한 이야기는 하지 말자

A: I want to talk about a few things.

B: Please don't **bring up** anything upsetting.

    A: 몇가지 얘기하고 싶어.
    B: 속상한 얘기는 꺼내지마.

A: This time don't **bring up** what happened at the last meeting.

B: Don't worry, my lips are sealed.

    A: 이번에는 지난 번 회의때 나왔던 이야기는 하지 맙시다.
    B: 걱정말아요, 입다물고 있을테니.

Talking Practice

1. 난 댈러스 시에서 자랐다고 말할 때

I was **brought up** in the city of Dallas.

2. 존은 정치문제(subject of politics)를 꺼냈다고 할 때

John **brought up** the subject of politics.

3. 내가 새로운 주제를 꺼낼거라고 할 때

I'm going to **bring up** a new topic.

One Point Lesson

bring up은 컴퓨터 스크린에 「…을 띄우다」라는 의미로도 많이 쓰이는데 새로운 안티바이러스 소프트웨어를 컴퓨터에 띄워봐는 Bring up the new anti-virus software, 다시 한번 후보자 리스트를 화면에 띄워볼래는 Can you bring up the list of candidates again?이라고 하면 된다.

Did you **bring in** the groceries?

네가 식료품을 들여왔어?

bring in 영입하다, 들여오다

안으로 데리고 온다는 의미로 특히 뭔가 도움이나 조언을 받기 위해서 사람을 데려오는 것을 뜻한다. 토익에 많이 나오는 동사구. bring sb in to+V의 형태로 「…을 영입하여 …하다」라는 의미로 쓰이기도 한다. 또한 목적어가 sth인 경우 새로운 법 등을 「도입하다」라는 뜻으로 쓰인다.

Useful Expressions

★ **bring sth in**
  새로운 법 등을 도입하다

★ **bring in sb**
  영입하다

★ **bring sb in to+V**
  …을 영입하여 …하게 하다

A: We're having serious problems here.

B: We need to **bring in** someone to fix them.

A: 우리 여기 심각한 문제가 있어.
B: 바로 잡을 사람을 영입해야 돼.

A: I have decided to **bring in** an analyst to help us.

B: Great idea! That is just what we need.

A: 우리를 도와줄 분석가 한 사람을 영입하기로 했어.
B: 좋은 생각이! 우리가 필요한 게 바로 그거야.

Talking Practice

1. 다른 부서에서 누군가를 데려오면 되잖아라고 제안할 때

You can **bring in** someone from another department.

2. 네가 식료품들을 들여왔냐고 물어볼 때

Did you **bring in** the groceries?

3. 빨래들을 들여오는데 시간이 많이 걸릴거야라고 하려면

It will take a while to **bring in** the laundry.

One Point Lesson

앞에서 동사구가 비유적 의미 뿐만 아니라 별 의미없이 1차적인 의미로 쓰이는 경우를 조심해야 한다고 한 적이 있다. 이것도 비슷한 경우로 I'm sorry. I'm not supposed to bring her in here하게 되면 bring sb in의 동사구를 대입하고 싶은 충동이 일지만, 잘 참아야 한다. 여기서는 bring sb+in here(부사구)로 sb를 부사구로 데려오다라는 뜻이 되기 때문이다.

Something's come up

일이 생겼어

come up 다가가다, 언급되다, (문제) 생기다

기본적으로는 말을 걸기 위해 가까이 다가오거나 가는 것을 말하며, 비유적으로는 사람들에 의해 「언급되다」, 「논의되다」 그리고 Something's come up~의 형태로 가장 많이 쓰이는 경우로 뭔가 어려움이나 곤란한 상황 등이 「일어나다」, 「발생하다」라는 의미를 갖는다.

Useful Expressions

★ **come up**
다가가다, 언급되다

★ **Something's come up**
일이 생기다

A: I'm sorry, but I can't afford to go on the ski trip next month.

B: Too bad. Did some unexpected expenses **come up**?

A: 미안한데 말야. 난 다음 달에 스키 여행을 갈 형편이 안돼.
B: 아쉬운 걸. 예기치 않게 달리 돈 쓸 일이 생긴거야?

A: Something's **come up** and he can't attend our wedding.

B: That's too bad!

A: 걔 일이 생겨서 우리 결혼식에 참석할 수가 없대.
B: 저런!

Talking Practice

1. 이번 주말에 내 별장에 올 시간이 있을 것 같아?라고 물어볼 때

Do you think you'll have time to **come up** to my cottage this weekend?

2. 내 아파트로 올라와 술 같이하자고 할 때

Come up to my apartment and we'll have a drink together.

3. 미안하지만, 일이 생겨서 회의에 참석할 수 없을거라고 말할 때

I'm sorry, but something **has come up** and I won't be able to attend the conference.

One Point Lesson

come up하면 또 생각나는 표현으로는 「뭔가 곧 일어나다」는 의미로 진행형으로 be coming up의 형태로 쓰인다. 걔의 생일이 곧 다가온다는 His birthday's coming up soon, 크리스마스가 다가오고 있음을 말하려면 With Christmas coming up이라고 하면 된다. 또한 웨이터나 바텐더가 주로 쓰는 말로 음식 등이 바로 나갑니다라고 할 때 Coming (right) up!이라고 쓴다.

How did you **get through** it?

너 어떻게 해낸거야?

get through 마치다, 힘든 시기를 넘기다

get through는 「힘든 시기를 무사히 이겨내다」(pass successfully), 「일을 끝마치다」(finish)는 의미이다. 나아가 통신기술이 고도로 발달한 실생활에서는 「통화하다」, 「연결되다」(reach someone by telephone)는 의미로도 활용해 볼 수 있다.

Useful Expressions

★ **get through (sth)**
힘든 시기를 이겨내다

★ **get through (to sb)**
...에게 전화로 연결되다

★ **Don't worry. We'll get through this**
걱정마, 우린 해낼거야

★ **I'll never get through this**
난 절대 못해낼거야

★ **get through the night**
밤을 무사히 보내다

A: I'm not sure we can **get through** this difficult time.

B: Don't worry. Things always turn out for the best.

A: 우리가 이 어려운 시기를 헤쳐나갈 수 있을지 모르겠어.
B: 걱정마. 언제나 결과는 좋잖아.

A: I don't think I can **get through** the night.

B: Just take it easy and try to relax.

A: 밤을 무사히 보낼 수 없을 것 같아.
B: 걱정하지 말고 긴장을 풀어봐.

Talking Practice

1. 이 보고서(this report) 끝마치고 나면 바로 네게 답을 줄게는

As soon as I **get through** this report, I'll give you my answer.

2. 우리는 모든 중요한 일들(all the important stuff)을 처리해야 돼라고 하려면

We have to **get through** all the important stuff.

3. 대학교를 마치는데 수년이 걸렸어라고 할 때

It takes years to **get through** university.

One Point Lesson

get through에 with를 붙여 get through with~하면 with 이하의 것을 「끝마치다」, 「완성하다」, 「해치우다」라는 뜻이 된다. 내가 책 다 읽고나서 수리공을 부를게는 When I get through with this book, I'll call the repairman이라고 하면 된다. 또한 get through to sb하게 되면 「sb를 이해시키다」라는 뜻으로 내가 어떻게 해야 너를 이해시키겠니?라고 하려면 What do I have to do to get through to you? 라고 하면 된다.

She never **engages in** small talk

걘 절대 잡담을 하지 않아

engage in 관여하다, 참여하다

engage하면 약혼에 관련된 표현으로 잘 알고 있으나 여기서처럼 어떤 특정한 행위나 행동에 가담하여 하는 것을 뜻하는 표현에는 약한 것이 사실이다. 너무 단어의 사전적 설명에만 의지하지 말고 그것이 뜻하는 의미를 잘 새겨보는 것이 도움이 된다.

Useful Expressions

★ **engage in sth**
(경쟁, 대화 등을) 하다

★ **engage sb in conversation**
대화하다

★ **join in**
사람들이 이미 하고 있는 일에 같이 하다

A: I heard Cheryl was fired.

B: She **engaged in** bad behavior.

A: 쉐릴이 잘렸다며.
B: 나쁜 일에 가담했어.

A: Katie is very shy.

B: I'll ask her to **join in** with our games.

A: 케이티는 매우 수줍어 해.
B: 난 걔보고 우리 게임하는데 같이 하자고 할거야.

Talking Practice

1. 걘 절대로 잡담(small talk)을 하지 않아라고 하려면

She never **engages in** small talk.

2. 제발 못된 행동은 하지마라고 충고할 때

Please don't **engage in** bad behavior.

3. 크리스는 많은 수의 여성들과 섹스를 했어는

Chris **engaged in** sex with a number of women.

One Point Lesson

물론 많이 쓰이는 경우는 「약혼하다」라는 의미로 be[get] engaged로 쓰인다. 작년에 약혼했는데 잘 안 되었어라고 하려면 I was engaged last year, but it didn't work out이라고 하면 된다. 또한 engagement는 「약혼식」, engagement ring은 「약혼반지」라는 뜻이 된다. 내 약혼식에 참석해준다면 큰 도움이 될거야는 It would mean a lot to me if you would attend my engagement, 헤어지면서 약혼반지를 돌려줄 때는 Here is your engagement ring back이라고 한다.

They **kept** her **from dying**

걔네들이 그녀를 살렸어

keep sb from ~ing …가 …를 못하게 하다

표현자체가 그렇게 어려워 보이지는 않지만 실제 사용하려면 막막한 표현. A자리에는
사람이나 사물이 올 수 있으며 B의 자리에는 명사나 혹은 동사의 명사형인 ~ing가
오게 된다. 한 단어로 말하자면 prevent.

Useful Expressions

★ **keep sb from ~ing**
…가 …를 못하게 하다

★ **keep sth from sb**
…에게 …을 비밀로 하다

A: The ambulance picked up my grandmother.

B: They **kept** her **from dying.**

A: 앰뷸런스가 할머니를 데려갔어.
B: 그 사람들이 할머니를 살렸어.

A: Why are there guards in the store?

B: They **keep** thieves **from stealing** things.

A: 가게에 왜 경비들이 있는거야?
B: 도둑들이 도둑질을 못하게 하는거야.

Talking Practice

1. 우리는 다이안이 진실을 알아내지 못하게 해야 돼라고 할 때

We must **keep** Diane **from finding** out the truth.

2. 경찰은 레이는 빌딩에 들어오지 못하게 했어는

Cops **kept** Ray **from entering** the building.

3. 커크는 모든 사람들이 자기 집에 오지 못하게 한다고 할 때

Kirk **keeps** everyone **from coming** to his house.

 One Point Lesson

keep sb from ~ing에서 sb를 없애고 keep from ~ing하게 되면 주어가 「스스로 어떤 행위를 그만두는 것」을 뜻한다. 그래서 담배를
끊는 것은 쉬운 일이 아니라고 하려면 It's not easy to keep from smoking이라고 하면 된다.

I can't **come up with** a solution
답이 안나와

come up with …을 생각해내다

좋은 생각이나 계획 혹은 아이디어를 「생각해내다」라는 의미. 꼭 긍정적인 의미로만 쓰이는 것은 아니어서 뭔가 빠져나갈 구실이나 변명을 생각해내다라고 할 때도 써도 된다. 평범하게 쓰면 have got an idea라고 하면 된다.

Useful Expressions

★ come up with
 some great ideas
 좀 멋진 생각을 해내다

★ come up with a
 good plan
 좋은 생각을 해내다

★ have got an idea
 좋은 생각이 있다

A: I've tried and tried, but I can't **come up with** a solution.
B: Maybe you need to take a break and do something else.
 A: 계속 해봤는데, 답이 안 나와.
 B: 너, 잠깐 쉬면서 그거 말구 다른 일을 해보는 게 좋을 것 같다.

A: How will we make some extra money?
B: I**'ve got a good idea** how to do it.
 A: 추가로 돈을 어떻게 마련하지?
 B: 그렇게 할 좋은 생각이 있어.

Talking Practice

1. 우리는 아주 좋은 계획(good plan)을 곧 생각해내야 된다고 할 때

We'd better come up with a good plan soon!

2. 너는 사장에게 말할 좋은 구실(good story)을 생각해낼 수 있겠냐고 물을 때

Do you think you can come up with a good story to tell the boss?

3. 네가 어떤 안을 내놓았는지 한번 보자고 할 때

Let me see what you've come up with.

One Point Lesson

come up with가 일반적으로 어떤 생각이나 아이디어를 새롭게 생각해내는 것을 뜻하지만 come up with 다음에 돈을 나타내는 명사가 오면 마찬가지로 없던 돈을 마련하다라는 뜻으로 쓰인다. 열정페이를 악용하는 사장에게 한 능력있는 인턴이 내가 그만 두겠다고 으름장을 놓으면 아마 돈 좀 주겠지라고 말하려면 if I threaten to quit they might come up with some money라고 하면 된다.

Let's **keep** her **away** from snacks

과자를 먹지 못하게 하자

keep A away from B

A가 B를 멀리하게 하다, …가 …을 못하게 하다

keep A from B에서 from 앞에 away를 쓴 경우로 A가 B에 가까이 하지 못하게 하다, 멀리하게 하다 등의 의미로 아주 많이 쓰이는 동사구이다. from~ 다음에는 명사나 ~ing가 온다.

Useful Expressions

★ keep A away from B
   …가 …을 못하게 하다

A: Mom is trying to lose weight.

B: Let's **keep** her **away from** snacks.

    A: 엄마는 살을 빼려고 하고 있어.
    B: 과자를 먹지 못하게 하자.

A: Jim says he's going to a bar tonight.

B: You better **keep** him **away from** alcohol.

    A: 짐은 오늘 밤에 술집에 갈거래.
    B: 걔가 술을 멀리하도록 해.

1. 가스(the gas)는 불옆에 두지 마라고 할 때

Keep the gas **away from** the fire.

2. 아이들이 쿠키에 손대지 못하게 하라고 할 때

Keep the kids **away from** the cookies.

3. 무슨 말 하는지 알겠어. 걔하고 가까이 못있게 하려는 거지라고 할 때

I see what you're getting at. You want to **keep** me **away from** her.

One Point Lesson

앞에서 나온 keep A from B에서 from 앞에 away가 붙은 경우로 두 가지 다 「…가 …을 하지 못하게 하다」라는 의미로 유사한 표현이다.

Chris **signed up for** the military

크리스는 군에 입대했어

sign up for …에 등록하다

sign up은 「신청하다」 「등록하다」라는 의미로 주로 어떤 강좌나 강의 등에 신청하여 등록한다고 할 때 사용되며 강좌내용은 for+강좌(명)으로 덧붙여주면 된다. 한 단어로 하면 register나 enroll이라고 하면 된다.

Useful Expressions

★ sign up for the course
강좌에 등록하다

A: Do you have plans for this summer?

B: I'm going to **sign up for** some English classes.

    A: 이번 여름에 무슨 계획있어?
    B: 영어강좌에 등록하려고.

A: Where did Lenny and Bruce go?

B: They went to **sign up for** the debate club.

    A: 레니와 브루스는 어디에 갔어?
    B: 걔네들은 토론클럽에 가입하러 갔어.

Talking Practice

1. 여기서 클럽에 회원가입을 할 수 있다고 말할 때

You can **sign up for** the club here.

2. 크리스는 군에 입대했다고 할 때

Chris **signed up for** the military.

3. 난 새로운 인터넷 서비스 강좌에 등록했어는

I **signed up for** the new Internet service.

 One Point Lesson

enroll in이라고 써도 「등록하다」 「가입하다」로 같은 의미가 된다. 그래서 올 여름에 한 과목 등록하고 싶어라고 하려면 I hope to enroll in a course this summer라고 하면 된다. 아버지는 생명보험증서에 가입하기로 했어는 Dad decided to enroll in a life insurance policy, 그리고 네 아들은 학교에 등록했냐고 물어보려면 Has your son enrolled in a school yet?이라고 하면 된다.

I **put in for** a review of my file

난 내 파일의 리뷰를 신청했어

put in for …에 신청하다, 정식으로 요구하다

조금 어려운 표현으로 put in은 뭔가 「공식적으로 요청하다」 「신청하다」라는 뜻으로
put in sth으로 쓰거나 아니면 확실하게 put in for sth의 형태로 쓰인다.

Useful Expressions

★ **put in (for) sth**
신청하다, 정식으로 요구하
다

A: I feel so tired every day.

B: You should **put in for** some vacation time.

    A: 난 매일매일 정말 피곤해.
    B: 휴가를 신청해봐.

A: People say you want to move away from Toronto.

B: I think I'll **put in for** a transfer to another city.

    A: 사람들이 그러는데 너 토론토에서 벗어나 다른 곳으로 이사가고 싶어 한다며.
    B: 다른 도시로 전근신청을 할까봐.

Talking Practice

1. 근로자들은 급여인상을 정식으로 요구했어는

The workers **put in for** a raise in pay.

2. 넌 승진신청을 정식으로 할거냐고 물어보려면

Are you going to **put in for** a promotion?

3. 난 내 파일에 대해 리뷰를 정식으로 요구했어는

I **put in for** a review of my file.

One Point Lesson

또 한번 언급하지만 동사구는 고정된 의미가 아니라 아주 1차적인 의미로 쓰이는 경우가 있다. 식당에서 손님이 음식 좀 싸줄래
요?(Could we have a doggie bag?)하자 종업원이 Sure. Do you want all of it put in the doggie bag?이라고 한다. 여기서 put in이 있
지만 이는 신청[요청]하다가 아니라 want sth put+in the doggie bag, 즉 「…을 in 이하에 넣기를 원하다」라는 뜻이 된다. 한가지 더
보자면 I'm having some false teeth put in에서도 put in이 있지만 이 역시 have sth+pp(put in)의 형태로 의미는 「의치를 하다」가 된
다.

Don't **let** me **down**

날 실망시키지마

let (sb) down (…을) 실망시키다

사람들이 기대하고 예상했던 것을 하지 않음으로써 사람들을 실망시키는 것을 말한다.
익숙한 한 단어로 하면 disappoint라 할 수 있다.

Useful Expressions

★ Don't let me
down
날 실망시키지마

★ I won't let you
down again
다시는 널 실망시키지 않을
게

A: You have to work hard. Don't **let** me **down.**

B: I'll do my best, boss. Believe me.

  A: 열심히 일해야 돼. 날 실망시키지마.
  B: 사장님, 최선을 다할게요. 믿으세요.

A: Don't **let** me **down.**

B: Don't worry. I'll get it done for you.

  A: 실망시키지마
  B: 걱정마. 널 위해서 해낼테니까.

Talking Practice

1. 걔는 우리를 실망시켜서 미안해(sorry)했다라고 말할 때

She was sorry she **let** us **down.**

2. 너 때문에 실망했어. 난 널 믿을(trust) 수 있다고 생각했다고 말할 때.

You **let** me **down.** I thought I could trust you.

3. 그 여자를 실망시키지 않도록 해는

Make sure you don't **let** her **down.**

One Point Lesson

익숙한 단어 disappoint는 타동사로 목적어를 「실망시키다」라는 뜻으로 주로 be disappointed의 형태로 주어가 실망했다라고 쓰인다. 난 네 결정에 정말 실망했어는 I'm very disappointed in your decision, 네 엄마는 그 소식을 듣고 매우 실망하실거야는 Your mother will be very disappointed to hear that이라고 하면 된다.

I almost didn't **make it to** the party

그 파티에 못갈 뻔했어

make it to~ 성공하다, …에 도착하다

make it 단독으로 뭔가 목적하던 것을 「성취하다」, 「목표를 달성하다」 즉 「성공하다」 라는 의미이고 또 하나 꼭 알아두어야 하는 뜻으로는 make it (to+장소) 형태로 장소 나 행사장에 「간신히 오다」, 「늦지 않게 도착하다」라는 뜻으로 무척 많이 쓰이는 표현 이다.

Useful Expressions

★ make it to my party
내 파티에 오다

★ can[be able to] make it (to)
…에 도착할 수 있다

★ I made it!
내가 해냈어!

A: We won't **make it to** the wedding.

B: I'm sorry to hear that.

A: 우리는 결혼식장에 못갈거야.
B: 섭섭하네요.

A: The festival is being held Saturday.

B: We can **make it to** that event.

A: 페스티발이 토요일날에 열려.
B: 거기에 갈 수 있겠다.

Talking Practice

1. 내 생각에(I think~) 우리는 회의에 맞춰 갈 수 있을 것 같다고 할 때

I think we'll **make it to** the meeting.

2. 이번 주말 파티에 올 수 있을 것 같냐고 물어볼 때

Do you think you'll be able to **make it to** my party this weekend?

3. 발표회에 가지 못할 것 같아는

I won't be able to **make it to** the presentation.

One Point Lesson

make it이 단독으로 「성공하다」로 쓰이는 경우 배우나 의사 등으로 성공하다라고 말하려면 make it as~라고 하면 된다. 연기력이 형 편없는 배우지망생에게 너 배우로서 성공하지 못할 수도 있다고 할 때는 You may not make it as an actor, 그리고 성적이 안좋은 학 생에게 넌 학생으로 제대로 못하겠구나는 I don't think you'll make it as a student라고 하면 된다.

Did you **put together** your wedding list? 결혼식 목록을 취합했어?

put together 모으다, 준비하다, 종합·편집하다

「함께 모으다」 부분을 한데 모아 조립하다라는 뜻에서 발전하여 뭔가 「준비하다」, 「작성하다」, 「정리하다」 등의 의미를 갖는다. 좀 어려운 표현에 속한다.

Useful Expressions

★ put together a proposal
제안서를 준비하다

★ put together the photo album
사진앨범을 정리하다

★ put together a party
파티를 준비하다

A: We'll have to **put together** a proposal by the end of the week.

B: I think that we can do that.

A: 우린 이번 주말까지 제안서를 짜야만 할거야.
B: 난 우리가 할 수 있다는 생각이 들어.

A: Did you **put together** your wedding list?

B: Not yet. I'm still working on it.

A: 결혼식 목록을 취합했어?
B: 아직. 지금 하고 있어.

Talking Practice

1. 퍼즐을 맞추는데 한 시간이 걸렸다(it takes an hour)고 할 때

It took an hour to **put together** the puzzle.

2. 우리가 야구팀을 구성해야 될까라고 물어볼 때

Should we **put together** a baseball team?

3. 경찰들은 누가 그 곳을 털었는지 알아낼 수가 없었어

The cops weren't able to **put together** who robbed the place.

참고로 put yourself together하면 흩어진 자신들을 모아서 재 정리한다는 것으로 「정신차리다」라는 의미로 get a life와 비슷한 의미이다. 또한 put 대신에 pull을 써서 pull yourself together라고 해도 된다.

She **split up** with John last week

갠 지난주에 존과 헤어졌어

split up 헤어지다, 결별하다

완전히 흩어지다라는 뜻으로 주로 남녀관계에서 「헤어지다」, 「이혼하다」, 「결별하다」라
는 의미로 쓰이는 표현으로 한 단어로 하자면 separate.

Useful Expressions

★ **split up with sb**
 …와 헤어지다

★ **How about we
 split up?**
 우리 헤어지는거 어때?

A: Fran and Bob are always fighting.

B: I'm thinking that they should **split up.**

 A: 프랜과 밥은 늘상 싸워.
 B: 난 걔네들이 헤어져야 한다고 생각해.

A: Jane and Perry divorced last year.

B: I forgot they **had split up.**

 A: 제인과 페리가 작년에 이혼했어.
 B: 걔네들 갈라선 걸 깜박했네.

Talking Practice

1. 난 걔네들이 헤어질거라 알고 있었다(I knew~)라고 말할 때

I knew they were going to **split up.**

2. 멜라니는 지난주에 존과 헤어졌다고 전할 때

Melanie **split up** with John last week.

3. 항상 싸워서 마누라하고 갈라섰어라고 하려면

I **split up** with my wife because we always fought.

split up은 자동사이지만 그 사이에 sb를 넣어서 split sb up하게 되면 「…을 갈라놓다」라는 의미가 된다. 레슬리는 브래드가 걔 아
내와 헤어지도록 했어는 Leslie split Brad up with his wife, 난 걔네들을 헤어지게 하려던게 아녔어라고 하려면 I never intended to
split them up라고 하면 된다.

Let's **get down to** business

일을 시작하자

get down to …을 시작하다

down은 동사에 붙어 「아래로」, 「단단히」, 「완전히」 등의 의미를 강조하는 기능이 있다. 그래서 get down to는 특히 「주의가 요망되는 일을 시작하다」(begin something that requires a lot of attention), 즉 to 이하의 일을 진지하게 혹은 많은 노력을 기울이며 「시작하다」라는 뜻이 된다.

Useful Expressions

★ **get down to work**
일에 착수하다

★ **get down to business**
일에 본격적으로 착수하다, 본론으로 들어가다

A: We need to **get down to** work.

B: Just let me finish my lunch and we can start.

A: 본격적으로 일에 착수할 필요가 있겠어.
B: 점심 좀 마저 먹고나서 시작하면 돼.

A: We need to **get down to** business.

B: Isn't there time to eat?

A: 본론으로 들어가야겠어요.
B: 뭐 좀 먹을 시간 없을까요?

Talking Practice

1. 이제 일을 시작해야 할 때이다라고 할 때

It's time to **get down to** business.

2. 문제의 핵심(heart of~)에 집중해야 된다고 말할 때

You need to **get down to** the heart of the matter.

3. 자, 본론으로 들어갈까요?는

Well, why don't we **get down to** business?

One Point Lesson

역시 같은 맥락의 이야기로 동사구를 한정적으로 고착화시키면 영어가 어려워진다. What're you doing here? Get down to the OR right now라는 문장에서 Get down to~는 「…로 가라」는 의미이고, I tried to get down her pants, but failed에서 get down+옷은 「…을 벗기려고 하다」라는 일차적인 의미를 갖게 된다.

You **talked** me **into** it

네가 그거 하라고 했잖아

talk sb into 설득해서 …하게 하다

sb에게 「말을 해서(talk) into를 하게 만들다」라는 뜻. 다시 말해서 주어가 sb를 「설득해서 into 이하를 하게 만들다」라는 뜻이다. 반대는 talk sb out of이며 into나 out of 다음에는 명사나 ~ing형태가 오면 된다.

Useful Expressions

★ talk sb into
+N[~ing]
설득해서 …가 …하게 하다

★ You talked me
into it
네가 그거 하라고 했잖아

A: Is Rob lending us his car?

B: I can **talk** him **into** it.

A: 랍이 우리한테 차를 빌려줄까?
B: 내가 설득해서 그렇게 하도록 할 수 있어.

A: I thought you were going to stay home.

B: Sam **talked** me **into** coming along.

A: 난 네가 집에 남아 있을거라고 생각했어.
B: 샘이 설득해서 따라오게 했어.

Talking Practice

1. 그럼 나를 설득해서 그걸 하도록 하지 않을거야(be not going to)라고 상대방에게 물어볼 때

So you're not going to try and **talk** me **into** it?

2. 난 걔를 설득해서 여기에 남도록 했다고 할 때

I **talked** him **into** staying here.

3. 네가 날 설득해서 그걸 하게 할 수 없어라고 단호하게 말할 때는

There's no way you're going to **talk** me **into** this.

One Point Lesson

반대로 「…을 설득해서 …하지 못하게 하다」는 talk sb out of~로 of 다음에는 명사나 ~ing 형이 온다. 걔 설득해서 그렇게 하지 못하게 해는 Please talk her out of it, 넌 걔를 설득해서 널 혼내지 말아달라고 할 수 없을거야는 You won't be able to talk her out of punishing you이라고 하면 된다.

Level 3

270

I'd like to **settle down** in Busan

부산에 정착하고 싶어

settle down 자리를 잡다, 정착하다

settle down은 특히 우리말로 이해하기 어려운 동사구 중의 하나이다. 기본적으로는
「진정하다」(calm down)라는 의미이고 여기서 발전하여 결혼 등으로 해서 차분하게
정착하는 것을 뜻한다.

Useful Expressions

★ **settle down**
진정하다, 정착하다

A: What are your plans for the future?

B: I'd like to **settle down** in Busan.

A: 장래 계획이 뭐야?
B: 부산에 정착하고 싶어.

A: I'm worried that my sister acts too wild.

B: She will **settle down** when she gets older.

A: 내 여동생이 너무 거칠게 행동하는지 걱정돼.
B: 나이들면서 차분해질거야.

Talking Practice

1. 군중들이 진정하는데는 시간이 꽤 걸렸어라고 하려면

It took a while for the crowd to **settle down.**

2. 진정해, 우리 모두가 조용히해야 돼라고 하려면

Settle down, we need everyone to be quiet!

3. 우리는 시카고 외곽에 정착했어라고 할 때

We **settled down** in a suburb of Chicago.

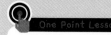
One Point Lesson

가장 기본적인 의미의 진정하다라는 의미로 쓰일 경우 명령문의 형태로 쓰이는 경우가 많다. 마치 Calm down!처럼 말이다. 한 직
원이 어쩌면 오늘밤 거래가 매듭지어질지도 모르겠어요!(We may close the deal tonight!)라고 들뜨자 상사가 진정해, 차분히 생각
해봐야 돼라고 할 때는 Settle down, we have to think straight라고 하면 된다.

284

Stop **fooling around**

그만 빈둥거려

fool around 놀아나다, 빈둥거리다, 바람피다

별로 바람직하지 않는 동사구. 별로 하는 일없이 「빈둥거리다」, 「시간을 때우다」라는 의미로 mess around, goof around와 같은 의미라 생각하면 된다. 하지만 남녀간의 관계에서 이 동사구가 쓰이면 배우자, 혹은 애인 몰래 다른 사람과 섹스하는 것을 뜻한다.

A: Any idea why Lance was fired?

B: I guess he got caught **fooling around.**

    A: 왜 랜스가 해고됐는지 알아?
    B: 빈둥거리다가 걸린 것 같아.

A: I heard you spent the night with Judy.

B: We didn't have sex but we **fooled around.**

    A: 너 주디와 밤을 보냈다며.
    B: 우리는 섹스는 하지는 않고 빈둥거렸어.

Talking Practice

1. 난 계단에서 여자애와 섹스를 했어라고 하려면

I **fooled around** with a girl on the staircase.

2. 걘 우리가 결혼을 하기 전까지 섹스하는 것을 반대했어는

She refuses to **fool around** until we're married.

3. 이건 심각해. 그만 빈둥거려라고 하려면

This is serious. Stop **fooling around.**

One Point Lesson

goof는 바보같은 실수를 하다라는 의미로 goof up하면 「어리석은 실수를 하다」, 그리고 goof around하면 fool around처럼 별 하는 일 없이 시간을 축내는 것을, goof off는 일을 해야 하는데 하지 않고 얌체처럼 빈둥거리는 것을 말한다. 그래서 보고서 실수없도록 해는 Make sure you don't goof up the report, 넌 여기 있는 동안 시간축내지마라고 하려면You can't goof around while you're here, 빈둥거릴거면 집에나 가라고 하려면Just go home if you want to goof off라고 하면 된다.

I'll **hook** you **up with** a good doctor 좋은 의사 소개시켜줄게

hook ~up with …을 …에게 소개시켜주다

「갈고리로 걸다」라는 의미의 동사 hook를 이용한 표현으로, 갈고리로 엮듯이 누군가에게 필요한 사람 내지는 사물을 「소개시켜준다」 「연결시켜준다」는 의미이다. 사람을 소개해준다고 하면 「소개팅」을 연상하기 쉽지만, hook A up with B는 도움이 될만한 사람을 소개시켜 준다든가, 필요한 물건을 구해다 주는 등, 보다 광범위한 의미로 쓰이는 표현이다.

Useful Expressions

★ hook A up with B
A에게 B를 소개시켜주다

★ set[fix] A up with B
A에게 B를 소개시켜주다

A: My car is not working properly.
B: I'll **hook** you **up with** a good mechanic.

A: 내 차가 제대로 작동을 하지 않아.
B: 좋은 정비기사를 소개시켜줄게.

A: Alice said you got her a job.
B: I **hooked** her **up with** a business owner.

A: 앨리가 그러는데 네가 일자리를 구해줬다며.
B: 걔를 한 사장에게 소개시켜줬어.

Talking Practice

1. LA에 갈 거라면 내 동생을 소개시켜줄게라고 하려면

If you're going to be in LA, I'll **hook** you **up with** my brother.

2. 안젤라 좀 소개시켜줄 수 있겠니?라고 물어보려면

Do you think that you could **fix** me **up with** Angela?

3. 걔네들은 내게 머물 장소(a place to stay)를 알려줬다고 하려면

They **hooked** me **up with** a place to stay.

One Point Lesson

hook 다음에 사람을 빼고 바로 hook up with sb하게 되면 「sb와 데이트를 하다」 나아가 주로 「섹스를 하다」라는 의미로 주로 쓰인다. 그래서 너 원래는 누구하고 섹스하려고 했던거야라고 물어보려면 Who did you originally want to hook up with?, 그리고 내가 네 친구하고 자고 나서 열받았지?라고 하려면 You're pissed 'cause I hooked up with your friend?라고 하면 된다. hook up~하게 되면 거의 「섹스하다」라는 의미니까 수줍게 표현에 접근할 필요는 없다.

Level 3
273

I screwed up
내가 일을 망쳐놨어

screw up 망치다

웬만해선 쓰고 싶지 않은 말이겠지만, 만약을 대비해서(?), 그리고 출현빈도상 꼭 익혀 두자. screw up은 ruin, spoil, mess up 등과 같은 맥락의 표현으로 「(일 등을) 망 치다」라는 뜻. screw sth up이라는 타동사구 형태로 쓰기도 하고 혹은 목적어없이 쓰기도 한다.

Useful Expressions

★ screw up
망치다

★ I screwed up
내가 일을 망쳤어

★ You screwed up
네가 일을 망쳤어

A: Lynn wasn't accepted into the university.

B: She **screwed up** on her application form.

A: 린은 대학교에 입학하지 못했어.
B: 걘 입학지원서를 망쳤어.

A: Ted downloaded some kind of Internet virus.

B: He really **screwed up** the computer.

A: 테드는 뭔가 인터넷 바이러스를 다운로드했어.
B: 걘 정말이지 컴퓨터를 망쳐버렸구나.

Talking Practice

1. 조심해서 다뤄주세요. 망가뜨리면 안되니까요라고 말하려면

Please be careful with that. I don't want you to **screw it up**.

2. 이런, 또 망쳤네. 이 그림을 영영 끝낼 수 없을 것 같다라고 말하려면

Damn it, I **screwed up** again. I just can't seem to finish this drawing!

3. 네가 이걸 망치도록 가만히 두지 않을거야라고 말하려면

I'm not going to let you **screw it up** now.

One Point Lesson

동사구는 동일한 형태 혹은 '-'로 붙이거나 혹은 그냥 붙여서 명사로 쓴다. screwup은 명사로 「실수」 혹은 「실수를 하는 사람」, 「바 보」, 「머저리」를 뜻한다. 그래서 빌이 우리 클럽에 들어와야 한다고 생각하지 않아(Don't you think Bill should join our club?)라고 물어봤을 때 상대방은 걘 머저리이니까 잊어버려라고 하려면 Forget him because he's a screwup이라고 하면 된다.

What **have** you **been up to?**

어떻게 지냈어?

be up to …하는 중이다

It's up to you(그건 너한테 달렸어)에서의 be up to나, 혹은 be 동사와 「…까지」를 나타내는 부사구 up to의 결합 정도로 오인(?)하기 쉬운 이 구문은 바로 「…하는 중이다」(be doing sth)라는 뜻. 흔히 What are you up to?, What have you been up to?와 같은 의문구의 형태로 쓰이며, 말 그대로 뭐하고 있는지를 묻고 답할 때 뿐만 아니라, What's going on?, What's up?등과 비슷한 인사말(greeting)로도 부담없이 쓸 수 있다.

Useful Expressions

★ **be up to~**
…하는 중이다, …을 피하다

★ **It's up to you**
너에게 달렸어

★ **The choice is up to you**
선택은 네게 달렸어

A: Well Chris, what **have** you **been up to?**

B: I went on a summer vacation with my parents this year.

  A: 어 크리스, 그간 어떻게 지냈어?

  B: 금년에 부모님하고 여름휴가 갔었어.

A: Where should we go to eat lunch?

B: It**'s up to** you. I could go anywhere.

  A: 점심 어디 가서 먹을까?

  B: 네가 결정해. 난 아무데나 갈게.

Talking Practice

1. 다음주 이 시간엔 뭐할 거야?라고 물어볼 때

What **are** you **up to** next week at this time?

2. 이 시간에(at this time of day) 뭐하고 있는거냐고 물어볼 때

So what **are** you **up to** at this time of day?

3. 폴이 지금 뭘하는지 알아냈다고 말할 때

I found out what Paul **is up to.**

One Point Lesson

be up to는 단순히 무슨 일을 하다, 지내다라는 의미로 쓰이지만 가끔 문맥에 따라 뭔가 「몰래 꾸미고 있다」는 좀 부정적인 의미로 쓰이는 경우도 있다. 요즘 남편의 행동이 수상쩍을 때 내 남편이 뭘 꾸미고 있는지 알아낼거야는 I'm going to find out what my husband is up to라 하고, 또한 상대방이 뭔가 꿍꿍이가 있다고 생각할 때는 You look like you're up to something이라고 하면 된다.

She completely **freaked out**

걘 완전히 질겁을 했어

freak out 기겁하다, 질겁하게 하다

미국 영화나 씨트콤을 보다보면 심심치않게 툭툭 튀어나오는 말이지만, 웬만한 실력, 혹은 실험정신(?) 없이는 입에 올리기 어려운 게 바로 이 freak이란 단어. freak out이라고 하면 「깜짝 놀라다」(become shocked), 「어찌할 바를 몰라 하다」(lose emotional control)라는 뜻이 된다. freak sb out(…을 놀라게 하다)라는 타동사구로도 쓰이니 be freaked out도 같은 말.

Useful Expressions

★ **freak out**
기겁하다, 놀라다

★ **freak sb out**
놀라게 하다

A: Are you going to introduce Steve to your parents?
B: No way. My mom **freaks out** whenever I bring home a new boyfriend.

A: 스티브를 부모님께 소개할거야?
B: 아니. 내가 새 남친을 집에 데려갈 때마다 엄마가 기겁을 해.

A: Was your mom scared when she saw the mouse?
B: Oh yeah, she completely **freaked out.**

A: 네 엄마는 쥐를 봤을 때 놀래셨어?
B: 그럼. 완전히 질겁하셨어.

Talking Practice

1. 제인이 기겁을 하는 것은 오로지 시간문제야라고 할 때

It's only a matter of time before Jane **freaks out.**

2. 널 놀래켜서 정말 미안해라고 사과할 때

I feel really bad about how I **freaked you out.**

3. 너무 놀라 전화를 끊었어라고 말할 때

I got so **freaked out** that I hung up the phone.

One Point Lesson

freak은 단독으로 명사로도 많이 쓰인다. 명사+freak의 형태로 명사에 「심취한 사람」, 「…광」이란 뜻으로 사용된다. Chris에게는 차를 못빌려주겠다고 하는데 이유가 스피드광이어서 엔진을 망가트릴거야라고 하려면 He's such a speed freak he'd probably burn out the engine, 그리고 매사에 간섭하는 사람을 비난하며 걔는 통제에 환장한 사람이야라고 할 때는 He's such a control freak이라고 하면 된다.

Someone **tapped into** our e-mails
누군가 우리 이멜을 뒤져봤어

tap into …에 접근하다, 활용하다

「두드리다」라는 일차적인 뜻 외에, 「…으로부터 필요한 것을 얻다」(take what is needed from), 「…을 도청하다」(listen secretly or illegally to) 등의 의미를 나타내기도 하는 동사 tap에 전치사 into를 붙인 표현. get access to(…에 접근하다), gain a source for(…의 자료를 얻다) 등과 같은 뜻이 된다.

Useful Expressions

★ tap into
접근하다, 자료를 얻다

A: I may not be able to pay the tuition.

B: You should **tap into** your savings account.

A: 등록비를 못낼지도 모르겠어.
B: 네 저축계좌를 좀 사용해봐.

A: How did they know all of that personal information?

B: Someone **tapped into** our e-mails.

A: 걔네들이 어떻게 그 모든 개인정보를 얻었대?
B: 누군가 우리 이멜을 뒤져봤어.

Talking Practice

1. 그 후보는 일부 돈많은 지원자들에게 접근했었라고 하려면

The candidate tapped into some wealthy supporters.

2. 우리는 여분의 사무용품을 사용해야 될지 몰라라고 할 때

We may need to tap into the extra supplies.

3. 난 새로운 소득원을 이용할 계획이야라고 할 때

I plan to tap into a new source of income.

One Point Lesson

tap in은 「폰이나 컴퓨터에 키를 눌러서 정보나 숫자를 입력하는 것」을 말한다. 난 새로운 정보를 입력해야 해는 I need to tap in the new information, 그리고 걘 오랫동안 데이타를 입력했어는 She spent hours tapping in data라고 하면 된다.

Don't try to **pin** it **on** me

내게 뒤집어 씌우지마

pin sth on sb …에게 책임을 돌리다

우리에겐 좀 생소하지만, pin은 동사로 쓰여 「고정시키다」(keep sth in one position)라는 의미를 나타내기도 한다. 여기에서 파생된 표현이 바로 pin sth on sb. 「잘못에 대해 …에게 책임을 씌우다」라는 뜻으로 blame sth on sb와도 바꿔쓸 수 있다. 좀 부당하게 책임을 지운다는 뉘앙스가 있다.

Useful Expressions

★ **pin sth on sb**
   …에게 …의 책임을 돌리다

A: Why was Erica taken away to jail?

B: The cops **pinned** the murder **on** her.

  A: 왜 에리카가 감옥에 간거야?
  B: 경찰이 살인사건을 걔 책임으로 돌렸어.

A: The police tried to **pin** the drugs **on** me.

B: But you've never used drugs in your life.

  A: 경찰이 내가 약물을 복용했다고 뒤집어 씌우려고 했어.
  B: 하지만 넌 평생 약을 한 적이 없잖아.

Talking Practice

1. 걔네들 자기네 팀이 진 책임을 감독에게 뒤집어 씌웠다는데, 그게 말이 돼?는

Can you believe they **pinned** their defeat **on** their coach?

2. 경찰은 그 남자에게 세 건의 강도 사건에 대한 혐의를 두고 있다고 할 때

The police are trying to **pin** three robberies **on** him.

3. 이 문제들이 내 책임인 것처럼 만들려고 하지마라고 할 때

Don't try to **pin** these problems **on** me.

One Point Lesson

이를 활용해 굳어진 표현으로 pin the blame on sb가 있다. 이는 「sb에게 책임을 지우다」라는 말로 내게 책임을 지우려고 하지마라고 할 때는 Don't try to pin the blame on me!라고 할 수 있다. 우리 사장은 다른 직원들에게 책임을 돌리려고 해는 My boss pins the blame on other employees, 그런 사장에게 가서 다른 사람에게 책임을 돌리지 마세요라고 하려면 Please don't pin the blame on anyone else라고 하면 된다.

I **burned out** from all of the stress 스트레스를 많이 받아서 뻗었어

burn out 완전히 지치다, 지겨워지다

burn(타다, 태우다)에 「완전히」(completely)란 의미의 부사 out이 붙어 만들어진 표현으로 「기력을 완전히 소진하다」라는 뜻. 주로 「장기간에 걸친 과로나 스트레스」 등이 원인이 될 경우 사용한다. 타동사 burn을 이용, be burned out의 형태로도 자주 쓰이며, 비슷한 표현으로는 be tired out, be worn out 등이 있다. 육체적인 피로에 대해서 뿐만 아니라 대상이 되는 사물이나 일 등이 「지겨워지다」라고 말할 때도 쓸 수 있는 표현.

Useful Expressions

★ **burnt out**
지치다, 지겨워지다

★ **burn oneself out**
지치다, 지겨워지다

A: You had a great job. Why did you quit?

B: I felt I was starting to **burn out.**

A: 넌 일을 아주 잘했는데, 왜 그만뒀어?
B: 지겨워지기 시작하고 있다는 느낌이 들었어.

A: Every day they give me more work.

B: It's all right. You won't **burn out.**

A: 매일 걔네들은 내게 더 많은 일을 줘.
B: 괜찮아. 넌 완전히 나가떨어지지 않을거야.

Talking Practice

1. 난 갖가지 스트레스를 받아서 지쳐뻗었어라고 할 때

I **burned out** from all of the stress.

2. 좀 천천히 해 그렇지 않으면 지쳐 쓰러지겠어라고 할 때

Slow down or you're going to **burn out.**

3. 하루에 20시간 일해서 리사는 완전 골아떨어졌어라고 하려면

Working twenty hours a day left Lisa **burned out.**

One Point Lesson

burn out이란 동사구 역시 burnout처럼 붙여서 쓰면 명사가 된다. 의미는 너무 과로하여 느끼는 극도의 「피로감」을 말한다. 그래서 변호사들 사이에서는 극도의 피로감이 있어는 There is a lot of burnout among lawyers, 반대로 교수들에게 극심한 피로율은 낮다고 할 때는 The burnout rate is low among professors라고 하면 된다.

He **got worked up**

걔 열받았어

get worked up 흥분하다, 푹 빠지다

work sb up은 「…의 감정을 고조시키다」(excite sb's feelings)라는 의미의 표현으로, 특히 get worked up이라는 형태로 쓰여 get excited(흥분하다, 푹 빠지다)와 같은 뜻을 나타낸다.

Useful Expressions

★ get[be] worked up
흥분하다, 열받다, 푹 빠지다

★ get oneself (all) worked up
화내다, 흥분하다, 들뜨다

A: How did Chris react when Jill broke up with him?

B: He **got worked up.** He couldn't believe it.

　　A: 질이 헤어지자고 했을 때 크리스의 반응은 어땠어?
　　B: 열받았지. 믿기지 않는 듯 했어.

A: Bob really **got worked up** when he went to the rock concert.

B: Is that right? What kind of things was he doing there?

　　A: 락 콘서트에 가자 밥은 정말 흥분했었어.
　　B: 진짜? 거기서 어떻게 했는데?

Talking Practice

1. 고객들이 혹해서 제품들을 몽땅 사게 된다고 말할 때

The customers **get** so **worked up** that they buy all of her products.

2. 형이 주먹으로 배를 쳐서 열이 받을대로 받았어라고 말할 때

He's all **worked up** because his brother punched him in the stomach.

3. 걘 화가날 때마다 우리에게 소리를 지른다고 할 때

Every time he **gets worked up,** he yells at us.

One Point Lesson

work up을 이용한 동사구로는 work up the courage to+V를 알아둔다. 「용기를 내서 …을 하다」라는 의미이다. 프로포즈를 하는 용기를 내기까지 많은 시간이 필요했어는 It took a long time to work up the courage to propose, 걘 임금인상을 해달라고 할 용기를 낼 수가 없었어는 He couldn't work up the courage to ask for a raise라고 하면 된다.

Don't **mess with** me

나 건드리지마

mess with 쓸데없이 간섭하다, 건드리다

살아있는 영어회화를 접하다보면 난장판이라는 mess라는 단어가 맹활약하고 있는
것을 알게 된다. mess with sb[sth]은 뭔가 안좋은 일에 연루되거나 …을 속이거나
말썽을 일으켜 열받게 하는 것을 뜻한다.

Useful Expressions

★ **mess with sb**
쓸데없이 간섭하다, 속이거
나 말썽을 일으키다

★ **mess with sth**
안좋은 일에 관여하다

★ **Don't mess with
me**
나 건드리지마

A: Chris is walking around looking mean.

B: He's angry, so don't **mess with** him.

A: 크리스는 더러운 표정을 지으며 걸어가고 있어.
B: 걔 열받았으니 건들지마.

A: I have been changing figures on the accounting forms.

B: You should know better than to **mess with** that.

A: 난 회계 양식의 숫자를 바꿨어.
B: 넌 그렇게 하면 안된다는 걸 알고 있을거 아냐.

Talking Practice

1. 왜 넌 그걸 망쳐놓고 싶은거야?라고 말하려면

Why do you want to **mess with** that?

2. 나 위험한 남자야. 건드리지 말라고 할 때

I'm a dangerous man. You don't wanna **mess with** me.

3. 걔네들은 복사기를 망쳐놨어라고 하려면

They **messed with** the copy machine.

One Point Lesson

mess를 활용한 표현으로는 먼저 mess up하게 되면 「엉망으로 만들다」라는 뜻으로 우리 부서 분위기를 어수선하게 만들지마라고 하
려면 You don't want to mess up in my department라고 하면 된다. 또한 같은 의미로 mess를 명사로 써서 만들 수가 있는데 운동장
을 엉망으로 만들지 마세요라고 하려면 Don't make a mess of the field라고 하면 된다.

Would you **fill out** this form, please? 이 서식에 써 넣어 주시겠어요?

fill out 작성하다

fill out은 공식적인 서류 등의 빈칸에 각종 정보를 채워넣는 것을 뜻한다. 많이 들어왔던 fill in the blanks에서 보듯 fill in 또한 같은 의미로 쓰인다.

Useful Expressions

★ **fill out**
서류 등을 작성하다

★ **fill in the blanks**
서류의 빈 곳에 채워넣다,
기입하다, 알아맞추다

A: Don't forget to **fill out** those forms before you go.
B: I'll leave them on your desk before I go.

A: 가기 전에 이 양식을 다 채우는 것 잊지마.
B: 제가 가기 전에 책상 위에 둘게요.

A: I'd like to see the doctor.
B: Please **fill in** this form about your medical history.

A: 진찰 좀 받고 싶은데요.
B: 이 양식에 병력(病歷)을 기입해 주세요.

Talking Practice

1. 이 서식에 써 넣어 주시겠어요?라고 부탁할 때

Would you fill out this form, please?

2. 이 양식을 작성하시면 제가 영수증을 가져다 드리죠라고 할 때

Just fill out this form and I'll bring you a receipt.

3. 이 서류를 작성해줄래요라고 부탁할 때

Could you fill out this paperwork?

One Point Lesson

fill in은 fill out이란 의미외에 다른 뜻으로 쓰인다. 먼저 fill sb in하게 되면 「…에게 세부사항을 말해주다」는 의미로 fill sb in on[about] sth의 형태로 쓰인다. 또한 좀 어렵지만 fill in for sb하게 되면 「자리를 비우면서 다른 사람이 대신 일을 좀 봐주다」라는 의미이다. 자리를 비우면서 내 대신 일 좀 봐줄래요라고 하려면 Could you fill in for me?, 거절당했으면 다시 누구 내 일 좀 봐줄 사람있어라고 공모를 해야 하는데 이때는 Is there someone who can fill in for me?라고 하면 된다.

Things will **work out** all right

다 잘 될거야

work out (계획, 문제) 잘 되어가다, 잘 풀리다

work out의 의미가 많지만 여기서는 happen, turn out 등의 의미로 뒤에 well, badly all right 등의 어구가 나와 의미를 완성해준다. 또한 work out에는 어려움 등을 「해결하다」(solve), 「더 나아지다」(get better) 등의 뜻으로도 쓰인다.

"I'm not sure this is going to work out."

Useful Expressions

★ work out all right[for the best, in the end]
일이 잘 되다

★ Everything will work out (all right)
다 잘 될 거야

★ work out
(어려움이나 차이점 따위를) 해결하다, 극복하다.

A: I'm nervous because I owe so much money.

B: Things will **work out** all right. Just relax.

A: 빚이 너무 많아 짜증나.
B: 다 잘 될거야. 진정하라고.

A: We've been married for 10 years. I don't want to argue like this every day.

B: I agree. We can somehow **work out** our differences.

A: 결혼한지 10년됐는데 매일 이렇게 싸우기 싫어.
B: 그래. 우리 차이점을 어쨌든 해결해보자.

Talking Practice

1. 이 일들이 잘 될거라고 믿어봐야 할 것 같네라고 할 때

I guess I need to trust that things will **work out.**

2. 그건 폴라와 걔 남친에게는 잘될 수도 있어라고 할 때

It may **work out** for Paula and her boyfriend.

3. 넌 합병이 잘 될거라고 생각하냐고 물어볼 때

Do you think the merger will **work out?**

One Point Lesson

드물지만 work out은 답을 계산해내다라는 의미로 쓰이기도 한다. 직장내에서 옆 동료가 준 수치로 계산해보니 답이 안나올 때 The figures that you gave me don't work out이라 할 수 있다. 계산해서 수치가 나오는데 몇 시간이 걸릴거야는 It will take hours to work that out, 그 비용이 얼마나 들지 계산해봐라는 Try to work out how much it will cost라고 하면 된다.

Too many couples **file for** divorce

너무 많은 커플들이 이혼을 신청해

file for 신청하다, 제기하다

법원에 공식적으로 이혼이나 파산 등을 신청하거나 고소 등을 하다라는 의미로 쓰인다. file for divorce(이혼을 신청하다), file for bankruptcy(파산신청하다)가 유명하다.

Useful Expressions

★ **file for**
공식적으로 신청하다, 제기하다

★ **file for divorce**
이혼을 신청하다

★ **file for bankruptcy**
파산신청을 하다

A: Dear, I have no other choice but to **file for** divorce!

B: What?! Don't you think that's kind of drastic?

　　A: 여보, 난 이혼 소송을 낼 수 밖에 없어!
　　B: 뭐라고?! 너무 갑작스러운거라고 생각되지 않아?

A: Ben and Leslie's marriage didn't last long.

B: They **filed for** separation shortly after the wedding.

　　A: 벤과 레슬리의 결혼은 오래가지 못했어.
　　B: 결혼 직후에 별거를 신청했어.

Talking Practice

1. 의심할 여지가 없이 그 사람은 파산신청을 할거야는

There is no doubt about it, he's going to **file for** bankruptcy.

2. 너무 많은 커플들이 이혼을 신청한다고 할 때

Too many couples **file for** divorce.

3. 회사는 추가 시간을 신청했어는

The company **filed for** some extra time.

One Point Lesson

file은 complaint와 합해서 자주 쓰이는 동사구를 만든다. file a complaint against~하게 되면 문맥에 따라 「항의하다」 또는 「고소하다」라는 의미로 쓰인다. 경찰서에 가서 너 고소했어라고 하려면 I went to the police station and filed a complaint against you라고 하면 된다.

I'm pissed off

열받아, 진절머리나

piss off 열받게 하다

be pissed off는 정말 많이 쓰이는 표현으로 be angry로 생각하면 된다. 화를 나게 하다라고 하려면 piss sb off라고 한다.

Useful Expressions

★ **piss off sb**
…을 열받게 하다

★ **be pissed off**
(with/at+N)
(…에게) 열받다

A: I heard that John **is** really **pissed off** at you.

B: What for? I didn't do anything to him.

    A: 존이 정말로 너에게 짜증을 냈다고 들었어.
    B: 왜 그랬을까? 그에게 아무 짓도 안했는데.

A: Chris **has** really **pissed off** the boss.

B: I say he quits this week.

    A: 크리스가 사장에게 정말 화를 많이 내더라고.
    B: 이번주에 걔 그만둔다니까.

Talking Practice

1. 네 친구하고 자서 너 열받았지라고 하려면

You're pissed 'cause I hooked up with your friend.

2. 걔는 스티브가 아니라 나한테 화가 난거야라고 말하려면

She's not pissed at Steve, She's pissed at me.

3. 넌 정말 사람 열받게 하는데 재주가 있다고 할 때

You really know how to piss off people.

piss off는 원래 어떤 장소를 떠나다라는 의미로 leave나 go away의 뜻이 있어 명령문의 형태로 Piss off!하게 되면 엄청 화나서 상대 방보고 꺼지라고 하는 문장이 된다. 꺼져! 우리 옆에 오지 말라고!할 때 Piss off! We don't want you around here!, 넌 멍청이야! 꺼져! 라고 할 때는 You are an idiot! Piss off!라고 하면 된다.

The meeting **took up** three hours

그 회의는 3시간 걸렸어

take up 시간이나 공간을 잡아먹다, 차지하다

take up은 뒤에 시간이나 공간과 관련된 어구와 함께 쓰일 때 「시간이나 공간을 차지하다」, 「잡아먹다」라는 의미로 쓰인다.

Useful Expressions

★ **take up**
(시간, 공간) 잡아먹다, 차지하다

A: Will the family reunion last long?

B: Yes, it will probably **take up** the afternoon.

A: 그 가족의 재만남이 오래걸릴까?

B: 응, 오후나절은 아마 잡아먹을거야.

A: The moving truck is enormous.

B: It **takes up** several parking spaces.

A: 이삿집 트럭이 엄청나게 크네.

B: 주차공간 몇자리는 차지하네.

Talking Practice

1. 새로운 TV는 벽전체를 차지했어라고 할 때

The new TV **took up** the whole wall.

2. 그 회의는 3시간 걸렸어라고 할 때

The meeting **took up** three hours.

3. 그 조사(investigation)는 몇달 걸렸다고 말할 때

The investigation **took up** several months.

One Point Lesson

시간과 관련된 표현으로 역시 좀 어렵지만 put in+시간[노력]이란 동사구를 알아둔다. 어떤 목적을 달성하기 위해 시간이나 노력을 기울이다라는 뜻이다. 몇시간 더 집중한 다음에 집에 가라고 할 때는 Put in a few more hours and go home, 난 수십년간 이곳에서 일을 했다라고 할 때는 I put in decades working here라고 하면 된다.

It's best to **hold out** hope for the future
미래에 대해 희망을 갖는게 가장 최선이야

hold out 희망 등에 기대다, 의지하다

뭔가 손에 쥐고 뻗는 것을 말하는 것으로 비유적으로 어려운 상황하에서 「지속하다」, 「지탱하다」, 「계속하다」 그리고 주로 부정문의 형태로 희망 등을 목적어로 받아서 쓰면 「…하리라는 희망을 갖다」, 「기대하다」라는 의미이다.

Useful Expressions

★ **hold out**
손을 뻗다, 지탱하다, 계속 하다

★ **hold out hope~**
…라는 희망을 갖다

A: It's been a month since your brother disappeared.

B: We**'re holding out** hope that he's still alive.

A: 네 동생이 사라진지가 한달이 됐네.
B: 우린 아직 걔가 살아있다는 희망을 갖고 있어.

A: I miss my ex-girlfriend so much.

B: You can't **hold out** hope she will come back.

A: 난 전 여친이 정말 많이 보고 싶어.
B: 걔가 돌아오리라는 희망을 갖지마.

Talking Practice

1. 난 암이 없어질거라는 희망을 갖고 있어는

I **hold out** hope the cancer will go away.

2. 샘은 상황이 좋아질거라고 기대하고 있어는

Sam **is holding out** until things get better.

3. 미래에 대해 희망을 갖는게 가장 최선이야라고 할 때

It's best to **hold out** hope for the future.

One Point Lesson

지하철이나 마트 등에서 자주 볼 수 있는 동사구로는 hold on to[onto]가 있는데 이는 뭔가 떨어뜨리지 않기 위해 혹은 넘어지지 않기 위해서 「…을 손으로 꽉잡다」라는 뜻이다. 비유적으로는 「놓치지 않다」라는 의미로 쓰인다. 예로 일부 사람들은 과거의 집착에서 벗어나지 못하고 있다라고 할 때는 Some old people hold onto the past, 걘 그의 기억을 아직 놓지 않고 있어는 She still holds onto his memory라고 하면 된다.

I **am committed to** him

난 걔에게 전념하고 있어

commit to 전념하다, 헌신하다

commit라는 단어가 좀 까다로운데 be committed to~하게 되면 「…에 헌신하다」 전념하고 있다는 의미이다. 남녀관계에서는 서로에게 충실하다는 뜻으로 쓰인다.

Useful Expressions

★ **I'm committed to+N[~ing]**
난 …에 전념해, 몰두하고 있어, 헌신하고 있어

★ **I commit to+N[~ing]**
…에 헌신하다, 전념하다

A: You seem like a good husband.

B: **I'm committed to** my marriage working.

A: 넌 좋은 남편같아.
B: 난 결혼생활에 충실하고 있어.

A: So you only watch TV on certain nights?

B: **I'm committed to** programs that are interesting.

A: 넌 특정한 날에만 TV를 본다는 말이지?
B: 난 흥미있는 프로그램만 보고 있어.

Talking Practice

1. 윌은 내 파트너야. 난 걔한테 전념하고 있어라고 말할 때

Will is my partner. I **am committed to** him.

2. 난 마침내 자선관련 일에 헌신하고 있고 끝까지 할거야(see it through)는

I finally **committed to** doing something charitable and I'm going to see it through.

3. 넌 걔와 함께 아이를 키우는데 헌신했어는

You've **committed to** raising a baby with her.

commit의 명사형인 commitment를 활용하려면 동사 make가 필요하다. make commitment (to)~하게 되면 「…에 참여하다」 「헌신하다」 「전념하다」라는 의미가 된다. 걔에게 참여할 수 있는지 물어봐야겠어는 I'll ask him if he can make a commitment, 그리고 걔 여친과 결혼약속을 했어?는 Did he make a commitment to his girlfriend?라고 쓰면 된다.

Where do you **stand on** it?

그에 대한 너의 입장은 어때?

stand on ...에 대한 입장을 가지고 있다

stand가 전치사 on과 더불어 stand on sth의 형태로 쓰면 「...에 대한 특정한 입장이나 의견을 가지고 있다」, 특히 공개적인 의견을 갖고 있다는 의미로 사용된다. where sb stands on sth의 형태로 많이 쓰인다. stand를 명사로 써서 take a stand on~하면 「...에 대한 입장[견해]를 갖다」라는 뜻이 된다.

Useful Expressions

★ stand on
...에 대한 특정한 입장을 갖고 있다

★ take a stand on
...에 대한 입장을 갖고 있다

A: My new girlfriend is very religious.

B: How does she **stand on** premarital sex?

A: 내 새 여친은 매우 독실해.
B: 혼전 섹스에 대해서는 어떻게 생각해?

A: It was hard to get to know Lorenzo.

B: I never knew where he **stood on** anything.

A: 로렌조를 알게 되는 것은 무척 힘들었어.
B: 난 걔가 어떤 생각을 하고 있는지 도통 몰랐어.

Talking Practice

1. 우리 경쟁회사(competition)가 가격에 대해 어떤 입장인지 알아야 되는

We need to know where our competition **stands on** pricing.

2. 넌 그 새로운 정책에 대한 입장은 뭐야라고 할 때

Where do you **stand on** the new policy?

3. 난 그 후보자가 세금에 어떤 입장인지 모른다고 할 때

I don't know where the candidate **stands on** taxes.

One Point Lesson

from where I sand하게 되면 구어체 표현으로 「내가 보기에는」, 「내 생각으로는」이라는 의미의 표현이 된다. 또한 stand on your own 혹은 stand on one's own two feet의 형태로 「자립하다」, 「독립하다」라는 뜻으로도 쓰인다. 그래서 스스로 독립하는 것을 배워야 돼라고 하려면 You need to learn to stand on your own, 그리고 자립하기 위해서 최선을 다하는 중이야라고 할 때는 I'm trying my hardest to stand on my own two feet라고 하면 된다.

You can't **take on** the boss and win 넌 사장에게 맞서서 이길 수 없어

take on 채용하다, 떠맡다, 맞서다

take on은 다양한 의미로 사용되는데 먼저 사람을 「신규채용하다」 많이 알려진 「…을 떠맡다」, 「책임지다」 그리고 자기보다 큰 상대에 「맞서다」라는 뜻으로 사용된다.

Useful Expressions

★ **take on** sb
채용하다, 고용하다

★ **take on** sb[sth]
…을 떠맡다, 책임지다

★ **take on** sb
…에 맞서다

A: So you're starting a new business?

B: I like to **take on** new challenges.

A: 그럼 너 새로운 사업을 시작한다고?
B: 새로운 도전에 맞서는 걸 좋아해.

A: How did Brad get beat up?

B: He **took on** someone tougher than him.

A: 브래드는 어떡하다 얻어 터진거야?
B: 갠 자기보다 터프한 사람에게 맞섰어.

1. 창고에 직원을 한명 더 고용해야겠어라고 할 때

We need to **take on** another employee in the warehouse.

2. 우리는 몇몇 새로운 신입사원을 떠맡았어

We **took on** several new employees.

3. 넌 사장에게 맞서서 이길 수 없어는

You can't **take on** the boss and win.

One Point Lesson

특히 명사형으로 take on sth하게 되면 「…에 대한 몫이나 의견[견해]」를 뜻한다. 예를 들어 개의 정치관은 아주 독특하다고 할 때는 His take on politics is unique, 새로운 영화에 대해 네 의견은 어때라고 할 때는 What's your take on the new movie?라고 하면 된다.

Don't **take** me **for** a fool

날 바보로 생각하지마

take A for B A를 B로 착각하다, 잘못알다

착각하거나 잘못 알았을 때 그에 맞는 표현을 써야 하는데 이때 아주 유용한 동사구가 take A for B이다. A와 B의 자리에는 sb나 sth이 올 수 있다.

Useful Expressions

★ **take A for B**
A를 B로 잘못알다

★ **mistake A for B**
A를 B로 혼동하다

★ **Do you take me
for ~ ?**
날 …로 생각하는거야?

A: How could you **take** Jill **for** Jane?

B: Oh, well I'm not wearing my glasses today.

    A: 너 어떻게 질을 제인으로 착각할 수가 있어?

    B: 이런, 내가 오늘 안경을 안 써서 그래.

A: If you invest with me, you'll become rich.

B: Don't **take** me **for** a fool.

    A: 너 내게 투자하면 부자가 될거야.

    B: 날 바보로 생각하지마.

Talking Practice

1. 날 완전 바보로 아는거냐고 따질 때

Do you **take** me **for** a complete idiot?

2. 난 피트를 다른 사람으로 착각했어

I **took** Pete **for** someone else.

3. 걘 그 쓰레기를 뭔가 값나가는 걸로 착각했어

He **took** that garbage **for** something valuable.

One Point Lesson

이 take A for B를 이용한 중요한 문장이 있다. B를 What으로 앞으로 빼낸 다음 What do you take me for?라는 표현으로 날 뭘로 보는거냐?라는 의미로 주로 따지거나 싸울 때 나오는 걸로 의역하면 「날 바보로 아냐」에 해당한다. 그래서 날 뭘로 보는 거야? 난 착한 여자라고하려면 What do you take me for? I'm a nice girl이라고 하면 된다.

291

You'd better **run** it **by** me

내게 먼저 상의해

run sth by sb ···에게 ···을 상의하다

조금 생소하게 느껴질 수도 있는 동사구이다. run sth by sb하게 「···의 생각을 ···에게 얘기해서 의견을 듣다」라는 의미로, 특히 run it[that] by me (again)의 형태로 금방 한 말을 다시 한번 해달라고 할 때 사용된다.

Useful Expressions

★ run A by B
B에게 A에 대해 상의하다

★ You'd better run it by me
내게 먼저 상의해

A: Will Mom let me attend the concert?

B: **Run** it **by** her when she gets home.

A: 엄마가 내가 콘서트가는 걸 허락할까?
B: 엄마가 집에 오면 상의해봐.

A: It seems like it could be successful.

B: I'll **run** the proposal **by** the manager.

A: 그게 성공할 수 있을 것 같아.
B: 매니저에게 그 제안을 상의해볼게.

Talking Practice

1. 난 그게 괜찮은지 확인하기 위해 네 의견을 듣고 싶었어라고 하려면

I wanted to **run** something **by** you to see if it was okay.

2. 그 얘기를 내게 다시 얘기해볼래라고 할 때

Could you **run** the story **by** me?

3. 넌 그 알리바이에 대해서 경찰의 의견을 들어봐야 돼는

You need to **run** the alibi **by** the police.

One Point Lesson

구어체에서 관용적으로 쓰이는 run that by me again은 상대방이 방금 한 말을 제대로 이해하지 못하였을 때 「다시 한번 말해달라」고 할 때 사용하는 표현이다. 이해가 안돼니 다시 말해봐는 I don't understand. Run that by me again. 그거 내게 다시 얘기해봐, 미친 소리같아는 Run that by me again. It sounds crazy라고 한다.

I'm so **stressed out** these days

요즘 스트레스를 많이 받고 있어

stress out 스트레스를 주다

stress out은 남에게 스트레스를 팍팍 주다라는 뜻으로 주로 수동태형인 be stressed out으로 일이나 직장 상사 탓에 스트레스를 너무 받아 지치다라는 뜻으로 쓰인다.

Useful Expressions

★ **be stressed out**
스트레스를 너무 받아 지치다

★ **look stressed out**
스트레스에 지쳐 빠진 것 같다

A: Sorry, I didn't mean that.

B: I guess you'**re** a little **stressed out** right now.

A: 미안, 그럴 의도는 아니었어.

B: 지금 너 스트레스 좀 받은 것 같아.

A: You look **stressed out.** What's wrong?

B: I've got so much to do and I have to go now.

A: 스트레스에 지쳐 빠진 것 같으네. 무슨 일이야?

B: 해야 할 일이 너무 많아서 지금 가야돼.

Talking Practice

1. 스트레스에 지쳐 빠진 것 같으네. 무슨 일이야?라고 걱정하며 물어볼 때

You look stressed out. What's wrong?

2. 아까 그렇게 화낸 것 미안해, 스트레스를 너무 많이 받아 지쳤어라고 할 때

I'm sorry about getting so angry earlier, but I was really **stressed out.**

3. 우리는 일정 때문에 완전히 뻗었어라고 할 때

We were **stressed out** by the schedule.

One Point Lesson

stress를 이용해 스트레스를 받고 있다는 표현을 만들어보자. 먼저 형용사형을 써서 be stressful이라고 해도 되는데 그래서 요즘 상황에 너무 스트레스를 받아는 Things have been getting too stressful, 직장에서 정말 스트레스받는 하루였어라고 하려면 I had a really stressful day at work라고 하면 된다. 다음에는 stress를 명사로 be under a lot of stress, have a lot of stress가 있다. 지난 한 달 동안 스트레스를 많이 받으신 것 같아요는 I think you were just under a lot of stress this past month, 걘 최근에 많은 스트레스를 받고 있어는 He's had a lot of stress lately라고 하면 된다.

Don't **walk away** while I'm talking

내가 얘기하는 동안 가버리지마

walk away 그냥 가버리다

walk away는 특히 어렵고 힘든 상황에서 그 상황을 나아지게 하기 보다는 외면하고 그냥 가버리는 것을 뜻한다. 뒤에 with sth을 붙여 walk away with sth하게 되면 「상 또는 상금 등을 차지하다」 「쉽게 이기다」라는 의미가 된다.

Useful Expressions

★ **walk away**
힘든 상황을 남겨두고 그냥 가버리다

★ **walk away from~**
(힘든 상황을 외면하고) 떠나 버리다

★ **walk away with sth**
쉽게 차지하다, 이기다

A: The job is really easy to do.

B: It doesn't make sense to just **walk away.**

> A: 그 일은 정말이지 하기 쉬웠어.
> B: 그렇게 쉽게 해치우다니 말이 안돼.

A: The mortgage on my house is too expensive.

B: I think you should **walk away** from it.

> A: 우리집의 모기지가 너무 비싸.
> B: 넌 그거에서 벗어나야 된다고 생각해.

Talking Practice

1. 날 배신하고 그냥 가버릴 수 있다고 생각했어?라고 할 때

Did you think you could betray me and just **walk away?**

2. 걘 훌륭한 결혼생활을 마다하고 떠나버렸어

He **walked away** from a good marriage.

3. 내가 얘기하는 동안 가버리지마라고 할 때

Don't **walk away** while I'm talking.

One Point Lesson

누구이 얘기하지만 동사구는 비유적인 의미가 아니라 일차적인 의미로 쓰이는 경우도 많으니 단순하게 공식처럼 외우기 보다는 의미파악을 해야 한다. walk away 또한 단순한 의미로 「걸어가버리다」라는 뜻으로도 쓰인다. 그래서 걔가 걸어 가버리고 있을 때 걔가 내 전화번호를 모른다는 사실이 떠올랐어는 As he walked away, it dawned on me that he didn't have my phone number라고 하면 된다.

I **was taken in by** her beauty

난 걔의 아름다운 미모에 속았지

be taken in by 속다, 사기 당하다

take in은 수동태로 쓰여서 be taken in이 되면 사실이 아닌 걸 속여서 믿게 된다. 즉 「사기당하다」라는 뜻이 된다. 사기를 친 주체를 말하려면 by~ 다음에 말해주면 된다.

Useful Expressions

★ **be taken in by**
...에 속다, 사기당하다

A: So your mom lost a lot of money?

B: She **was taken in by** con men.

    A: 그럼 네 엄마가 많은 돈을 잃었어?
    B: 엄마는 사기꾼들에게 사기를 당하셨어.

A: Why did you decide to marry her?

B: I **was taken in by** her beauty.

    A: 넌 왜 걔랑 결혼하기로 한거야?
    B: 난 걔의 아름다운 미모에 속았지.

Talking Practice

1. 거짓말하는 사람들에게 속지마라고 할 때

Don't **be taken in by** people who lie.

2. 난 과장된 선전에 사기를 당했어라고 할 때

I **was taken in by** the propaganda.

3. 너무 많은 사람들이 거짓 약속에 속아 넘어간다라고 할 때

Too many people **are taken in by** false promises.

take in은 그밖에 여러가지 의미로 쓰이는데 가장 잘 알려진 것으로는 「옷을 맞게 줄이다」, 「자기 집에서 지내도록 허락하다」, 「포함하다」, 「섭취하다」 등의 뜻으로도 활약한다. 넌 건강식을 섭취해야 돼는 You need to take in healthy food, 재단사가 바지의 허리부분을 맞게 줄일거야는 The tailor will take in the waist of the pants라고 하면 된다.

I saw a girl **sneak out** of your room 난 한 여자애가 네 방을 빠져나가는 걸 봤어

sneak out 몰래 빠져나가다, 살짝 나가다

sneak는 기본적으로 살짝 몰래 조용히 어디를 가는 것을 말한다. 물론 남에게 보이거나 들키지 않고 말이다. 그래서 sneak into는 「몰래 들어가다」 sneak out은 「몰래 빠져나오다」 sneak away는 「몰래 도망가다」라는 뜻이 된다.

Useful Expressions

★ **sneak into**
몰래 들어가다

★ **sneak out**
몰래 빠져나가다

★ **sneak away**
몰래 도망가다

A: Are there any teachers in the hall?

B: The coast is clear. You can **sneak out** of school now.

A: 복도에 선생님 계셔?
B: 안전해. 이제 학교에서 빠져나와도 돼.

A: This party is really boring.

B: We can **sneak out** in a few minutes.

A: 이 파티는 정말 지루해.
B: 좀 있다가 빠져나가자.

Talking Practice

1. 너무 바빠서 나랑 잠깐 나가 산책못하냐고 물어볼 때

Are you too busy to **sneak out** with me for a walk?

2. 난 한 여자애가 네 방을 빠져나가는 걸 봤어

I saw a girl **sneak out** of your room.

3. 우리는 공연이 끝나기 전에 빠져나왔다라고 할 때

We **snuck out** before the performance ended.

One Point Lesson

sneak가 들어간 유명한 동사구로는 sneak on sb가 있다. 선생님이나 부모님에게 「일러바치다」라는 뜻이며, 또한 sneak up on~하게 되면 「몰래 다가가다」라는 의미가 된다. 걔네들이 내게 몰래 다가와 나를 놀라게 했어는 They snuck up on me and scared me, 저 사슴에 몰래 다가가보록 해봐는 Try to sneak up on that deer라 한다.

It will **grow on** you

좋아하게 될거야

grow on …가 …을 좋아하게 되다

기초단어 grow를 사용한 좀 특이한 동사구. 주어가 on 이하의 사람에게 「자라다」 「커나가다」 「점점 많은 자리를 차지하다」 「맘을 사로잡다」라는 의미로 sb가 주어가 점점 좋아지다, sb가 주어가 좋아지게 되다라는 표현이다.

Useful Expressions

★ ~ grow on sb
…가 …을 좋아하게 되다,
…가 점점 좋아지다

A: You want me to smoke a cigar?

B: Try it. It will **grow on** you.

A: 나보고 시가를 펴보라고?
B: 해봐. 좋아하게 될거야.

A: I see you eat a lot of kim chi.

B: The taste of it **grew on** me after a while.

A: 네가 김치를 많이 먹는 걸 봤어.
B: 조금 시간이 지난 후에 그 맛이 점점 좋아졌어.

Talking Practice

1. 이 태국음식은 정말 좋아지고 있는

This Thai food is really **growing on** me.

2. 그 TV프로그램이 점점 좋아졌냐고 물어볼 때

Has the TV show **grown on** you?

3. 난 조지를 싫어했는데 점점 좋아졌어라고 할 때

I hated George but he's **grown on** me.

One Point Lesson

앞 예문에서 봤듯이 sb grow on sb의 형태도 쓰인다. 우리가 함께 일한 이후에 걔를 좋아하게 됐어는 He grew on me after we worked together라고 한다. 또한 grow out of sth하게 되면 「커서 예전 옷을 못입다」 혹은 「못된 행동을 커서 멈추다」, 「…에서 생기다」라는 뜻이 된다. 사랑은 우정에서 생긴다는 Love grows out of friendships, 걔네들의 분노는 한 논쟁 중에 생겼어라고 할 때는 Their anger grew out of an argument라고 한다.

You can't **trade** your dreams **for** money 넌 네 꿈을 돈으로 바꿀 수가 없어

trade ~ for 바꾸다, 맞바꾸다

무역이란 뜻의 trade가 동사로 쓰이면 「교환하다」, 「맞바꾸다」라는 뜻으로 많이 쓰인다. 그래서 trade A for B하게 되면 「A를 B로 바꾸다」, trade sth with sb하게 되면 「…와 …을 맞바꾸다」라는 의미가 된다.

Useful Expressions

★ **trade A for B**
  A를 B로 바꾸다

A: What will happen if you're promoted?

B: I'll **trade** this job **for** a better one.

  A: 네가 승진하면 어떻게 될까?
  B: 난 더 나은 일자리로 자리를 바꿀거야.

A: You never log onto the Internet these days.

B: I **traded** my computer **for** new suit.

  A: 너 요즘 인터넷에 들어오지 않더라.
  B: 내 컴퓨터와 새로운 정장과 바꿨어.

Talking Practice

1. 넌 네 자전거를 차로 바꿔야 할거야는

You'll have to **trade** your bike **for** a car.

2. 난 내 여친을 누구와도 바꾸지 않을거야라는 다짐은

I'll never **trade** my girlfriend **for** another.

3. 넌 네 꿈을 돈으로 바꿀 수가 없어라고 할 때

You can't **trade** your dreams **for** money.

 One Point Lesson

자주 쓰는 표현은 아니지만 trade in A for B하게 되면 「B를 얻기 위해 지불하는데 A를 포함시키다」, 즉 「A+돈」을 지불하고 B를 사다」라는 의미가 된다. 걘 예전 폰에 돈을 더 주고 새로운 폰을 샀어는 She traded in her old phone for a new one, 넌 그 자동차에 돈을 얹어서 오토바이로 바꿔야 해는 You should trade in that car for a motorcycle이라 한다.

Give me some items to **tide** them **over** 걔네들이 어려움을 이겨내도록 내게 물품들을 줘

tide sb over ···가 어려움을 이겨내도록 돕다

Time and tide waits for no man(세월은 사람을 기다려주지 않는다)라는 표현으로 유명한 tide는 조수, 조류를 뜻하는 단어로 동사로 쓰여서 tide sb over (sth)하게 되면 ···가 어려움을 이겨낼 수 있도록 특히 돈을 빌려줘서 도와주다라는 의미가 된다.

Useful Expressions

★ **tide sb over**
···가 어려움을 이겨내도록
돕다

A: Have you got enough money?

B: I think it's enough to **tide** us **over.**

A: 돈은 충분히 가지고 있어?
B: 우리가 힘든 시기를 넘기기에는 충분할 것 같아.

A: The donations will **tide** them **over.**

B: People were very generous.

A: 그 기부금은 그들이 힘든 시기를 넘기게 해줄거야.
B: 사람들은 정말 관대했어.

Talking Practice

1. 음식으로 걔네들은 힘든 시기를 이겨낼거야는

The food will **tide** them **over.**

2. 내 갈증을 이겨낼 맥주가 충분히 없어는

There's not enough beer to **tide** me **over.**

3. 걔네들이 어려움을 이겨내도록 내게 물품들을 달라고 할 때

Give me some items to **tide** them **over.**

One Point Lesson

이번에는 대명사가 아니라 일반명사가 목적어로 오는 tide over sb의 형태를 알아보기로 한다. 이 음식으로 굶주린 학생들이 이겨낼거야는 This food will tide over the hungry students, 낮잠은 졸린 여행객들에게 도움이 될거야는 A nap will tide over sleepy travelers라고 하면 된다.

I won't **go into** that right now

지금은 그 얘기를 자세히 하지 않을거야

go into 상세히 설명하다

조금 난이도 높은 go into로 추상적으로 쓰인 경우이다. 우리도 자세한 이야기로 들어가고 싶지 않다라고 말하는 것처럼 영어도 마찬가지여서 뭔가 상세하고 자세히 말한다고 할 때 go into를 사용한다.

Useful Expressions

★ go into sth
   …을 상세히 설명하다

★ go into detail about sth
   …에 대해 세부적으로 말하다

A: Then we went to the park and had sex.

B: Please don't **go into** detail about that.

   A: 그런 다음 우리는 공원에 가서 섹스를 했어.
   B: 제발 자세히 얘기는 하지마.

A: Can you tell me what mistakes I made?

B: I don't have the time to **go into** it.

   A: 내가 무슨 실수를 했는지 말해줄래?
   B: 자세히 설명할 시간이 없어.

Talking Practice

1. 지금은 그 얘기를 자세히 하지 않을거야는

I won't **go into** that right now.

2. 걔는 구체적인 것들을 자세히 말했어는

He **went into** specific details.

3. 넌 여기서 무슨 일이 있었는지 자세히 말해봐야 돼는

I need you to **go into** what happened here.

One Point Lesson

하지만 기본적으로 go into는 물리적으로 「…안으로 들어가는 것」을 뜻한다. 난 집에 들어가는게 두려웠어는 I was afraid to go into the house, 지금 그 사람 사무실에 들어가면 화를 자청하는 것밖에 안돼는 You're just asking for trouble if you go into his office now 라는 뜻이 된다. 여기서 발전하여 「…을 하기 시작하다」, 「어떤 직종에 들어가다」라는 의미로도 사용된다.

It takes him a while to **get off**

걔가 사정하는데 꽤 걸렸어

get off 오르가즘에 오르다, 사정하다

종착점에 다 왔으니 잠깐 머리를 식히자. get off는 앞서 배웠듯이 「…에서 내리다」, 「퇴근하다」 등의 의미로 쓰이지만 남녀간의 은밀한 상황하에서는 「오르가즘에 오르다」, 「사정하다」라는 뜻이 된다. 즉 reach a sexual climax라고 할 수 있다.

Useful Expressions

★ **get off (on)**
   (…에) 흥분하다, 사정하다

A: You guys were in bed for a long time.
B: It takes him a while to **get off**.

   A: 너희들 오랫동안 침대에 있었어.
   B: 걔가 사정하는데 꽤 걸렸어.

A: So Sally likes being on top?
B: She **gets off** on that stuff.

   A: 그럼 샐리는 여성상위를 좋아해?
   B: 걔 그렇게 하는데 오르가즘을 느껴.

Talking Practice

1. 걘 사정하기 위해서 포르노를 본다고 할 때

He watches porn to **get off**.

2. 어떤 사람들은 사정하기 위해 이상한 물건들을 사용한다고 할 때

Some people use strange things to **get off**.

3. 밥은 매춘부들을 찾아가서 사정을 한다고 할 때

Bob **gets off** by visiting prostitutes.

One Point Lesson

이런 분위기에 어울리는 표현으로는 「오럴섹스를 하다」는 go down on, 그리고 「섹스하다」라는 의미의 get it on, 그리고 get a hard-on, get[be] hard는 「발기하다」라는 뜻이 된다. 섹스하려면 얼마나 기다려야 돼는 How long before we get it on?, 난 걔를 쳐다보기만 해도 발기가 돼는 I got hard just looking at her라고 하면 된다.

Rumors **get around** very fast

소문은 매우 빨리 퍼져

get around 퍼지다, 피하다

쓰기에는 좀 어려운 표현으로 기본적으로 이곳저곳을 돌아다니다에서 출발해서 비유적으로 소문 등이 퍼지다 혹은 어려운 문제를 처리하거나 해결하다라는 의미로 쓰인다.

Useful Expressions

★ **get around sth**
어려운 문제를 피하다, 해결하다

★ **Word gets around**
소문 따위가 널리 퍼진다

A: I don't want to obey these regulations.

B: There's no way to **get around** the rules.

  A: 난 이 규칙들을 따르고 싶지 않아.
  B: 이 규칙들을 피할 방법이 없어.

A: Seems like everyone became ill.

B: The flu **got around** the whole school.

  A: 다들 아픈 것 같아.
  B: 플루가 학교 전체에 퍼졌어.

Talking Practice

1. 소문은 매우 빨리 퍼진다고 할 때

Rumors get around very fast.

2. 내가 체포되는 걸 피할 수는 없을까라고 물어볼 때

Can't I get around being arrested?

3. 새로운 패션은 인터넷 상에서 빨리 퍼져라고 할 때

New fashions get around on the Internet.

One Point Lesson

V+around의 경우 이곳 저곳을 돌아다니듯 이사람 저사람과 성관계를 맺는 문란한 행위를 의미하는 경우가 많다. 여기 get around도 예외가 아니어서 크리스는 정말 성적으로 문란하다고 들었어라고 하려면 I heard that Chris really gets around, 이 말을 들은 상대방도 같은 말을 들었다고 하려면 I've heard the exact same thing이라고 하면 된다. fool around, sleep around도 같은 의미로 쓰인다.